一頁 folio

始于一页，抵达世界

十三邀 3

"我们都在给大问题做注脚"

许知远 著

·桂林·

图书在版编目(CIP)数据

十三邀.3，我们都在给大问题做注脚 / 许知远著.——桂林：广西师范大学出版社，2021.1（2022.5重印）
ISBN 978-7-5598-3345-7

Ⅰ.①十… Ⅱ.①许… Ⅲ.①名人–访问记–中国–现代 Ⅳ.①K820.7

中国版本图书馆CIP数据核字(2020)第203542号

SHISAN YAO
十三邀3：我们都在给大问题做注脚

作　者：许知远
责任编辑：王辰旭
特约编辑：胡晓镜　徐　露　苏　骏
装帧设计：山　川
内文制作：陆　靓

广西师范大学出版社出版发行
　广西桂林市五里店路9号　邮政编码：541004
　　网址：www.bbtpress.com
出版人：黄轩庄
全国新华书店经销
发行热线：010-64284815
北京中科印刷有限公司印刷
开本：889mm×1194mm　1/32
印张：11.5　字数：250千字
2021年1月第1版　2022年5月第8次印刷
定价：58.00元

如发现印装质量问题，影响阅读，请与出版社发行部门联系调换。

自序

意外的旅程

许知远

"那么,你最想见到谁?"

我至今清晰记得,2015年初夏的那个午后,在花家地一幢小楼的杂乱会议室里,李伦、王宁、朱凌卿坐在我对面,和我讨论一档访谈节目的可能性。

这是一个意外的邀请。彼时,我正为创业兴奋与忧心,与朋友苦苦支持了十年的小书店,得到了一笔风险投资,它给我们带来希望,以及更多的烦恼。我在小业主与作家之间摇摆,后者的日益模糊令我不安。我亦对自己的写作不无怀疑,我喜欢的一整套价值、修辞在这个移动互联时代似乎沉重、不合时宜。

这个时刻,他们出现了。尽管只匆匆见过,我对他们有本能的信任。李伦谦和、富有方向感;王宁敏锐、细腻;总斜身半躺在椅子上的小朱,笑声过分爽朗,总有惊人之语。

我没太认真对待这个提议。不过,倘若有些事能把我从办公室中解救出来,却不无诱惑。而且,我总渴望另一种人生,水手、银行家或是一个摇滚乐手,总之不是此刻的自己。采访是满足这种渴望的便捷方式,在他人的故事中,我体会另一种生活,享受暂时遗忘自我之乐。年轻时代的阅读中,法拉奇、华莱士更是传奇式的存在,他们将对话变成一个战场、一幕舞台剧。

在一张打印文件的背面,我胡乱写下了几个名字:哈贝马斯、周润发、黑木瞳、莫妮卡·贝鲁奇、王朔、陈冲、比尔·盖茨、奥尔罕·帕慕克、陈嘉映……他们皆在我不同的人生阶段,留下鲜明印记。他们对这串名字颇感兴奋,小朱摇晃着脑袋,说这不是十三不靠吗?

节目就这样半心半意地开始了。它定名为"十三邀",每一季发出十三次邀请,或许,它们也能构成一次意外的和牌。

我将之当作生活的调剂,每当我因公司管理与梁启超传的写作窒息时,就去拍摄节目。打印纸背面的名单无法立刻实现,我们努力去寻找每一个富有魅力的灵魂。他们大多是各自领域的杰出人物——小说家、哲学家、成功的商人、武术名家、导演、演员,令人不安的是,娱乐界占据着过大的比例,这不仅因为他们有丰富的故事可供讲述,也缘于他们可能带来的影响力,一个娱乐至死的年代。我多少期待借助这种影响力,对知识分子日渐边缘的趋势作出某种报复。

我和他们穿过三里屯街头、在桂林吃米粉、在无人的电影院里吞云吐雾,还在九龙的武馆里练习咏春拳……最初的目的开始退隐,我越来越被探访过程吸引,我喜欢和他们时而兴奋、时而咸不淡的交谈,一些时候甚至陷入不无窘迫的沉默。沉默,与言说同样趣味盎然。

这个尝试比原想的更富诱惑。不管多么自以为是,你都不能通过几个小时的相处,就声称理解另一个人。但谈话自有其逻辑,它逼迫双方勾勒自己的轮廓、探视自己的内心。在陌生人面前,人们似乎更易袒露自己。

镜头令我不安,它充满入侵性,尤其在人群中,我尤为不适。我也害怕屏幕上的自己,远离后期制作,也从未看过一期节目,心中亦多少认定,这并非是我的作品。但我对影像产生了新的兴趣,那些无心之语、一点点尴尬、偶尔的神采飞扬,背后的墙壁上的花纹，皆被记录下来，它提供了另一种文本。比起写作，它也是一种更即兴的表达，带来意外的碰撞与欣喜。

我意识到，它逐渐成为我生活的一部分。镜头也没那么讨厌了，它给交谈带来正式感，令彼此的表达更富逻辑与结构。也借助镜头，我的经验范围陡然增加，一些时候，甚至是梦幻的。是的，哈贝马斯与贝鲁奇尚未见到，但我的确与坂本龙一在纽约街头闲逛，在东京与黑木瞳喝了杯酒，与陈冲在旧金山海边公园的长椅上闲坐。

我同样不会想到，在薇娅的直播间卖货，置身于一群二次元少女之中，听罗振宇讲他的商业之道。当接触到这一新的时代精神时，我发现没有看起来那么新，亦不像我想的那样浅。

相遇拓展了感受，又确认了身份。当面前所坐是西川、项飙、陈嘉映时，我清晰地意识到，自己的热情更为高涨，表达更为流畅，期待这谈话不会结束。而吴孟达、蔡澜又让我感受到另一种人生态度，智性与生活之滋味，缺一不可。

我亦遭遇到崭新的困扰，被卷入大众舆论的旋涡。作为一个习惯藏在文字背后的写作者，这实在是个令人焦灼的时刻，我觉得自己掉入了泥潭。偶尔，我也陷入自我怀疑，是不是不该进行这个尝试。

短暂的动摇后，一切反而坚定起来。它还带来一种意外的解放，我愈发意识到表现（performance）的重要性。倘若观念得到恰当的表现，它的影响将更为深远。书写也是多向度的，文字只是其中之一，声音、画面、空间也同样重要。

这些对话以四卷本的形式出现在眼前时，给我带来另一种慰藉。我的印刷崇拜再度被唤醒，似乎认定唯有印在纸上，才更可能穿越时间。比起节目，它更像是我的个人作品，我们的对话也以更全面的样貌展现出来。

感激也在心中蔓延。我常对李伦与王宁颇感费解，他们对我的盲目信任从何而来。作为制片人的朱凌卿，尽管常有混乱与饶舌之感,但他的敏锐与判断力,常与我心有灵犀。从小山、刘阳、新力到继冲、正心、学竞、龙妹,我喜欢与导演和拍摄团队四处游荡,在路边摊喝啤酒。很多时刻,我们有一种家人式的亲密,正是这种亲密与信任,驱动着这个节目。需要感谢的同事们众多,我无法一一列举。雷克萨斯的 Kevin 与 Kathy,亦要特别致谢,当 Kevin 说最钟爱寻找谭嗣同一期时,我感到得觅知音的庆幸。我还暗暗期待,这个节目能延续到第十季、第二十季,如果可能,至少有三十季,邀请每一个人参与对自己时代的理解。腾讯新闻始终是最值得信赖的合作伙伴。

范新给出了出版的提议,并笃信这套书能折射时代心灵。刘婧、晋锋、丹妮、陈麟、明慧和一页团队的编辑们皆参与了编辑与整理。他们都深知,对我来说,一本书永远意味着最隐秘的欢乐。节目的不足,我尚可推诿给导演团队,这本书的瑕疵、错漏,则全归于我。

推荐序

礼物般的交谈时光

陈冲

许知远第一次在上海采访我的时候，我也许是有所保留的，那时我还不认识他。如果现在重新做一回是否会更好些？不过从陌生到了解的过程应该也是有趣的吧。忘了那次我们具体聊到了些什么书，但我清晰记得当时的那份惊喜和感动——这个比我小十几岁的人居然也爱老书——那些我年轻时代迷恋的东西，不，那些我至今仍然迷恋的东西。

2019年的春天他来旧金山，我们一起去了一家叫"绿苹果"的书店，这个不起眼的地方是我在这座城市的圣所。美国的商店一般关得早，但"绿苹果"开到晚上十点半，我喜欢晚饭后来这里逗留，在旧书堆里慢慢翻阅，那些悠哉悠哉的时光是幸福的。孩子们还小的时候，我常带她们来这里买书，后来大些了，她们就把看过后不再需要的书拿回书店去卖掉、捐掉或换新书，呵，那都是在她们发现亚马逊之前。许知远那天跟我在"绿苹果"的书架间闲逛，随意聊着各自喜欢的书籍，一份默契感油然而生，对于生性慢熟的我来说这是很少有的。

后来，我们的对话也经常从书开始。我在泰国拍戏的时候，正逢雨季，雨水蒙住了窗外面的湄南河，把我像蚕蛹一样裹在屋里阅读、听音乐，与世隔绝。接连不断的倾盆大雨让我想起毛姆的精湛短篇《雨》，就跟许知远聊起了毛姆在东南亚和太平洋岛屿写下的一系列悲剧,都是关于亚寒带的欧洲人到了融化与腐蚀一切的热带后的生活。也许我俩都属于那种有古典情怀的人吧,从毛姆的作品,我们聊到悲剧的价值。古希腊思想家亚里士多德认为,只有在悲剧中灵魂才得以洗礼和升华,它是人类精神生活的必要部分,而今天,悲剧作为一个剧种被误认为是负能量。

记得那天我还给许知远发了我酒店的照片,他说很像他在仰光时住过的 The Strand[1],那是他十分喜爱的殖民地式建筑。说到他的仰光之旅,又让我联想起他写的游记,其中提到了我非常欣赏的作者奈保尔。许知远说奈保尔是他的最爱,深刻影响了他观察世界的方法。就这样,我们的对话从毛姆的殖民地作品绕到了奈保尔的后殖民地作品——两个截然不同的人生和时空,两个针锋相对的视角和风格。我们似乎总是这样,问一下互相在看的书,然后漫不经心地闲聊,有一搭无一搭的,却也说出了不少内心深处的感想。

其实,从上海第一次采访到现在近两年的时间里,我也只见过许知远两回,但是他似乎已经成了一位老朋友。或者用他的话说,是两个小朋友在聊天,傻乎乎的,特开心。或者说得严重一点,我们是为同一种精神而欣喜,同一种人格而坚持,同一种逝去而悲哀;我们是被同一种情操所感染,同一种养料所滋润,同一种温暖所安抚……

人生轨迹中有无数擦肩而过的陌路人,偶尔我们幸运地跟另一条轨迹志同道合一段,也许是半辈子,也许是半天,也许是半小时,都是礼物,值得珍惜。

---

[1] The Strand(斯特兰德酒店)位于仰光市中心,是一家维多利亚风格的百年五星级酒店。

目录

001   **许倬云**
          全世界人类曾走过的路,都要算我走过的路

041   **白先勇**
          我写作是想把人类心灵中无言的痛楚,转化成文字

063   **王小波**
          "你快回来吧,你要回来,我就放一个震动北京城的大炮仗"

091   **陈嘉映**
          人一定要求真,而且要对遥远的事情求真

117   **金宇澄**
          八卦是人的天性,一想到八卦,我就充满希望

145   **唐诺**
          你要像攻打坚城那样去书写,有时必须忍受失败

179　陈志武
　　人类文明化的进程是我最信得过的，
　　这是一个我愿意赌上所有的钱的判断

197　西川
　　原来我想成圣，但后来发现自己是一个牛魔王

227　许宏
　　考古首先是满足人类好奇心，其次是安顿身心

257　项飙
　　理想的知识分子，神经一定要跟着时代跳动

293　尤瓦尔·赫拉利
　　我不预测未来，我只想让人们有能力讨论人类的未来

319　寻找谭嗣同
　　他是个生命典范，他的死是哲学家对理念的致敬

1930年　生于江苏无锡
1948年　随家迁台，进入台湾大学，师从傅斯年，后经胡适推荐，进入芝加哥大学，获博士学位
1962年　学成回台，任台大历史系主任，"中央研究院"研究员，著书立说，关注时局，被称为中国台湾政经改革的"幕后推手"
1970年　赴美出任匹兹堡大学教授
1986年　当选为美国人文学社荣誉会士
九十年代以后　先后被聘为香港中文大学历史系讲座教授、杜克大学讲座教授、南京大学荣誉讲座教授等职，代表作有《中国古代社会史记》《汉代农业》等

扫码观看视频

许倬云

全世界人类曾走过的路,
都要算我走过的路

Chapter 01

晚春的一个深夜，我抵达匹兹堡。希尔顿饭店陈旧、萧瑟，孤零零的吧台，令人想起爱德华·霍普的画作。

对于匹兹堡的特别印象来自王小波。在那些诙谐又动人的杂文里，他经常提到在匹兹堡陪读的岁月，以及老师许倬云学问极大。

我为许倬云而来。在北大读书时，除去王小波，我也被一套三联版的白色封皮商业丛书吸引，其中有两本《从历史看领导》《从历史看管理》，我记住了作者的名字许倬云，一位台湾学者。彼时，我的志向是成为跨国公司的管理人才，这位许先生则给了我一个意外的视角——刘邦、朱元璋的故事，也能与领导力、管理学这些现代概念产生关联？

我迅速抛弃对商业的兴趣，许倬云却成为我智力成长中的重要激励。我也发现，那两本小册子不过是他的无心之举，他的研究范畴从西周文明、汉代农业到整个中华文明的转型。他还是一位强有力的学术领导人，以促进美国与中国的学术交流为己任。他有着令人震惊的开阔性，横跨在新旧、东西两个世界间。他最令我钦佩的，不仅是知识与思想，更是生命体验与人格感召力。他在一个动荡时代里成长，关心广阔的人类命运，奋不顾身地投身其中。知识也因此得以复活，思想更富生命力，他像是另一种活生生的博物馆。

我尤忘不了他讲述的抗战经历，尽管山河破碎，他能感到中国人的自尊与温暖，讲述时，他哭泣起来。

情感既伤人，又补人
所有维度里情感最难处理

许知远：许老师好，总算见到你了。我大学就读你的书，那时候还是小册子，《从历史看领导》《从历史看管理》，后来开始读你大部头的书，再后来你开始写那些通史，我又买了很多。

许倬云：我是三部英文书[1]连成一串，从中国古代新石器时代的发展讲起，经西周一直到汉帝国的成立和治理。那三部书等于涵盖整个的古代史。那是我真正的本行，于外都是岔出去的。

许知远：后来我去了二里头，再看你的书就会有更多的感觉。

许倬云：我在大陆考古，每年走一个省，看了十年考古，很有益处，现场看的跟书上看的不一样。

许知远：所以现场感对你的历史写作有很大的冲击，是吗？

许倬云：对。我也不能爬下坑，那个坑一挖可能是二十尺深，有的地方把我放到箩筐里吊下去，有的地方把我放到藤椅上抬下去，挺有趣的。

许知远：你最近在写什么新书吗？

许倬云：刚刚写完一本《美国六十年沧桑》。我在芝加哥念书时，念的是两河流域和埃及史，那一套东西让我注意到西方的源流，我正在琢磨这件事。可是我八十八岁了，也没太大的力气。2012年开大刀以前，我写字挺快的，写得不好看，但是挺快的。开完刀以

---

[1] 指《西周史》《中国古代社会史论》《汉代农业》这三部作品。

后就不能写字了。现在脖子不能弯下去太多，因为我的整个脊椎是钉死的，我的手指头功能也不行了。这个日子不好过，所以我太太非常辛苦。我开完刀以后的几部书统统是口述笔录。

许知远：口述写作和之前用笔写作差别大吗？

许倬云：差别不大，我写书的时候，脑子里想的就是书上写的。我念得不快，但是不需要太多改动。

许知远：从1970年到现在，你观察匹兹堡这个城市快五十年了，觉得它的变化是什么？

许倬云：匹兹堡是钢都，你们有兴趣应该去看一看，几十里路长的烟囱，那是美国的实力所在。因为这个缘故，欧洲的移民一波一波进来，都是工人。美国向西开发，匹兹堡是大门，一路开发过去，我叫它"西出阳关无故人"。

从这里开始往西走，四十几个民族，每一族都留下一个影子，每一族都留下几个基地。所以第五街上不断有教堂建起来，每一座教堂就是一个民族或者一种信仰的中心，十几家教堂，就代表十几种族群。

匹兹堡等于是欧洲移民的缩影。在这儿我能幸运地跟不同的人谈话，跟不同的人见面，跟不同的人交往。在匹兹堡这儿，等于看见了美国。

许知远：1970年你来匹兹堡大学教书时，能清晰地感觉到"美国力量"那种东西吗？

许倬云：没错，从我家里往外一看，晚上半边天是红的，白天半边天是黑的。我们学校的学术大楼，你们该照个相，那里有座塔，别的学校没有这么高的塔。我来的时候到那儿一看，是座黑塔，后来工业"死了"之后，它又变回白塔了。风霜雨雪，把当年的灰尘洗掉了。

许知远：这几十年，你看到这个力量的变化是什么？

许倬云：美国工业化真正起飞是1850年，巅峰时代是"一战"以后。我往前说点，1900年左右算是巅峰开始，逐步逐步走，走到1980年左右，衰落了。1980年以后惨得很。每隔几个月，你就听说哪个工厂关了，哪个工厂搬了。搬一个工厂意味着一个镇的人失业，关一个工厂意味着几万人没活干，惨得很。

工人都是技术工人，有经验、有能力、有尊严。那个时候，一到黄昏，你到市场、超市去看，老工人头上戴个帽子，压得低低的，领子拉得高高的，偷偷到后门去——超市把当天卖不完的东西搁到后门口让他们拿，罐头、面包……工人拿了就快快跑。有尊严的人过那样的日子，惨啊，到今天都没有恢复过来。

许知远：所以你看到了这里的"工业文明的挽歌"？

许倬云：对，你想想当年工业的实力，这里曾经占有全世界钢铁产量的四分之三。财富方面，十八世纪的资本主义是工厂主垄断财富，现在是大财团玩钱，钱生钱，钱子钱孙，比生产快多了。这个阶层越来越固定，美国的大财阀不到五万人，掌握全国财富的百分之九十。

有一点好处，财富也在周转，所以每一家学校都有相当大的资金数目，慈善机构、基金会也都有相当大的数目。中产阶层退休后也还可以，不仅是温饱不愁，还可以对后世不太担心，管不了三代，管两代还可能。可是这个也在萎缩，全在萎缩。财富越来越集中之后，上面一收网，下面老百姓全饿肚子。所以把下层丢到安全圈外，他们的愤怒和激化是大危机。

回到刚才说的美国衰落的问题。最近有个畅销书作家本·夏皮罗[1]，在加州大学伯克利分校发表了一个演讲，演讲内容出版为一本书叫作《历史的正确一面》（The Right Side of History）。"right side"是双关语，一方面指保守者右派眼中的历史；另一方面，指讲对的话的人，是"准确"的意思。这本书讲的是美国的衰落。它说欧美的文明有两个源泉：犹太的上帝、希腊的求知，这两个合在一起，开启了基督教的世界——不只是虔诚地信神，还有就是相信有了神，神会归纳出一套最好的尽善尽美的天地，它有迹可循。他们晓得有个准确的答案在那里，要按最高的理性去追寻，要接近它。所以理性和进步，是欧美基督教世界的原动力和支撑他们的信仰，使得欧美在最近五百年独霸世界。但是现在"神死亡了"，神被扬弃了，所以欧美的白人世界要衰落了。

除了它讲的"求知"外，还有一条没讲：雅利安人、印欧语系民族，从高加索山底下，黑海边上，水草丰美的地方，驯养了马匹，发展了骑射战斗。这些族群形成进取、掠夺、勇武、个人的特性。在骏马上奔跑的时候，一马千里，不想别人。不像步兵，步兵是方阵。他们也发展了军事民主制度，打仗的时候，每个战士都有意见，都有权利说话，一起商量制定战略，再一起打，掠夺的战果大家平分，以利益结合，来如风聚，去如鸟散。

自由（个人主义）、平等（分掠夺战果）、勇武、进取，当然还要有所得，才能团结在一起。这几个正好是资本主义的基本精神。

许知远：你觉得由这一套价值观支撑的西方世界确实在不可逆转地衰落吗？

许倬云：不会完全衰落，但是会散。本来把大家结合在一起的

---

1 本·夏皮罗，美国保守派政治评论员、演说家、作家、律师。

宗教信仰、族群聚合，都因为都市化的关系在散开，散开以后美国无法凝聚。

但有两个转机：一是头脸人物的聚集，吸收新的血液，以及凝固他们的团结性。但这在我看来是不好的，这样之后就变成少数寡头政治，继续端到台面上来。

不要以为"五月花号"从普利茅斯来了，这里就成立了一个新的自由平等的社会，没有。有一批人——教会里面管事的——被大家奉作领袖的人物，从还没有美国、也没有十三州，也没有所谓殖民地的时候，就有了。今天波士顿有个地方叫灯塔山，那里的几十家人家，是当时英国殖民地里的头脸人物。

从"五月花号"到1850年，也就两百年的时间。他们是波士顿的婆罗门，是贵族。你看美国总统，早期都是波士顿贵族里的；晚期的，你要看名字的第二个字，也是从那儿出来的。

美国第一个起来的大财团是波士顿银行，后来转型成纽约银行，后来又有花旗银行，等等。美国今天有九个大财团，至少有七个是从波士顿集团出来的。这九个大财团掌握了全美国的经济命脉。所有大的富人、权贵，他们的钱你是看不见的，滚在华尔街、芝加哥的商品市场，滚在各种银行贷款里，这是真正的美国贵族。

第二个做法是好的，小社区自己求活。小社区不一定是村子，不一定是镇子，比如洛杉矶有几条街，那几条街就可以合起来做点事。我们看到过这种事情的，从我收集的资料里面看到不少于一百个例子。集体排出一个单子，修炉子找谁，修电路找谁，修管道找谁，盖房子找谁，这一圈里两三千人，自给自足，不假外求，省钱，互相有感情。

几千人构成的社区慢慢在出现，这是第一步凝聚，等于古代的部落，然后这个小社区和那个小社区结盟，做更大一点的共同事情。

既然没有上帝帮忙了，只有两条路，一个是上层往下通，一个是下层往上合。

许知远：那你看未来的海外华人群落会变成怎样？

许倬云：华人在这里永远分成两阶，一阶是中产阶层，技术人员、学术人员、管理人员，但不会变成大财主。另外一阶是餐饮业从业者，永远打工，永远赚个辛苦钱，永远上不去。过去"中国城"的社区性质也不存在了。华人未来在这里的日子并不容易，并不好过，因为白人居第一，印度人居第二，印度人英文讲得好，作风也跟白人一样，有利就抓，毫不迟疑。中国人要收敛一点，谦虚一点，所以华人永远在中产阶层占一片。但是在人文艺术里，已经看见不少华人的年轻人冒出头来。可能出头最多的是建筑设计。贝聿铭父子都是设计家，林璎[1]也是设计家，我看见朋友里想做设计家的不少，正好在实用和艺术之间。我的孙辈这一代的话，超过一半人，大约二三十个，做了作家、画家、艺术家。

许知远：还有唱流行歌曲的。

许倬云：王力宏是我大姐的孙子，音乐细胞遗传了他妈妈家的，王力宏的妈妈很喜欢唱歌。我们许家没有音乐细胞。不过也难说，李建复也是我们许家的，他是我二姐的儿子，唱《龙的传人》。

许知远：刚才说到欧美国家遇到的这些困境，你觉得东亚这样一个文明系统，会起到什么样的作用？

许倬云：世界上大的文明系统里，只有中国有两千年的经验做一个天下国家的雏形，不是全貌，是一个雏形。古代中国就不太有"国家"这个概念，不管姓赵姓朱，或是蒙古，满洲，都融化在大

---

[1] 林璎，著名美籍华裔建筑师，林徽因的侄女，曾获美国国家艺术奖章。

的"中国"这两个字里。这是天下意识。但民族国家的国家意识，只有争斗。

所以我希望的是什么样？我希望的是没有国家的界限，政府管得最少，所有的事务在人跟人磋商、协议之后，大家一起做。这个是我希望的事情。其中有一环最难，情感最难。怎么样处理情感，我现在不知道。情感既伤人，又补人。没有情感，人不是人。情感太苦，所有维度里面，情感最难处理，所以理想世界里都没有情感。

我伤残之人，要能够自己不败，不馁

许知远：你最近常提到常民的重要性，为什么这么强调这一点呢？

许倬云：因为我们同行的各种著作里，通常只注意到台面上的人物，帝王将相或者名人，讲的是堂堂皇皇的大道理，老百姓的日子没人管。所以在《中国文化的精神》里，我讲的就是老百姓过日子吃饭，都是人与自然的调和，而且调和是动的，不是静的。今天是小满吧，我们中国有二十四个节气，过日子总是注意到人和自然的变化同步进行。

春天是什么样的季节，要看什么鸟、赏什么花，以至诗词歌赋、绘画都是配套的。诗歌里的情绪是人的事情，但情绪后面藏满了自然的变化，人和自然永远不脱开。我一辈子最喜欢的诗句是李白的《忆秦娥》里的八个字："西风残照，汉家陵阙。"

八个字，四个时段，都是风景。这八个字里有兴有亡，残照秋天，汉朝已经老早过去了。宇宙的变化、人世的兴废统统融合在人的情感里。这种情绪，这种气派，别的语言里是很少很少的。英文里没有文字的形象，只有声音，所以显示不出这种东西来。

再比如说马致远的《天净沙·秋思》，最后一句"断肠人在天涯"，这个"在"字，一个动词，就把前面那些零零碎碎的形象全笼括在内了。这也只在象形的文字里才有。

我们常民的日子，可以说无处不是诗意，无处不是画景，无处不是跟自然相配，无处不是和人生相合。这种生活不是说只有知识分子才有，一般人一样有。老头散散步，大雁已经成行了，往南边飞了，眼下都是一直深切地和四周围相关，这种不是美国的生活、欧洲的生活能看见的。

许知远：这种生活被中断了，现在正在重建。在中国历史上，还有哪个时代也面临现在这样一个大规模的重建？

许倬云：明朝亡了以后，中国的大道理已经被糟蹋得一塌糊涂了，幸好明末清初有一些人物了不起，顾炎武、全祖望、王夫之，留下许多可读的书，他们在检讨，我们为什么错了，错在哪里，全祖望还特别提出将来该怎么走。其实他们检讨背后的根据也不外乎从张载的《西铭》过渡到王阳明的《传习录》。王阳明《传习录》吸收了很多很多佛教的道理，今天还有可以用的地方。

许知远：你觉得对于中国的常民来讲，历史上这么多朝代，哪个朝代最宽容、最幸福？

许倬云：汉朝。汉朝国家的基础放在农村，人才才能出，财富才能出。农村是交通线的末梢。城市都是交通线上打的结，是商人、官员的转接点。"编户齐民"[1],汉朝是做得最好的,到后来南北朝毁得很厉害。真正讲起来,唐朝也不错,可唐朝的基础不在农村,而在商业道路上。讲到这里,我要讲,历史上,中国面对一波一波游牧民族的侵略,欧洲也面对一波一波骑射民族的侵略,为什么中国站得住,他们站不住?

地理条件是一个原因,中国的长江黄河之间有一大块完完整整的土地,农业发展快,村子挨村子,一大片,坚实得很,你进来非跟我走不可。黄河长江下面是湖泊河流区,再下面是沿海河流的灌溉平原,这三片形成一整块。这扎扎实实一大块,是世界最大块的农耕地区,最精致的精耕细作,这个便是中国的本钱。所以现在人为加快的城市化(毁掉农村)是不智之举,揠苗助长。发达到一定的地步,城市化自然会出现。城市富,城市强,但城市是不固定的,人口是流动的,农村稳定、安全。现在美国农村是保守力量,城市是自由主义,完全无法沟通。

许知远:对美国来说,你觉得常民生活在哪个时代最幸福呢?

许倬云:在美国,常民最幸福的日子,我认为是"二战"以后的十年、二十年间。1950年到1970年间,常民日子过得好。社区完整没有碎裂,生活的差距不大,没有很穷的人,富人也没占那么多的财富。每个人有尊严,有自信,人跟人之间的关系也相当和谐,不止乡里这样,城里也一样。后来慢慢城里的小店铺一家一家见不到了,连锁店一家一家出来了,市场出来了,这些人就慢慢消失了。

许知远:你也说过,现代世界都陷入某种精神危机,人无法安身立命,西方、东方都有相似的危机。

---

[1] 历代中原王朝政府实行的户籍制度,平民百姓被正式编入政府户籍,称为"编户齐民"。

许倬云：现在全球性的问题是人找不到目的，找不到人生的意义，于是无所适从。而世界上诱惑太多，今天我们的生活起居里，有很多科技的东西。没有金钱，你不能过日子，没有手机，不能过日子，你必须要处在这种生活中间，你不能独立，得随着大家跑，大家用什么，你跟着用什么。

尤其今天网络、媒体很发达，每个人彼此影响，但是难得有人自己想。听到的信息很多，不一定知道怎么拣选，也不知道人生往哪个方向走。只有失望的人，只有无可奈何之人，会想想我怎么过日子，为什么过日子。顺境里的人不会想这些。今天日子过得太舒服，没有人想这个问题，忙的是买这个，买那个，忙着赶时髦。

许知远：这种盲目最终会导向一个很大的灾难吗？

许倬云：自古以来人类历史上最重要的阶段，用德国人雅斯贝尔斯的说法，是轴心时代。那个时代冒出一群人来，提出大的问题，多半是提出问题而不是给出答案。那些问题今天还在我们脑子里边。那一批人问的问题，历代都有人跟着想，我们也都在做注脚。可现在对大问题做注脚的人越来越少，因为答案太现成，都像思想上的麦当劳，随手一抓就一个，短暂吃下去，够饱了，不去想了。所以今天物质生活丰富方便，精神上空虚苍白，甚至没有。人这么走下去，也就等于变成活的机器，没有自己了。

许知远：在人类历史上有没有和现在相似的时代？没有方向，没有判断。

许倬云：有，氏族时代就是因为大家吃饭也没问题了，农业够发达了，新石器时代的草莽时代已经过去了。社会秩序基本上也可以了，有大的社群、大的部落了，若干大的部落构成很大的部落国或者列国，于是开始国与国争，不同的想法斗。

于是这个时候孔子也罢，犹太教的先知也罢，波斯人里的琐罗亚斯德[1]也罢，碰到这些不同的念头，不同的想法蹦出来，看到许多零碎的疑问，他们在想该怎么走，怎么整合。

今天的教育不可能教育出这种人来，今天的教育，教育的是凡人，过日子的人。所以今天的大学教育是令人失望的，尤其美国式大学教育，最大的缺陷是零碎，它是吃自助餐一样的。

许知远：那怎么应对这样的时代呢？如果一个人不甘心，他的力量又这么微薄，怎么自我解救呢？

许倬云：今天的书刊、信息、搜索工具足够丰富，只要肯用心，一个人可以从基本的阅读能力、最起码的思考训练底子上，自己摸出道路来。

这个也是新闻界、知识界要做的事情，所以我愿意和你讨论、谈话，二话不说答应了，就是希望借助你们。我觉得你们做的是该做的事，是好的事。一万个人里有两三个人听到耳朵里去，听到心里面去，我也满足了，你也满足。

许知远：你遇到精神危机的时候，解决方案是什么？

许倬云：我伤残之人，要能够自己不败，不馁。幸亏我生下来就是如此，要是长到十五岁，一闷棍打下去，那就起不来了。我从小就知道自己有残缺，不去争，不去抢，往里走，安顿自己。看东西要看东西的意义，不是看浮面，想事情要想彻底，不是飘过去。

---

[1] 琐罗亚斯德，又名查拉图斯特拉，琐罗亚斯德教创始人。该教是古波斯帝国的国教，因信徒在火前祷告又得名为拜火教。

现在的知识分子大多是检索机器，
不是思考者

许知远：作为一个历史学家，你怎么看待这一轮的技术革命？和历史上的工业革命比，有什么不一样？

许倬云：这个更厉害，它触及知识本身的性质——是不是人人有机会掌握。自从网络革命以后，我们不一定要自己掌握知识资源，搜索资源就好，但搜索出来是片段的，要掌握是全貌的。

这个世界是正在乱的时候，新的理想没有出现，旧的理想被放在一边。我们没有机会再培养一批所谓知识分子，我们现在的知识分子大多是网络知识分子，是检索机器，不是思考者。

许知远：那我们怎么重建这个知识分子的传统呢？

许倬云：中国其实有更好的机会处理，中国刚刚兴旺起来，这股气很乐观，脱贫脱得相当快，人数多，这个我们必须称赞。这个上升气流给新出来的人一些机会，让人有空间，有能力去追寻新的东西。

像你们做节目，经过网络发散出去，是可以代替学校教育的。我希望更多人做。但如果你们能够在输送知识、刺激知识之外，发动你们的观众，刺激组织区域性的小团体，大家讨论、交换意见，就会更好。这会变成很强大的力量。传播知识，刺激思想，引导风气。

许知远：所以你对小社区的复活特别有信心。

许倬云：对。

许知远：这是改变未来一个最健康的力量，是吗？

许倬云：对，因为小社区可以容纳多样化，不是一刀切，这样才可以出各种方案，才能出人。为什么我讲汉代的基层结实？汉朝乡举里选[1]不投票，政府规定一个县每年要举多少人出来，所以要选你佩服的人，有学历没学历不相干，品行好、学问好、做人好、能领导大家就可以。这个选拔能选出真能干的人，把这人送到郡里，郡里送到州里，州里送到中央。中央有一个机构叫郎署，郎就是皇帝旁边的年轻人。这人除了在朝廷站班以外，要上课，要讨论，受最有学问的人指导，等于是训练班。

假设有一个很能干的年轻人，二十五岁被乡里举出来，十年之内他可以做到部长，甚至可能做宰相，就算做不了，他也可以做其他地方的不同职务。国家掌握了这样一批贤能的人，是靠老百姓说好来选他做官，这就使汉朝尤其西汉有一批非常能干的基层干部。

许知远：你以前说过知识分子不同的类型，"为天地立心，为生民立命，为往圣继绝学，为万世开太平。"

许倬云：这不是我编的话。

许知远：我知道，这是张载说的，对于这样一种理想，你觉得在这个时代还可以继续吗？

许倬云：还应该继续。你到欧洲去看德国的教育、英国的教育、法国的教育，他们的博士生都还有这种精神。美国没有，美国的知识是商品，文凭是执照，没有这个抱负。英国的剑桥、牛津，德国的汉堡大学、科隆大学，法国的索邦大学，都有这种精神。在里头

---

[1] 一种人才选拔制度。汉代察举秀才、孝廉等承周制，由郡国守相就乡里考察选举，亦称乡举里选。

读书的人、做学问的人、教书的人，都有这个抱负。这些人本来就是做僧侣的，做神父的，神父是伺候神的。

许知远：是不是中国的科举传统对这种知识精神的破坏很大？

许倬云：科举本来的意思是汉朝察举[1]，察举以后考核你的能力，再训练你。

后来只考核，没有训练。但是头牌的人物，明清都有训练，进士一甲是三个，状元、探花、榜眼，二甲有二三十个。这些人里通常选年纪轻的、才华高的进翰林院。这是培养高级人员的场所，不是说考过就算数的，要跟着宰相、大学士学做秘书，分派到各个部里去做部臣。翰林院里进进出出的人物，只有非常少的一部分是留在翰林院里做学问、管图书、编书，大多数都在历练。这是培养第一级的领导班子，培养他做实务。明朝其实训练了一批相当不错的人物，清朝前半段也不错，道光以后乱了。

许知远：刚刚你说明末清初顾炎武他们那一代是非常了不起的知识分子，为什么那一代这么重要呢？

许倬云：在亡国以前，已经看得出来明朝非亡不可，他们要救亡。他们的前身是东林复社[2]。东林书院在我老家无锡，我们无锡老亲里，很多都是东林党的后代。东林党人后来许多都牺牲掉了，被锦衣卫抓去了，很多人从此噤若寒蝉。但这些人传学问、互相讨论，一直没断，也有参加抗清的。江南太湖地区、杭州地区就是当年东林复社知识分子活动的地方。

---

1 察举制是中国古代选拔官吏的一种制度，主要特征是由地方长官在辖区内随时考察、选取人才并推荐给上级或中央，经过试用考核再任命官职。
2 复社是明朝末期的一个政治、学术团体，早期成员多为东林党人的后裔，故又号称"小东林"。

以顾炎武为例，他走遍中国，看这个地方的地理要害在哪里，看运河、道路的缺陷在哪里，看这个地方物产可能发展的前途在哪里，都是在实际地看当年发生的问题。

顾炎武是找问题的人，全祖望是给答案的人。全祖望希望的是贤能政事，用学校作为民意的基础，既发现问题，又发掘人才。学校是议政的地方，这议政的人不是空口说白话，要兑现，得出来的一些想法、建议，由县政府执行。它构想的民主单位是县一层，下面做得好的，一路转上去，这是一个很了不起的构想。

许知远：对无锡这些东林党人，你是不是有很强的亲近感？

许倬云：生在无锡，我不能不感觉亲切。我的中学叫辅仁中学，跟北方的辅仁大学没关系。辅仁中学隔壁就是东林书院，辅仁中学的学生跟东林后代有千丝万缕的关系。

许知远：你后来去了台湾，又在美国生活这么多年，对你来说，"根"重要吗？

许倬云：我没有根。不要说我们外来人没根，美国人本身也没根的，美国社会的年轻人是浮萍，飘着。小时候你们听故事《三个小猪》，对不对？长大了，一人背个包裹出去干活去了，《三个小猪》的故事就是美国社会的象征。在当年开拓时期，十八岁的孩子拎着一个小衣箱，火车一停，他跳上车，从此不回来了，是飘萍，没有根的，在别处建功立业，不回家乡。

许知远：一种冒险精神，一种扩张精神。

许倬云：对，但这样他就没有回顾，没有过去。这一代非常强大，但他们没有延续性，只有财产延续。

我的机缘是特例,但我必须感激我父亲[1],他是清朝水师学堂毕业,辛亥革命他带了三条小兵船起义,所以他对民国有特别的感情。

海军的教育是英国式教育,见多识广肯思考。他聪明,有见识,我在家里总是跟他在一块儿,潜移默化听他议论。他听英国的BBC,会跟我讲欧洲战争打得怎么样了。抗战时期,他管第五战区的军粮民事经济事务。巧妇难为无米炊,他就挖空心思,看怎么样能做好。要有车可以送东西,要有地可以种庄稼,要有分配的机制,急难来的时候要怎么解决。我看到他焦思苦虑,不能不感动。

许知远:所以你是东林复社和BBC共同的产物,受两个不同传统的影响。

许倬云:无锡是特别的地方,江南的文风盛,没话说。无锡不注重科举,不注重斯文。常州状元、宰相一大把;苏州私人画家潇洒得很,庭院过日子舒服得很;无锡人念书是为了念书。我的爷爷一辈子喜欢数学,他宁可不考科举,他玩数学。我的曾祖父自修医学,到后来变成有名的儒医,四乡八镇有人派船来接他去看病。他替人看病不要钱的,看着看着就替我的祖父娶了个媳妇,是他其中一个病人的女儿。

许知远:所以无锡人是为知识而知识。

许倬云:这种人无锡多得很,所以无锡的实业家出得多,数学家出得多,江南造船所里,技术员有十来个无锡人。士大夫的世家不高高在上,一样可以参加实务工作。所以无锡实用之材比别处多,你看我们的专家、院士里头,无锡人一大把。

---

1 许倬云父亲许凤藻,海军少将,曾参加辛亥革命和北伐战争。

无锡的士大夫实际上有个不成文的组织。有个小公园，叫新公园，里面有个茶馆，士绅们在那里聚会，每天早晨吃完早饭，谈话到中午。这个士绅集团热心公务，大家在一起商量事情，到后来变成县长都不用做事，每天去跟他们吃个饭，听听他们有什么意见，你们说的我就做，反正也不给钱，经费你们自己筹。这个茶馆叫清漪茶社。

士绅之中有一个领袖，起先是杨翰西[1]，后来是钱孙卿[2]，钱锺书的叔父。需要钱，他们一吆喝，各行各业支援，为公家服务，修路的修路，挖运河的挖运河。

齐卢战争[3]，军阀内战，钱孙卿坐在筐里从城墙上吊下去，跟军阀部队谈价钱，让他们不要进城。军阀说好，我不进城，开拔费十万银元。没问题，过会儿给送到。诸如此类，排难解纷，解决问题。

春荒，苏北的农家青黄不接，到无锡来打工，他们一来来几千只手划船，得安置他们，分配工作。城里有一个寺庙叫南禅寺，里面有个学本事的地方——习艺所，无业游民就往那儿去，有吃、有住，别上街乱晃。公家的事情、私家的事情需要人力，往那儿去叫人。

寡妇有寡妇堂，弃婴有育婴堂，育婴堂里面做事的就是无业的无依无靠的寡妇。冬天有冬赈，腊八节时候发放冬衣、冬粮。老太太们负责捐钱，我祖母是念佛会的副会长，这边老太太们一有决定，给儿子们一吩咐，钱都出来了。这种自治，江南不止无锡一处，嘉兴也有同样的制度。士绅管县，是没有选举的议员。

许知远：现在想起无锡来，你最想去哪里？

---

1 杨翰西，民国时期无锡实业家，在无锡创办过各种工厂实业与学校，深度参与地方建设。
2 钱孙卿，民国时期无锡地方著名士绅、巨贾，社会活动家。
3 指江浙战争，1924年中华民国江苏督军齐燮元与浙江督军卢永祥之间进行的战争。

许倬云：太湖边。两岸恢复交流以后，我父母一直怀念故乡，他们吩咐我们说，他们不要在台湾下葬，所以没有挖地，用水泥的盖子盖在灵柩上，叫浮厝。等到两岸相通以后，我们把他们的骨头请出来，收拾好，化成灰，奉送回去，在无锡的马山公墓安置他们。

教育要养成一种远见，
能超越你的未见

许知远：在和你的谈话中，我感到你精力旺盛、生机勃勃，好像有老顽童的天真，这是那个时代带来的特征吗？

许倬云：我也说不上来，我想可能是我们那个时代的人都逃过难。到外国来读书也都挺辛苦的。在外国读书的经历，各人有各人的幸运，各人有各人的遭遇，都是无中生有、苦中作乐，这样一来，老夫子的性情就不多。道貌岸然的人有，我不做那套，开口就是经典，我也不要，我偏好性情中人这一类，比如白先勇，性情中人，了不起。

许知远：你回忆过去的文字都很动人，现在还会常想起哪段时光呢？

许倬云：回忆最多的是抗战期间。抗战期间的经历影响我一辈子，也影响我念书的方向，以及我关心的事情。抗战期间是求死不得，求生不成，我又是残疾。七岁时，抗战开始，我那时候还不能站起来，到十三岁才能拄着棍真正走路，别人都在逃难，我就跟着父母跑。我父亲是战地的文官，在战线前前后后跑，我们常常在

乡下老百姓那儿借个铺,或者庙里借个地方住,所以我跟老百姓的日子很近。

我常在村子里面看,农夫在种田,妇女在洗东西,七八岁的小孩在地里抓虫子、拔苗、拔草。我那一段时间在小村落的偏僻地方进进出出,有的时候日本人打得急了,我们临时撤退,撤到前不着村、后不着店的地方,有时一退就退到神农架的边上。这些经历让我看到了很多老百姓的日子,所以我的心一直念着那些人。

许知远:这段经历对你后来的历史写作有直接影响吗?

许倬云:我的第二部英文著作是《汉代农业》,讲怎么种田。老百姓的事,是我兴趣最大的。

我们的城市被日本人占了,打了八年仗是靠农村撑起来的。农村的力量是强大的。四川一个省提出两百万壮丁,草鞋、步枪、斗笠,一批批出来,基本上都没能回家。连前带后,我们七百万兵员阵亡。那时,各地撤退或者拉锯战的时候,前线撤到农村,农村人一句闲话不说,接纳难民。有多少粮食拿出来一起吃,没有一句怨言;没有吃的,一群人一起挨饿。满路的人往内陆奔走,没有人欺负人,没有人挤着上车、挤着上船,都是先让老弱妇女走,自己留在后面。多少老年人走不动了,跟孩子说,你们走、走……

许知远:是不是这样的经历让你对中国始终特别有信心?

许倬云:所以我知道,中国不会亡,中国不可能亡。

许知远:你探究不同文明的行为方式和思维方式,你认为中国人对待历史的态度和其他文明之间最大的区别是什么?

许倬云:中国尊敬过去,不否定过去,注重延续,来龙去脉不肯切断,这和西方分析的角度不一样。过去西方分析是分而细之,又重新整合。但现在愈分愈细，每一个人分一小块，不注重长程的演变，不问来龙去脉，就切一段做他的专门事情，彼此之间也并不商议，也并不讨论。

尊重历史不是说一切都绕不开过去——你要尊重它，因为它是来源，你今天的问题就出在过去。但是检讨历史，也要记得我今天的所作所为是要负责任的，不是我两手一伸就没事了，下面听我话的人监督我，我也要对他负责任，不能乱说。

许知远：你觉得历史的意义是什么？在历史中觉悟，对一个社群、一个民族，或者一个个体，真的那么重要吗？历史会成为很大一个负担吗？

许倬云：它是负担，也是本钱。如果不愿意去改，这个就是负担；但它也是本钱，因为它呈现出来的问题会让人去想我们不要重复历史，历史的错误我已经看见了，我要去找下一步的发展方向。

许知远：刚刚你说到对中国的信心，你对中国文化最有信心的是什么？

许倬云：我最信任中国人自尊自重。中国人注重的是"气"，天地间的正气，每个人身上都可以禀赋到一点，这个正气就是"神"。不是具象的神，不用祂来吩咐你，你不做事我赶你出伊甸园，而是你自己培养自己。我是宇宙之间的人，每个人心里存在着这个，人为大，我不自尊，人家谁会尊敬我。

中国人当年到海外打天下的时候，一切条件都不好，可他们挣扎站出来，铁路工人让人尊敬，最难的路段叫他们做，最精准的部分叫他们做。他们造成的铁路在工程上的成就，比任何其他工人都好。没有得到公平的待遇不在乎，我做该做的事，这很了不起。下来以后，开小店，做个洗衣作坊，没关系，我用自己劳力赚来的，我不惭愧。子弟教育也很要紧,一个是要子弟受教育,一个是我自己自重,今天大多数华人还有这个想法,这是我们最强的一点。

中国的世界是什么?中国的世界是以人为头,没有上帝,天心是人心。

盘古就是人,左眼太阳,右眼月亮,头顶就是青天,脚底就是大地,身上的血脉就是河流,骨骼就是山岭。这个盘古就是象征,天地人,人为贵。没有人的眼光,没有人的知识,没有人的感情,没有人的智慧,就没有天地。这个是中国的好处,也是中国的缺陷。

它最大的副作用是,中国人讲伦理,讲人跟人之间的关系、社会关系、各种亲疏关系、各种尊卑关系、上下关系,等等,这个就构成了一个优势和弱势之间的差别,使得我们人人都想做皇帝,人人都想做太祖,人人都想做帮会的头头,还不够,还二代,还三代,还不够,表弟、舅爷都得上。这种秩序深入人心,使得我们没有办法解放自己,也绑住了我们自动自发的精神,绑住了我们弱势人反抗的精神。

许知远:"五四"当年就想应对这些问题,现在刚好过了一百年,你怎么看当年?

许倬云:"五四"是一个"饥者易为食,渴者易为饮"的局面。被打了快一百年了,从1840打起,一闷棍一闷棍打下来,打糊涂了,急着改,药铺里面乱抓药。我对胡适先生非常佩服,我个人感恩他对我学业的帮助,但是他把很多事情简化了,这个是当时的失误。

许知远:这是不是也是不可避免的,因为当时整个太匆忙了。

许倬云:就是太匆忙了。赛先生跟德先生怎么解释?赛跟德是什么内容?没有教大家,没有提醒大家,没有说这个内容复杂得很。赛先生得来的东西是牛顿力学的科学,是正面的,一切都照着规矩做的。但那以后就对科学有了迷信,科学变万能,科学变符咒……科学不是,科学是一种追寻的精神。德先生,没有解释民主、自由、平等之间的差别,其中究竟有哪些弊病,究竟德到哪个地步?代议制吗?全民制吗?这个口号一来,就完事了。"五四"应该是文化启蒙的事情,结果变成个教条。

许知远:你说什么时候这种价值混乱才会过去?

许倬云:要在里头能够让自己喘得过气来,自己能仰着头说我不怕这,不怕那,要人心之自由,胸襟开放。

许知远:你碰到二十世纪这么多重要的人物,认为谁有这样一种特别开阔、有自信的胸襟?

许倬云:到一定地位上都不开阔,没权没名最开阔,你我都开阔得很。

许知远:那你觉得历史学家在价值转型的过程中可以做什么?

许倬云:我们可怜得很,我们只能记人家做过的事。我的另一行是社会学,所以我在历史里摆点社会学的东西进去,就可以做得比较自由。

历史学家可以做的,不只是找例子,也不是保存东西,要活学活用。全世界人类曾经走过的路,都要算是我走过的路之一。这样子排历史,就可以排出无数的选择,让我们在找路的时候,绝对不要只有这一条路。

学历史还可以学到从个人到天下之间各个层次的变化、变化中的因素。最短的是人,比人稍微长一点是政治,比政治稍微长一点是经济,比经济稍微长一点的是社会,更长的是文化,然后是人类文化,最长的是自然。

许知远：这么长段文化的尺度下，人显得那么小，人怎么样获得自身的意义和价值？

许倬云：我的理解是这样子的。太平洋上的孤岛，从来没有人去过，那里一样有日落日出，一样有花开花落，一样有春夏秋冬，那个世界，我们没见过，我们脑子里面就没有它。今天能照相了，我们才晓得黑洞里是什么，我们的宇宙知识多了一大块。宇宙万物是在我们脑子里认知出来的，所有我们知道的，或者用肉眼看见，或者用机械的眼看见，或者用推理的眼看见，哲学能推理到最远最远。

所以人接受教育，不是说你受的教育换得吃饭的工具，也不是说受了教育知道人跟人怎么相处，而是要有一种教育，使人养成一个远见，能超越你未见。我们要想办法设想我没见到的世界还有可能是什么样，去扩展可能性，可能性是无穷的。

许知远：作为一个历史学家，你抽身来看，怎么看待自己在历史中的角色呢？

许倬云：我尽我本分，我学这一行，做我该做的事。我想尽量去做，尽量开拓几条新的研究道路和新的观点，留给年轻人，让他们去碰缘分、碰机遇。像国内的年轻教授，我大概和前前后后十来个有过交流吧，他们带着各自不同的情况和我接触，我在不同的情况上帮他们发展。对他们，我舍得花时间、精力开讨论会，一对一地讲，也愿意给他们的研究方向提建议，社会学、历史学、地理学都有，尽我力。

婚姻这个事情很不简单，
你必须尊重他，你才爱他

孙曼丽
许倬云夫人

许知远：许先生在自传中提到，你1942年在山东出生，你的家族是什么样的？

曼丽：我想我们家该算是富农吧！耕读传家。我大概两三岁时就离开老家辗转到台湾上学，小时候的事记得的不多，我不是早熟的孩子。父母忙于生活没有多管我们，那时社会风气较单纯，我们把自己照顾得都没让父母操太多心。这也是后来我对自己孩子的态度，孩子学父母那就是身教，用不着唠叨。

许知远：你刚认识许先生时，对他什么印象？

曼丽：他那时候是台大历史系的系主任。那个时候我们同学都怕他，就我不怕他。

许知远：他们为什么怕他？

曼丽：我也不知道为什么，我们在他的办公室前面经过的时候，他只要在里头，我们同学立刻就转头跑，我没有。我是1962年进台大，他是1963年回台湾，所以我在大一、大二就认识他了，可是我从来没有害怕过他。我有个同学还问我，你怎么这么大胆子，敢跟他结婚？

许知远：他讲课什么风格？

曼丽：他那个时候单身，你知道单身男生跟结了婚的男生不一样，风趣得很。他非常风趣，讲课的时候想说什么就说什么，可是他又很正经，讲的话总是很得体。我在想他可能因为没有结婚，心理上年轻，所以跟我们讲话都很轻松，但是奇怪得很，同学们都怕他，尤其男同学。我问他们你怕什么呢？都回答说我也不知道。他是系主任，事情忙，礼拜六下午也要上课，但礼拜六的时候我们都不想上课，我要跟我男朋友出去玩，很多人不敢逃课，我就敢逃课。

许知远：他后来怎么跟你……

曼丽：后来我毕业了，做事了。做事了以后，有事情就过来找找他，老师嘛！后来慢慢就越谈越多，所以这是很自然的一件事情，并没有任何特别。那时候我还有个男朋友，一比之下，慢慢我自己懂了。

许知远：你那时候觉得许先生身上最有魅力的是什么？

曼丽：他有智慧、热心，最重要的是仗义。我这个人脾气比较坏，从小在家里被宠坏了，因为家里是三个兄弟，就我一个女儿，所以我任性，我的标准跟别人不太一样。还有一点我绝对不承认家里头或者什么人可以替你决定什么事情，那我的事情自然要我来决定。那个时候是他最艰难的时候，现在回来想想，我觉得很有意思，当初愿意和他在一起，心里也有仗义的情份。我当时就觉得，这个人我可以帮他，我觉得他所缺的，我都可以提供给他，那是真的，不是假的，因为那时候我还有男朋友，你要知道。

许知远：你这是时代新女性。

曼丽：是不是？我现在回头想是这样子，我那时候就觉得我可以帮他，那没有错，我们今年是结婚五十年，我觉得我做到我该做的了,而且我本来有很多潜力我不知道,因为跟他在一起以后都出来了。所以他说他运气很好,我说对,我现在给你的存款,下一辈子你还我。他说下辈子我还做男的,你做女的。我说不干,下辈子我做男的,你做女的,我要换一换。所以基本上我们处得相当好。

很多我的朋友,结婚的时候也还不错,可是不知道为什么越过越远,越过越远。那这一点,我觉得很幸运,我们俩是越过越近,所以很多时候我听到我的朋友抱怨这个那个,我就觉得,婚姻这个事情很不简单,你得花心思。我在想可能最基本的一点是,你必须尊敬他,你才会爱他,如果你不尊敬这个人,你就不可能爱他。这也是我把第一个男朋友扔掉的原因,因为你看着他,东挑他的毛病,西挑他的毛病,那这个人就不能跟你处下去。还有一点我不同意,有的人说,结婚以后就好了,没有"结婚以后就好了"。还有女孩子很自信地说,没关系,结婚以后我把他改过来,这个也是不能够、不可能的事情。

许知远:你真的可以做婚恋专家,说得特别准确。

曼丽:不是,你看多了,你看过以后你就知道。比如很多人说结婚以前抽烟,我结婚以后绝对不抽了,他能吗?所以我现在跟年轻女孩在一起的时候,我就把这个教给她们了,我说婚前什么样,婚后就什么样,别以为一个典礼完了以后,他就变成圣人了。这一点可能是因为我从小爱看书,我的人生经验不多,可是我看的小说很多。

许知远:哪个小说对你的影响特别大?

曼丽:那也没有,以前我们那个时候哪有什么了不起的好看的东西,我念小学的时候就开始看武侠,什么乱七八糟的都看。那个时候很多书在台湾都是禁书,不许看。不许看,我们总有办法,不知道怎么搞的，东淘一本，西挑一本，就看起来了。

我们家里头思想很开放，可是行为上管得很严，比如说晚上我爸爸从来不让我出门。可是我离开家以后，他管不住了。

许知远：七十年代搬到匹兹堡的时候，没想到会住这么久，是吗？

曼丽：没有，我们是预备九个月，那个时候娃娃八个月大，两个箱子，一个娃娃，就来了。来了以后，我从来没有想要待下来。那我再回头想，当年我跟他结婚那时，如果我们没有离开台湾的话，他活不到今天，他气也气死了。他脾气又大，看不惯事情的时候，又不能不说，你找人家麻烦，人家也找你麻烦。那时候他问他老师，他老师对他非常好，就说你先别回来，整个气氛对你非常不利。所以我们就待下来了，现在再想起来我觉得是一件好事。最好的事情就是你从一个文化跳到另外一个不同的文化的时候，你就睁开眼了，日子过得多热闹，每一天都是新鲜事。

到了美国以后，还有一点很好，我儿子从两岁开始上学前班，一个礼拜去半天，我就陪着他去，我跟着我儿子在这边重新再长了一遍。我必须要跟家长、跟老师打交道，于是慢慢、慢慢就觉得比较容易。还有一点我胆子比较大，我从小胆子不小。

许知远：感觉到了。

曼丽：我胆子不小，所以学就学吧！那时候我总是跟我朋友说，我们说英文发音不好有什么了不起，你叫他们发中文的音看看。

许知远：我好喜欢你这股劲儿。

曼丽：所以我从来没有胆怯，因此可能我语言就比较进步得快一些。你要说我的生活真的很有意思，常常我的朋友就会说因为家事自己不能出去做事,那我就不觉得,因为我觉得你在外面做事不是不好,而是你去外面做事,你就局限,也许你做一个公务员,也许你做一个别的什么,对不对?那我就运气好,我在家里头,就有很多机会碰到很多事情,我可以看到很多人。

许知远:这是一个丰富的新世界。也会有孤立感吗?还是很少?

曼丽:我从小不怕寂寞,我又不爱看电影,看电影的时候我头会晕,对电视也没有兴趣,所以我自己适应过这个日子。念中学的时候是我最快乐的时候,因为高雄女中的学生是天之骄子,那时候又没有什么娱乐,等到放暑假的时候,我们几个朋友,一人骑一辆脚踏车,戴一个草帽,清晨天一亮,骑着车到西子湾去,海风吹吹,石头上坐着,太阳一出来热了,打道回府。高雄夏天很热。在家里的时候我们就开始看书了。我们家很简单,四个孩子,一对父母,而且父母感情非常好,所以我们家很平和,从来没有什么太大的波浪。我现在回想起来很感激爸爸妈妈,让我们有一个这么安定的日子可以过。

那个时候在经济上、物质上是非常苦的,可是那个时代东西缺乏是一回事,人真得很。现在我们的同学谈到这些事情,国民党好不好,我们不管,至少我们在那边过的那段日子是特别的安稳,念书念得也挺好的,学校也挺好的,整个大环境也很安全,我们就是安安稳稳地长大了。所以我回头想的时候,常常觉得不管他们政治怎么样,至少我们过了一个很好很好的童年。可能因为这个原因吧,所以外在对我没有引诱,引诱不了我,我们老朋友都说,你呀!怎么风吹不动雷打不动的!确实不太受外部的影响。那他也是很大的原因,他这个人很稳,所以他的稳定让我稳定。

许知远：他写了新的文章，你是他的第一读者吗？

曼丽：他现在很生气，因为常常我不肯看。

许知远：他觉得被抛弃了，是吗？

曼丽：我想等他写完我再看。因为他有一些东西我很喜欢看，那他批评这个、批评那个的时候，我没什么兴趣的。

许知远：七十年代的时候，你是最早的读者。

曼丽：基本上要这么说，是我鼓励他写的，他那个时候常常受到台湾形势的影响，我说你既然这么多的意见，你别跟我说，我烦得很，你写下来。他一写下来以后，脑子就整理得很清楚了。那时候正好是台湾开始想改革的时候，所以他的文章就是两个大报在抢。

他的观察力很强。因为他从小没有机会像一般的男同学可以在外头疯，他没有这种疯的日子，他只有在宿舍的日子。那我们那时候很野，因为大环境很安全，父母也不管，你野就去野吧！

许知远：所以许先生在知识领域就很野。

曼丽：对，他在那边非常的野，他常常想很多东西。

许知远：这几十年间，许先生最高产是哪段时间？

曼丽：他是八十年代开始一直到现在没停过。七十年代来这的时候，他就跟我说，他在台湾这八年——他是说1962年到1970年——已经落了很多东西，所以刚来的那几年，天天就是在阅读那些过去漏掉的东西，他非常认真地阅读，常常在图书馆里头，还把书借回来。阅读了这几年以后，到了七十年代中，就开始写文章了，然后等到八十年代他就成熟了，各方面的东西一步一步就出来了。退休以后他反而更活跃，因为退休以后没有教书的负担，就到很多地方去给研究生、年轻的新教授们上课，甚至到香港去。谁的胆子大一点，运气好一点，敢来找他，你只要找他，他绝对教。

许知远：我赶紧搬过来住。

曼丽：现在有一个南京来的年轻教授，在南京时听过他演讲，就来找他了。我常常跟他们讲，你们快问，他脑子里的东西可多了，他脑子里有多少东西我都不知道，他记性特别好，他眼前的身体不得了，可是他脑子里头学的东西清清楚楚，所以有问题要谈的时候，你就找他，他很喜欢人家给他提问题。

许知远：他会有陷入那种情绪低潮的时间吗？

曼丽：会，他情绪非常起伏，你看你讲到抗战，他就泪茫茫。现在不能提抗战，他跟我讲过多少次，有一次我就说，你不要讲这些，他不开心了，说你都不关心我，我讲这个，你都不去听。我说这种感情你就自己留着吧！你不能强迫我非接受你这种感情，你抗战走的地方多，你碰到很多事，你小的时候记忆特别好，这个没有错，可是你不能逼着我去跟着你这样的记忆。我说我的日子跟你不一样，我们差十来岁，我有别的感情，你能接受吗？后来他就说，说的也是。

他常常起伏，比如说他对国事的关心，对时局的关心，所以我就常常觉得人太聪明不是好事，你同不同意？脑子里想太多了。我说你傻一点好不好？他傻不来。

许知远：他傻点儿，你也不跟他好啊！

曼丽：那倒也是，他傻了，我就吃不消了。所以他常常低潮。

许知远：对，好像天才都是这种命运。

曼丽：我常常跟他转变话题。要不然的话，他就会说这个事应该怎么怎么……我赶紧给他讲点别的，我们最近讲得最多的话题就是他年纪大了，开始想家了，常常想无锡，我说好吧，咱们做个祖母做的菜。他喜欢炖蛋，我给他炖个蛋吃。他就吃，真好，这个真好，跟我妈妈做的很像。我说行，吃。

许知远：对家乡的这种感觉什么时候变得强烈呢？

曼丽：跟年纪有关系，有句话不是说，人老想家就证明他是老了。他前两年还没有到这个地步，他前两年在写《美国沧桑六十年》的时候，还在专心写，写完以后，情绪就来了，因为他放松了，就开始常常想家。

许知远：许先生会更有迫切感要写更多的东西吗？

曼丽：他有点想把他知道的多写一点出来，他跟我讲，我脑子里还有很多的东西，可是我没有力气写了。确实今年很明显感觉到他不如去年。他今天这个情形是很特殊的，可能今天谈的问题比较有意思，他就可以不停地讲下去，如果你跟他说，你上午两堂课，下午两堂课，他讲了上午就不想讲下午了。而你给他安排一个时间，让他能够慢慢地说，这是非常好的事情，这些事情我是鼓励他的，可是我不要他太累，我就说你上午做点事，下午就少做一点，你下午有事，上午就少做一点，因为我对他的生活起居跟营养很注意。

许知远：你觉得为什么许先生的意志力会这么坚强，他的创造力可以维持这么久？

曼丽：创造力维持得久是后来的训练，可是他为什么能够有这么久，是他的毅力、个性、不认输，他不认为说因为我身体不方便，我就必须要认命。那个时候，他给我讲过一个笑话，在我们结婚以前,他念完书以后,他们家里头的姐姐跟嫂嫂都说,老七,你就随便到乡下去找一个人回来,可以给你生孩子、管家就行,他说为什么?我为什么就要找一个给我生孩子、管家的就行了?他不肯承认这一点,我要找我要的,你们讲的话算什么。

等到后来我跟他在一起以后,说句不好听的话,很多人很嫉妒,尤其对他不友善的人,我那个时候没有觉得,后来我才觉得,因为后来有人骂他。我就给他讲,那你听人家这样讲,你应该高兴啊!

许知远:你太可爱了。

曼丽:我说你应该高兴了,又怎么样了嘛!他讲的话跟你一点关系都没有。他比较追求完美,他不认为他的身体的不完美,影响到人的完美。我从跟他在一起,我从来没有把他当成一个身体有缺陷的人。我们刚结婚的时候,因为他的肌肉发育不全,我们两个出去买菜、上街,都牵着手走路,没有关系的,我从来没有觉得。他走路慢,我走慢一点就是了。有一次碰到他嫂嫂了:曼丽,你怎么又让他出来买菜?我说怎么了?他为什么不能出来买菜?他应该做什么?我也很凶,她们不敢再说了。我一直把他当成一个非常正常的人,等他到了七十多岁的时候,很多地方需要帮他的时候,这个也没什么了不起,人都要老,而且很多跟他同年龄人,好手好脚也不见得比他好,脑子也不对了,行动也不对了,我的朋友都说,跟他同龄人比的话,他算是很好的,而且是非常好。

许知远:对,感觉非常好。

曼丽:她们这么说。所以我也觉得无所谓。很多事情你知道就行了,别人会怎么想,跟你没关系,你的日子不是他过,你过你的日子,他过他的日子。

最近他的身体比较弱一点,他就开始担心了,曼丽,我走了你怎么办？我说咱们现在先每天过日子，等你走了，咱们再说。他走了之后我怎么办？我现在也不知道，也没办法办，所以咱们先不谈这个事情，咱们先过眼前的，每一天过好就行了。他真的是，他很会愁，我说你真的抓题目来愁，中国不好他发愁，世界不好他发愁，中国好了他又发愁，他发愁好了又不能再好。愁真多了，我说你真是，真是，你不叫先天下忧，你是天天忧。可是你再想，因为他不能往外跑、往外跳，那么他忧就忧吧！忧忧，就会想出解决的办法，他想出来一个办法，就算现在解决不了，以后可以用的，是不是？

许知远：是。

曼丽：好吧！你就去吧！基本上我就跟他讲，我是很尊敬你的，我是很尊敬你的，我说万一我讲话不客气的时候，并不表示我不尊敬你，是你那件事情让我委屈，和你人格没关系。我说你不能跟我真生气，你跟我真生气，你活该。

许知远：许先生会恐惧死亡吗？

曼丽：他不会恐惧，他基本上对死亡不恐惧，有时候很累他就说，我过得这么累，把你拖得这么累，走了算了。我说你自己想，你觉得日子过得没意思了，你想走，那你就走。人无论活到多久，总要走，你能够自己选择怎么走的时候，你可以选。他就总是说，我不是舍不得走，我舍不得你。我说你舍不得我，我懂，可是早晚咱们总得舍，我不是鼓励你现在走，只是人早晚要走这条路，有生就有死，死跟生是连在一起的，不是分开的。他说你为什么这么潇洒？我说不是我潇洒，我想得开。为什么想得开？我跟你讲，任何人跟他这个人在一起过日子，就会想得开。我跟他在一起，我像照镜子，看到他的努力，我想我必须要自己站起来，树立自己的性格，然后可以跟他平衡。我如果不跟他平衡，我如果是一个乖乖的女孩子跟他走的话，那我们现在不知道是什么日子。

所以我跟他结婚以后，我的个性在慢慢改、慢慢改，一方面去适应他，一方面也在长大。你知道，在中国，平常女孩子大学毕业之前根本没机会长大，都被保护得好好的，运气好，结婚的时候家庭不错，你就慢慢长大了；运气不好，结了婚就完蛋。所以我觉得很多事情你得自己有个看法，然后才能够支持他，我现在可以说我心理上相当强壮。

许知远：我这次来匹兹堡，最重要的收获是婚恋观，都听得入迷了。

曼丽：好听，你们已经谈那么多严肃的事情，国家、社会什么，没有这个好听。

许知远：我觉得这是更重要的一个收获。你知道现在年轻一代，他们互相的标准就你对我好。

曼丽：因为都很自私，要你对我好，而不是我对你好。其实这个是双方面的，光人家对你好，你不对人家好，你的感情往哪放，是不是？他对我有多好，他多在乎我，他肯为我干什么。她没有想到自己这个日子算什么，你是泥人在这边坐着？那你的生活是什么？叫人家帮你过啊？她忘了自己。因为我们家里头很多事情都是要我自己来管，所以我就训练出很多事情。还有你要相信你有潜力，每个人都有潜力，很多人认为我不做事就是有福气，那个是大错特错，是你能做才有福气。很多女孩子认为，她命好好，什么都不用做。等你老了回忆，你这一辈子白活了。

许知远：你真是女性楷模，新时代女性楷模，一定要让年轻一代听到这观点。

曼丽：其实应该说是要做到平等的关系。不能心存依赖，是互助、互补、互动。夫妻就是好朋友，可以百分百的信任。想想人生一辈子自己能有多少选择？只有朋友和配偶！那么配偶能成为好朋友就是上上大吉了。

1937 年　出生于广西桂林
1952 年　移居台湾
1960 年　创办《现代文学》杂志
1965 年　取得爱荷华大学硕士学位，在加州大学圣塔芭芭拉分校任教
1971 年　出版《台北人》
1977 年　在《现代文学》连载长篇小说《孽子》
2004 年　策划的《青春版牡丹亭》全球巡演
2017 年　出版《白先勇细说红楼梦》

扫码观看视频

白先勇

我写作是想把人类心灵中无言的痛楚，
转化成文字

Chapter 02

"您见过她们吗?"

我指着桌上宋氏三姐妹的照片,问白先勇。孙中山套间被装置成一个迷你博物馆,有关他的黑白照片挂在墙壁上,仿制的绿罩灯立在写字台上。孙中山的确在此下榻过。不仅是孙中山,李鸿章还在这里会见过伊藤博文,梁启超从日本流亡归来后在此发表演讲,张学良也在此办过舞会……天津的利顺德饭店,是近代中国历史的缩影。白先勇也是这缩影的一部分。

"她还抱过我。"他指着宋庆龄说,而宋美龄则给他吃过巧克力。他说起这赫赫有名的三姐妹,"国母就是国母,第一夫人就是第一夫人,大姐就是大姐的样子"。

在二十世纪的中国作家中,很少人有白先勇式的际遇。他的父亲是一代名将,深刻地卷入从北伐到抗日再到内战的重大历史事件,他是在这风云变幻中成长的。也很少有作家具有他那样的天赋,在不到三十岁就完成的《台北人》中,他展现出一种惊人的成熟——既是思想上的,也是技巧上的。倘若让我选择二十世纪中文作家中最具创造力的人物,白先勇无疑属于鲁迅、郁达夫、沈从文、张爱玲的行列,除去天才,你想不出更准确的形容。

在见到白先勇之前,我感到紧张。这是面对一个天才的本能焦虑,你下意识地想取悦他。但当两碗桂林米粉摆在面前时,这紧张感消失了。他赞叹米粉的味道,说起台北的味道,以及在加州如何思念这味道。接着,我说起自己多么喜欢"金大班",甚至为了寻找"夜巴黎"的感觉,特意去了大稻埕的"黑美人"——那是铺着粉红色桌布的旧式夜总会,是二十世纪六十年代台湾政商热衷的风月之所。我还忍不住告诉他,我的一个旧日台湾女友在分手之时,还给我唱了《最后一夜》,她也正是一个金大班气质的女人。

在我看来,白先勇的文字正是中国传统中风月与风云的最佳体现。因为风云之失意,中国文人躲入风月之中,寻找暂时的慰藉。

或许他本人也是。他有一个作为军人楷模的父亲,自己则沉湎于红楼之乐,假想自己正是贾宝玉。

如今,他最愿意谈论的也正是《红楼梦》,他把它称为世界上最伟大的作品,甚至比莎士比亚的戏剧、塞万提斯的小说更为杰出。偶尔地,我觉得白先勇背叛了自己的天赋。在经历了《台北人》到《孽子》的创作高潮之后,他似乎停滞下来,将精力与时间用于舞台剧、电影,接着又花在了昆曲的推广上。在过去的三十年中,他更像是一个文化传递者,而不是创造性的天才。

白先勇没有正面回答我的质疑。事实上,在我们的谈话中,他也常迂回地响应提问。这并非他的不坦诚,而是两代人之间不同的表达方式。他八十岁了,仍喜欢长时间谈天、吃宵夜,夜正央时,他的精神尤其矍铄。

文学那么高，
个人的不同就微不足道了

许知远： 这次的行程什么感觉？

白先勇： 我这些年来的追求，一个是昆曲，一个是《红楼梦》。那么这次一出新戏上演了，一本关于《红楼梦》的注解也刚出来，我觉得蛮高兴。我希望现代年轻人能看到我们传统文化中的精髓，让那些很美的、很重要的，影响我们整个审美观和整个思想的经典还魂。

许知远： 你最早在美国教《红楼梦》，是怎么教的呢？

白先勇： 教外国学生，没法深入，有很多文化上的阻隔。他们连姑表、姨表都搞不清楚，你要和他讲林黛玉是姑表，她妈妈姓贾，所以比较亲；薛宝钗是姨表，和贾宝玉生分一点，他们都叫 cousin（表亲或堂亲），我怎么办呢？我解释都解释不了。所以我只能跟他们讲故事，讲背景，讲文化上的重要性，大略地讲，不能深入。有些特别有灵性的美国孩子，也懂得。有一个很好玩的孩子，我不光教他《红楼梦》，也教他中文，他叫罗伯特·米斯瑞，我替他取了个中文名字司马伦。那个男孩子很怪的，他前世大概是中国人，他跟我讲，白老师，我就是贾宝玉。他完全认同贾宝玉。后来也真是，他和好多中国女孩子谈恋爱。

还有一个女孩子，我印象很深刻，犹太人，一生都很敬中国的这一套。她不仅读中文，还读日文、法文、俄文，懂好多文。她是犹太世家，爸爸是纽约很有名的学者。她中文蛮好的，不光看《红楼梦》英译本，也看得懂一点中文版的。她还读《史记》《论语》，很厉害的，后来就当了教授。再后来还有意思呢，我的《台北人》

的合译者就是她。

不过英文本到底还是隔一层。真正要把《红楼梦》翻译出来，难，不过大卫·霍克斯[1]已经做到他所能，英文非常漂亮，越难的地儿翻得越好。什么《好了歌》，什么《葬花词》，好漂亮的英文，还押韵的。但他常常在俗话那块翻了跟头。对外国人来说，那个其实是最难的，那是乾隆时代讲的话，有时候我们也不懂。

还有文化上的隔膜。这红色，对《红楼梦》多重要，从名字开始，《红楼梦》、怡红公子，你想多重要。那个红的意义，我们叫红尘，英文里没这回事儿，没有这种联想。

许知远：在美国研究中国古典的人是比较少的，你在谈话中也经常会提到二十世纪中国知识分子的文化焦虑，对西方的焦虑。那时候你在加州，这种焦虑感强吗？

白先勇：很强。十九世纪我们是衰落下去了，本来二十世纪有"五四"运动，我们自己称为一个小型文艺复兴，可是到了世纪末回头一看，成就也不高。我们整个二十世纪，在世界上对文化还是没有发言权，还是西方说了算，他们说什么音乐好，就什么音乐好，他们说什么戏剧好，就什么戏剧好，发言权我们还没有拿回来。

许知远：你一个二十多岁的年轻人，怎么面对这种状况呢？

白先勇：我年轻的时候——现在也不好意思这样讲自己——好像心怀大志。那时候也不知天高地厚，就办杂志。办《现代文学》，穷得要死的一本杂志，给不起稿费，编辑费都没有。穷得我们校稿、编辑、送书都自己来。我骑个脚踏车去校稿，去送书，大热天一身汗。那时候不知道哪来的那股傻劲。我们的老校长是傅斯年，"五四"

---

1 大卫·霍克斯，著名汉学家，翻译过《楚辞》、唐诗和《红楼梦》。

健将,那时他办了《新潮》。我说我们校长在办杂志,我们也来办。我们是对新文学、对当时的那些文学不满,也是觉得说,我们是战后的一代。我是1937年生,刚好全面抗战开始,然后是国共内战,等我上大学,过去的世界统统没有了,崩溃了。台湾也是这样,所以大家要寻找文化认同,寻找一个精神上安身立命的地方。那时候我们社会比较保守,政治也高压,不过现在回头再看,还好有一个空隙,让我们这些在沙漠里的仙人掌还能够活下去,还能够写。

许知远:当时有不同的仙人掌,你办的杂志是一个仙人掌,李敖办的《文星》[1]也是一个仙人掌,陈映真办的《人间》[2]也是一个仙人掌。你们三位是很不同的。你怎么看他们的这些努力?

白先勇:对对对,他们晚几年,我们又比夏济安先生的《文学杂志》[3]晚几年,这有点一脉相传。陈映真本来是我们的作家,在我们杂志上发表了七篇小说,他有几篇最好的小说是在我们杂志上发表的,我和他互相很尊敬。《文星》比较偏向政治。

事实上我们那时候不谈政治,把所有政治力量都撇光。我们那时有一个大原则,不管你右还是左,通通不让进来,这也是一个政治学。现在回头看我很高兴,我办了一个纯文学的杂志,追求新文学艺术。三十年代文坛上的互相攻击,我觉得很不好。我觉得文学不是吵架吵出来的,文学是每个人在自己的书房里一个字一个字磨出来的,是很孤独的一条路。你写你自己的嘛,不要去管人家怎么写。所以我们那时候有一个共识,和而不同,我觉得很了不得。这一群诗人,最难搞的一群人,没吵过架,没有派系。而且不管是外

1　《文星》是由台北文星书店于1957年创办的杂志,1962年李敖出任主编。
2　1985年,陈映真创办杂志《人间》,以丰富深入的社会关怀为独特风格。
3　1956年由台大外文系主任夏济安教授创办。

省的第二代，本省的第二代，或是大兵，还是海外归侨，我们全都融在一起。

因为有个大前提，都是为了"文学"两个字。文学那么高，个人的不同就微不足道了。后来他们自己吵架了，什么乡土文学论战，七七八八的，我坚决不参加。不管你写什么，不管你什么背景，不管你什么思想，通通不管，我们这里只有一个标准，好文学和坏文学。

许知远：你办杂志是六十年代初，七十年代末你再回台湾的时候，乡土文学论战都开始了，文坛变得和以前不一样，非常活跃。你那时怎么看这种变化呢？

白先勇：变化是必然的，因为这个社会在变嘛。而且是变成，政治慢慢嵌入了。

许知远：文学和政治的关系其实一直特别复杂，当然最浅层是政治直接干涉文学，但实际上它们的关系一直非常密切，《牡丹亭》里没有政治吗？充满了政治。

白先勇：对啊对啊。我们把握住一点，就是文学的标准，完全以艺术的成就为最高标准。当然我觉得文学可以批评政治，政治不能干预文学。你不能指导我们怎么写，我们不是小学生，老师出个作文题目。还好当时我们的影响力不算大，一群学生，也没有什么背景，所以没有什么政治问题。很好玩，第一期我们介绍了很多西洋文学，介绍卡夫卡，他的小说是德文写的，警备总部审查，问卡夫卡是什么人，跟马克思是什么关系。我说没关系，他俩年代也不同，是两回事。他们不懂我们在搞什么，也就算了。台湾当时还允许你出版自己的这些东西，国民党不那么重视文学，只有一小撮审查人员，权力也不大，所以还好，还好。

许知远：你觉得二十世纪最优秀的中文小说家是谁？

白先勇：让我选一个，真的很难选。有些好的，比如鲁迅的《彷徨》《呐喊》，可是鲁迅好像也就是《彷徨》《呐喊》。张爱玲的小说也很好，可也就是文字迷人。我又拿《红楼梦》来比，也许这种比法不太公平。我觉得二十世纪太动荡，内忧外患，战争革命，这对文学不是很好的。

许知远：当年夏志清先生说，中国的作家太感时忧国，他认为这个伤害文学创作。

白先勇：没错。我觉得写什么其实真是不那么重要，感时忧国也好，写个人也好，就看怎么写。郁达夫那一篇《沉沦》，根本没有感时忧国，就是和两个女人的关系，他写得很好的。鲁迅比较成熟了，但除了写绍兴那些人物，好像就没有了。所以我想，可能"五四"的时候反传统，毁掉的东西太多。要反传统的话，你要创新，新文学是难的，要有长期的时间酝酿。我现在好像觉得张爱玲越来越高。我的看法是，张爱玲越过了"五四"、三十年代那些东西，她是直接从《金瓶梅》《红楼梦》，还有《儿女英雄传》继承下来的，可能她继承的还是中国的正统。她英文也很好的。她好像对"五四"运动的新文学浑然不觉。

许知远：你见过她吗？

白先勇：见过的，在台湾见过。我记得那次是美国新闻处的处长麦卡锡替她出书，到一家苏州饭馆请客吃饭，饭馆冷清得厉害。那时候我们还是一群学生，刚开始办《现代文学》、写东西，一群年轻的作家嘛，她对我们也很好奇，也很亲切。台湾的夏天好热，她带了个袄的夹衣，我还记得是紫色的。她瘦瘦的，皮肤清白清白

的。她是近视眼,但不戴眼镜。别看她近视眼,眼睛敏锐得不得了。偶尔一瞥,好像一下子能穿过去。

《红楼梦》是史诗式的挽歌,是天下第一书

许知远:你去美国之后,换了语言环境,会有一段明显的失语吗?从失语状态重回对语言有感觉,这个过程是怎么发生的?

白先勇:刚巧也是几个因素。第一就是我的母亲过世,对我有很大的冲击。我和母亲的关系很亲,我的生活也是蛮平稳的,第一次碰到死亡、无常,可以说大吃一惊。

第二个,突然到了美国,发现一个不同的世界,各种价值观,对我心理上产生了冲击,内心天翻地覆,感情上一团混乱。而且在异国看得比较清楚,对家国历史感受特别深。所以我那时候在爱荷华大学,虽然念的是西方文学,但常常跑到图书馆借中文的历史书,有些现代史的书,在台湾看不到的。我要去找国民党到底怎么败的,国民党怎么会不到四年就被共产党打败了,原因在哪里?一直到今天我都在写很多东西,都在追寻这个问题。

许知远:也是替父亲完成一个回答。

白先勇:对,因为我父亲的关系,我对历史也非常关切,看了不少书,英文的也看,看外国人怎么写这段历史。我在写《台北人》时,是以文学来写历史的沧桑,是拿文学来替这段民国史做个注解。反过来几十年后,我写《父亲与民国》这本书时,是给《台北人》

做注解,它们是彼此的注解,两者是相通的。

反正我们中华民族吧,文化崩溃以后,心灵上有种漂泊感。我觉得我们总没有西方的心里头那么安稳。甚至像法国人,亡国多少次,被德国打得鼻塌嘴歪,你到法国去,他会说,我有卢浮宫。大英帝国没落得一塌糊涂,你到牛津大学去,英国那种派头还在。为什么?它有莎士比亚撑着。按理讲,我们也有李白、杜甫,怎么搞的,整个大传统一下子好像和现在接不起来了。

许知远:你觉得是什么原因?

白先勇:原因很多了。我在《细说红楼梦》里讲,乾隆盛世是中华文明衰落的起点。我觉得曹雪芹不是凡人,不是我们人间的人。他有直觉的敏感,写的不仅是贾府的兴衰,更是他对整个文化、历史、传统的第六感。我想曹雪芹已经感受到我们那个大传统的衰落。《红楼梦》不是讲了,贾家兴盛了百年,有一天要树倒猢狲散。我想他看到乾隆朝表面的繁荣,心里已经意识到,这个荣景真的有一天会往下降。他受佛家的影响很深,对人世间的苦乐无常,感受一定深得不得了。所以我觉得《红楼梦》是一首史诗式的挽歌,哀叹的不仅是十二钗。

《红楼梦》以后,没有一本书达到它一半的高度。整个民族的创造性突然衰竭了,不光是文学,各种领域,我们的绘画,我们的陶瓷,从乾隆以后通通往下走。

许知远:所有伟大的东西一样存在缺陷,《红楼梦》的缺陷是什么呢?

白先勇:我讲不出来,我希望有曹雪芹的才气,那是天才,大天才。这本书太了不起了,所以我叫它"天下第一书",我八十岁了,才敢讲这个话。

许知远：你说它是"天下第一书"，你觉得它比莎士比亚戏剧或者塞万提斯的小说，这些不同地方的经典，高在哪里呢？

白先勇：一本小说最高最难的地方，是能达到雅俗共赏。《红楼梦》有非常深刻的思想，儒家、佛家、道家这些非常深刻的思想内容。它有很复杂的结构，那些神话、预言、象征，说都说不完。还有一点，和别的小说不一样，它好看，你翻到哪一回看，都雅俗共赏。贾宝玉初试云雨好看，贾琏和多姑娘那回也好看，很俗的东西他会写，宝玉出家他也写得好。拔得那么高，降得那么低，他来去自如。

这个在西方小说还不大做得到。我最敬佩的几本，《战争与和平》《卡拉马佐夫兄弟》《追忆似水年华》，它们都讲很深刻的东西。像《战争与和平》，安德烈公爵要死了，看着天空，出来一大堆哲学的东西，多少页，烦啊。《卡拉马佐夫兄弟》不得了，惊天动地的一本书，可是你能随随便便看它吗？不行的。你得正襟危坐，吃力死了，看完一身汗，很了不得，很深刻，也很难。它不像《红楼梦》好看，有这么琐琐碎碎、这么平常的生活。

讲到宝玉出家，我的解释有一点可能跟大多数解释不太一样。最后一回，他出家的时候，穿着大猩猩红的斗篷，一僧一道夹着他走了。那时候下雪，雪掩盖了佛教讲的所有的嗔、贪、痴、哀，七情六欲通通被掩盖，白茫茫大地真干净。

但是你想想看，贾宝玉穿的是红斗篷，别忘了，红色在《红楼梦》里有极重要的象征意义，红代表红尘。所以我的看法是，贾宝玉出家，不是逃避。林妹妹死了，我看破红尘，不只如此，我认为那个红是很沉重的，我想他担负了人世间一切的情，替世人背负了情的十字架。这本小说有好几个名字，《红楼梦》《石头记》，还有一个大家比较忽略的名字，《情僧录》。里面有一个空空道人叫情僧，你不要被作者蒙骗了，我认为，那个情僧指的就是宝玉，记录他一生的事情，所以叫"情僧录"。他是个情僧，情是他的宗教。王国维在《人间词话》里讲李后主的词是以血泪成，像释迦和基督担负了人世间的痛苦、罪恶。我觉得这句话应该用到宝玉身上。他不是逃跑，不是逃禅。

王国维有一句词："偶开天眼觑红尘，可怜身是眼中人。"曹雪芹没有说自己超然物外，他还在滚滚红尘里，他是偶开天眼看红尘，他也知道自己可怜，"身是眼中人"。他能用大悲之心来看世人。我觉得《红楼梦》的好处就在这种地方，它是一本天书，有太多密码。

许知远：所有伟大的文学作品都和它背后的民族、文化特别相关吧？塞万提斯的东西，是要冒险，要远游；德国小说是内心有那么多挣扎。中国小说的内核是什么，怎么描述它？

白先勇：有三样思想是中国人的基本哲学。青春的时候是儒家，争取功名。到了中年，大概有些斗志被消磨了，这时道家来了，退隐了，喝普洱茶，弹古琴去了。到了晚年，好了，佛家来了。儒、道、佛，大部分中国人都在里头。

许知远：所有这些斗争都发生在一个大观园，一个封闭的园子里头。

白先勇：其实每一个小场景都暗含着这些。如果没有背后这些思想的话，这本书撑不起来的。

许知远："五四"一代最喜欢批判这种封闭，你怎么看这种批判呢？

白先勇：批判坏了，所以他们写不好。他们一来就说是封建家庭，整天去骂那些东西，怎么会真正了解呢？

许知远：所以你觉得"五四"一代知识分子、思想家、作家，他们想中国人变成更个体的、摆脱家庭的现代人，这种努力是基本不可能的吗？

白先勇：我觉得是抛掉这个家庭，另外一个家庭来了；把这个爸爸打倒了，另外一个爸爸来了，更厉害。这就是中国人。

所以我说《红楼梦》的伟大是它包容一切。曹雪芹不是写坏人，也不是写好人，他是写人，人都有好坏，所以他才那么包容，以大悲之心来看待。我在书的最后引了一副对子，是张掖的一个古寺里的对子，我的好朋友奚淞抄来的，拿来做《红楼梦》的总结最好了。"天地同流，眼底群生皆赤子"；下联呢，"千古一梦，人间几度续黄粱"。我想，曹雪芹有大悲之心，他看每个人，都用一种怜悯之心，他对人没有什么偏见。贾琏呢，除了好色，其他还好，不算坏了，最后还把平儿扶正，还算有良心。他就是太好色，这也没关系，曹雪芹能够容忍这些。但是他在容忍之中又区分，贾宝玉对女孩子，和贾琏他们对女人的层次是不一样的。要全是多姑娘，那不行，变《金瓶梅》了。

许知远：你一直都在讲，这两部小说有很大的关联。

白先勇：有。两部小说中间也隔着快二百多年。我想，《金瓶梅》的那种手法，尤其对女性的那种手法，影响了曹雪芹。但是曹雪芹有一种哲学上的高度，《金瓶梅》没有，就是写实。前面写得太厉害了，把人的肉体的现实写到顶。最后什么投胎，什么佛家，敷衍一下子。

我想两部小说很不同的一点就是，可能《金瓶梅》的作者受佛家的影响不深，曹雪芹在佛道上的修养，我想是比较深的。而且很奇特的，我觉得他对女性的看法恐怕受汤显祖的影响还大一点，杜丽娘恐怕还是林黛玉的原形。除了《牡丹亭》，汤显祖另外还有两个佛道的戏剧，《邯郸记》《南柯记》，这三本传奇对曹雪芹思想上的影响更大。他常常引里面的戏文，可见他熟得很。

所以是《牡丹亭》和《金瓶梅》合起来，成为《红楼梦》的源头。它真的继承了中国文学大传统。我觉得这本书必须是在乾隆时代产生。乾隆以前，唐诗、宋词、元曲，然后明清小说，《牡丹亭》也出来了，《金瓶梅》也出来了，才轮到《红楼梦》。晚了也不行，得有乾隆盛世的气派，所有的情绪都在酝酿。这本小说绝不可能在道光年间写，那个氛围不对的。

许知远：你说曹雪芹他当时听什么歌呢，是昆曲吗？

白先勇：他听昆曲的。据我晓得，他有个亲戚，叫李煦，是他的表亲。他们曹家的表亲在苏州，也做苏州织造，家里面经常唱戏，都有家班子。曹雪芹曹家常去姑苏听戏。你别忘了，林妹妹是苏州人，苏州有苏州人那个味道，很合适林妹妹。

情是靠不住的，
艺术才抵得住时间的消磨

许知远：我记得1990年你接受访问时说，如果再写一部小说，就写一部《红楼梦》加上《三国演义》。你觉得风云和风月之间的关系到底是怎么回事？

白先勇：这是我大言不惭。我当时想，1949年前后的大历史，那不是《三国演义》吗？我看了一些大家族，包括我们自己家族的起起伏伏,那不是《红楼梦》吗?如果这两个合起来,就应该是本大小说。又有风云,又有风月,文学是两个都有最好,两个都离不开,都是人生现象,尤其在咱们中国。

现在觉得写不下去了。我希望还可以写出来,就是小规模一点吧。常常有这个梦。

许知远:你那么年轻就写了《台北人》,那真的是一部杰作,后来你会有写作上的焦虑吗?比如我很难有更大的突破。

白先勇:会啊会啊,你已经写出了这个,不能再重复了,只能再往上爬,很难的。后来我写了《纽约客》,但那也是一种延续。

许知远:《孽子》这部小说当然是你个人情感和经历很重要的表达。这本书写出来之后,对你会是一个巨大的释放吗?

白先勇:同志议题在那个年代还是禁忌。在台湾,第一,没有关于同性恋的法律;第二,社会上还算宽容,但也算是禁忌。我觉得文学要写人性人情。凡是属于人性的都可以写,应该写。就像同志,从古到今都存在,虽然永远是少数,可是哪怕只有百分之二、百分之一,那也有一大群人。他们的处境,他们的感情,值得写。

我蛮喜欢美国一个剧作家田纳西·威廉斯。他说,Nothing human disgusts me——凡是属于人性的,我都不会厌恶。那时候我想,要么不写,要写就绝对要百分之百地诚实,对自己诚实,对读者也诚实。我想这就是作家的神圣使命了。

许知远:这件事困扰你吗,对当时一个在台北长大的少年,是很大的困扰吗?

白先勇:是这样子的,一定的。在青少年的时候,突然发现自己和别人不一样,当时有种孤立的感情。我倒还是对自己的感情蛮有自信的，我对自己的感情不会去贬低。

写完《孽子》以后，文学界、批评界，一点声音都没有，一片静寂。可能不晓得怎么定位这本书，很难处理，蛮长一段时间都是沉默。后来才渐渐发现这本书的影响还挺大的，拍过电影，拍过电视剧，现在又上演舞台剧。它三度变形，都有一种突破，尤其是电视剧，拍得挺好，影响很大。我和曹瑞原导演很要好，我说你要是拍得不好，我拉你去跳海吧。这个拍得不好的话，很难看、很尴尬的。后来他拍得真的不错。

拍成电视剧之前也拍过电影，可能也是当时讲同志的第一个电影。不过被新闻局剪了好多刀，有点不完整了。过了将近二十年，2003年，电视剧上映，这时社会的变动很大，很多同志小说得大奖，台湾在变。这么一来，影响就扩散了。我的朋友，一个女孩，她是同志，她母亲不谅解她，母女一年没讲话。后来这个电视剧播出来以后，妈妈看到了，感动了，跟女儿和好了。艺术这种东西，感染力大，说服力大。

其实我们的文学有这个传统嘛，《红楼梦》里面写很多的同性爱，其他小说也有。真正写这个很有名的一本书叫《品花宝鉴》。从《品花宝鉴》到《孽子》，中间一百多年。

我觉得《孽子》的舞台剧最成功，也还是曹瑞原导的，用了现代舞蹈。演阿凤的那个舞蹈家是太阳马戏团的明星，他爬上彩带，真的飞起来，好有意思。电视剧已经蛮感人的了，好多人看哭，但舞台剧更不得了。奇怪那个舞台真的有点邪门，我觉得好像有电流，好多人看哭。我想哭的人不见得跟同志有关系，是那个舞台剧触动了人性，这个最要紧。父子感情，母子感情，兄弟感情，情人之间的感情，这些情字，是触动人性的根本。

《孽子》其实在某方面也很严肃地讨论中国人的父子关系。中国的父子关系很麻烦的，很复杂的。

许知远：如果父亲看到《孽子》会是什么反应？

白先勇：我想，他会大吃一惊。不过我想他知道我的性向的，他知道的。其实我之前已经写过这方面的东西，我想他知道。我母亲也知道。父母对儿女有种直觉的了解，可是他们两个没讲，不提，不提最好。他对我，蛮器重、蛮尊重的，这点我很感谢我父亲。我的有些自信是从他那边来的。如果我整天挨骂、整天挨打的话，那可能要么变得很叛逆，要么变得很自卑。

许知远：你在写《父亲与民国》的时候，对父亲的理解发生了很大的变化吗？

白先勇：蛮大的。我后来去查他的资料，看他留下的东西，我觉得我那么不理解我父亲，知道他那么少。我晓得他处境有多难，我越来越敬佩他。从前还不觉得，爸爸嘛，不就是身边的一个人嘛。离你很近的时候，你看到他的尴尬和缺点的时候，你看不到他的全部的。他站在大时代里，我没有理解他。

许知远：这种想理解父亲的冲动，什么时候开始比较强烈？

白先勇：等我自己年纪大一点的时候。我在念大学的时候一心搞杂志，写小说。爸爸的历史是他讲给我们听的，他讲他过去的辉煌，我那时候太年轻、太幼稚，没有那么大兴趣，逃掉。我真后悔，如果那时候我记下来，那还得了吗？

许知远：爸爸试图理解过你吗？那一代人是不是都很难理解子女？

白先勇：我自己晓得自己也蛮难搞的，不是那么简单就能懂的。要强求我父亲真的懂我，那也难。

许知远：你们父子间的冲突或者不理解，像宝玉和贾政吗？

白先勇：完全不是，我父亲是理解我的部分的，他看到我的表面是用功的，又向上的。我犯错不让他知道。所以在他看起来，好像我是蛮乖、蛮好的儿子。当然我也不坏了。

许知远：你曾说过，写作是把心灵的痛苦转变成文字，对你来说，文学是什么？

白先勇：法国《解放报》问好多作家，你为什么写作。我说我写作是因为我想把人类心灵中无言的痛楚转化成文字。我常常察觉，好多人有一块说不出来的痛和伤，因为他不是作家，他不能用文字表达。我想一般人对人生的了解，对人生痛苦的了解，不见得比文学家少。历尽沧海的人多得是，懂得爱情的人也多。可是文学家有一样是别人不及，他能用文字写出来，所以我觉得写小说可能就是文学家的使命。

许知远：《台北人》是一种痛楚，《孽子》是一种痛楚，现在最打动你，让你想写的痛楚是什么？

白先勇：我年纪大一点之后，可能比较靠近佛家的思想，常常有很多无常的感觉。佛告诉你，人生是无常的，花都挨不过秋冬，越美的东西，越不容易保存，彩云易散琉璃脆嘛。从家国到个人都是。我想感受比较深的可能是这些。

许知远：在一个这么无常的世界里，人肯定需要一些更永恒的东西，是什么呢？是情吗？

白先勇：情靠不住的。汤显祖写《牡丹亭》，把情写成永恒，超越生死。后来他再往下走，写《邯郸记》和《南柯记》，那两场梦,一场佛一场道,梦里又有美女,又有金银财富,醒来黄粱一梦,发现人生原来是虚幻一场。可能《牡丹亭》是情到顶了,很难走下去了。情很难办的,人心惟危。

许知远:情靠不住,那我们怎么办,白老师?什么是相对确定的呢?

白先勇:永恒的东西实在是少,可能还是艺术吧,你创造了一本《红楼梦》,那就永恒了。我们的《诗经》,几千年了,它能抵得住时间的消磨。其他,不大靠得住。

1952年　生于北京

1968年　到云南农场当知青，这段经历成为他最著名的作品《黄金时代》的背景

1974年　在北京西城区半导体厂做工人，工人生活是他《革命时期的爱情》等小说的写作背景

1978年　就读于中国人民大学

1980年　和李银河结婚

1984年　前往美国留学

1986年　获匹兹堡大学硕士学位，后任教于北京大学和中国人民大学

1992年　开始成为自由撰稿人

1997年4月11日　因心脏病突发逝世于北京

扫码观看视频

王小波

"你快回来吧,你要回来,
我就放一个震动北京城的大炮仗"

Chapter 03

姑娘是我在芒市机场的行李转盘旁碰到的。在人群中，你很难忽略她的马尾辫与挺拔的身材。我想起了陈清扬。

我克制了搭讪的欲望。走出有冷气的机场后，即刻感到自己被热带的闷热与潮湿包裹，一种欲望开始发酵。陈清扬的印象变得鲜明起来，她穿着白大褂，走过山间小路，任凭风肆无忌惮地掠过她的身体。

借着车里昏暗的灯光，我忍不住翻阅起手上这本《黄金时代》。黄色封面，华夏出版社1994年版，定价12.8元。在扉页上，王小波歪着头，双手插进裤兜。照片页旁还写着"文坛外高手——王小波力著问世"，字体颇为难看。该是1995年秋天，我在风入松书店见到这本书。书名缺乏吸引力，我也没听说过作者的名字，纯粹出于偶然，我拿起来翻阅，正看到王二说服陈清扬行伟大友谊的一段，月光下的"小和尚"直直挺立的描述让我心跳加速。我毫不犹豫地放弃了包装精美的罗素的《幸福之路》，买下了它。

我是个糟糕的小说读者，这本超过四百页的小说集，总停留在前五十页。即使是这五十页，我也常在几个段落间跳跃。时代背景、边境的生活都消失了，只是一个好笑又性感的男欢女爱的故事。我着迷于作者直截了当又想象力十足的性爱描写。

很快地，我发现王小波也出现在一些杂志上，总是两三千字左右的文章，常以个人经验——插队、旅行、阅读——出发，批评蒙昧、褊狭，倡导思想多元、个人主义的重要性。对我而言，这些零散的文章构成了一个更富吸引力的世界。

九十年代末的大学，也被一股短暂复苏的自由主义思潮冲击。但在那个性格各异的启蒙者当中，他是个例外的存在，也没人比他更富吸引力——他不是抽象观念与思想，而是活生生的个体，像朋友与你天南海北。在经常戏谑的语言之下，是一颗追逐智慧、自由的灵魂。他不仅倡导这些自由，他还亲身实践它，是率先脱离体制的"自由撰稿人"。

他的突然离去使这个形象不仅更鲜明，且凝固成一个神话。对于很多文艺青年，他成了cult式的存在，对他的态度流露出你对生活、世界的看法；他还催生了一个出版门类，他的各式文集、对他的纪念文章层出不穷。

我买了他所有的小说与文集。《白银时代》《青铜时代》里那个光怪陆离的世界从未真的激起我的阅读热忱，倒是《我的精神家园》《沉默的大多数》中那些片段为我打开了另一个世界。借由他，我接触到罗素、卡尔维诺、杜拉斯、王佐良这些名字。我还热衷于收集朋友们对他的描述，想知道他日常生活的样子，一本《浪漫骑士》被我一翻再翻。他的个性比他的写作更令我着迷。

随着大学时光的结束，这种"着迷"淡去。我很少再阅读他，偶尔还被仍在扩散的"王小波崇拜"惹恼——一个反对任何姿态的作家，成了展现某种姿态的标签。我还觉得他或许被高估了，我从未觉得他会跻身伟大作家之列，作品足以流传不朽。他是个启蒙者——或许是过去三十年里最迷人的启蒙者，在恰当的时刻出现在一代人的生活中，这个阶段迟早会结束。

他的生命力比我想象的更顽强，不仅没在公共生活中消失，影响力还顺利地传到了下一代人中。他的一些文字与观点再度跳入我的视野，中国社会的新现实似乎让他的魅力更为显现，他所倡导的一切变得更为稀缺。我重燃起阅读热忱，再度从书架上拿下《黄金时代》。这一次，我把它作为一篇完整的小说，而非荷尔蒙的片段读完，沉浸在王二与陈清扬的爱情之中。在王二扛起陈清扬，有力地拍她的屁股，让她安静下来时，爱情从泛黄的纸页中溢出来，它因荒诞的时代背景更显得有力。

它促成了这次采访。在烟台，我与李银河谈论王小波的个性与思考；在北京一间二室一厅的旧居里，姚勇回忆起印象中的舅舅；

还有作家李静,这个他昔日的编辑,或许是最理解他的思想与情感的人。在一个雨后的傍晚,我还前往京郊佛山陵园,我看到被碎砖头压着的笔记本与《白银时代》,笔记本上写满一位扫墓者对死者的感激之情。他的书开启了她的生活,笔迹与语气年轻。我随便翻开一页《白银时代》,写到充满愤懑与挫败的知识分子舅舅。我感到强烈的亲近感,或许接近王小波离去的年纪,我开始理解他的心境。

最重要的则是这次云南之行。在景罕十四队,我见到了他插队时的大队书记,甚至还拿了他的腊肉。老乡们发展出一套对他的说辞,他是个懒惰却热爱读书的"野牛",记忆与虚构混杂在一起。在一个宽阔的晒谷场,我想,王小波就因此写出批斗破鞋的场面吗?我们还不无拙劣地模拟了一个王二扛起陈清扬的片段,那个机场偶遇的姑娘做了女主角(在市中心的排档宵夜时,我们又碰见了她),穿着从附近卫生站借来的白大褂。这纯粹的淘气,像是对青春记忆的某种确认。

很遗憾,这次对记忆、形象的追寻,它更有关我们自己,而非王小波。他的思想与创作世界,值得另一次更严肃、细微,也更雄心勃勃的探索。

他对我最大的改变，
是让我一生保持激情

李银河
社会学家，王小波妻子

许知远：这些年你还会想起他吗？对他的书的理解会发生变化吗？

李银河：他就是我的一段历史，和我的生活完全融合在一起的历史，所以很难说什么叫想起，什么叫没想起。

一般来说，我看书从来不爱看第二遍的，但有时候机缘巧合就又去看一遍小波的小说。前不久我看了一下他的《2015》，觉得特别好，怎么说呢？就是大笑了有七八次吧。有一次冯唐说，他看一个书好不好，就是看能不能让他笑。他说王小波的书让他笑了两回。我对他说那你肯定没看《2015》，《2015》超过你所有的小说。

许知远：像《黄金时代》《白银时代》，后来你看得很少吗？

李银河：都是很偶然地，突然间想看一下就看一下。因为我都是第一读者，而且好多小说是我给他抄的，为了投稿嘛，他的手稿有点乱。比如早期的《歌仙》，就是我一个字一个字抄的。

许知远：他的写作也好，他的思考也好，有这么强的生命力，如果十年算一代的话，基本上两代过去了。这种生命力超出你的预料吗？

李银河：我觉得应当是在预料之中。我第一次看他的《绿毛水怪》，是在朋友圈子里传的手抄本，当时一看就很震惊。那个时候我还不认得他，后来我说《绿毛水怪》是我俩的媒人。其实那篇小说还相当幼稚，后来他成熟之后，我就说，这个人写出来东西真的是早晚的事，完全可以压箱底，死后再版都没问题的。

我记得有一年我们在美国，跟他哥哥一块儿到佛罗里达玩。他哥哥非常正儿八经地和我们讨论，说在美国靠写作根本就没法生活，绝对没戏。可是那个时候我都没有动摇，我觉得这个人生来就是干这个的，你要不让他写，他得难受死，而且浪费。他后来一直断断续续地写，我也帮他到处找地方发表。好东西，人们自然会看出来的。

许知远：一直到1997年，他有没有动摇过，放弃写作？

李银河：他倒是想过，靠这个吃饭不行，但是我没有逼他。从美国回来后我们俩都在北大，我做费孝通的博士后，他也在北京大学社会学所工作，吃饭根本就没有问题。他1992年从北大辞职，当时我们有一点存款，也就够了，生活水平别要求太高就行了。就是不要孩子，我们商量好不要孩子的。小波有一个发小，说我怎么当初就没想到有这种生活方式。他和他老婆刚一结婚就生了孩子，觉得顺理成章，没想到有这样一种可能性。

许知远：1977年之后的几年，北京特别活跃，充满新的思潮，新的可能性，小波当时对这些变化感兴趣么？他是什么样的态度？

李银河：你看那几十年的文学，最早都是按照大纲来的，必须得写工农兵。"文革"之后就出现批判，把道理全反过来，所有伤痕文学就是说过去怎么怎么错，可是王小波，我看他是一言不发。他觉得这和他心目中的文学根本就不是一回事，他心里的文学肯定没有断线。

许知远：你们刚认识的时候，他是一个很沉默的人么？

李银河：他这个人特有意思，酒逢知己千杯少，话不投机半句多。在家里、同学里、所有熟人里，他绝对是滔滔不绝的那个人，可要是对着生人，他就一句话都没有。他们班同学关系特别好，一块儿去天津实习，晚上没事的时候就说，听王小波说书去啊。然后他就在那儿唾沫星子四溅，给人家讲故事。我原来还真没想到他是那样的人。而且他特别逗，他有急智，能当场编故事。他有一个好朋友叫刘晓阳，有一次他编一个故事，最后说要把小羊都杀了，老羊就喊"留小羊，小羊是我儿"——最后那句话是编排刘晓阳的。反正他是这么个性格。

许知远：我们都看过你们俩的情书，情书里的王小波和现实中的王小波反差大么？

李银河：他就是这么个人吧，说你快回来吧，你要回来，我就放一个震动北京城的大炮仗之类的，这就是他说话的风格。

许知远：王小波1984年去了美国，一直待到1988年，这四年对他的改变是什么？

李银河：他主要是在写作，可能《唐人故事》就是那段时间写的。当时我有亲戚还挺气愤不平的，因为用的是我的奖学金，他还一点儿家务都不做，全等着我回来做。那儿有一个挺好的中文图书馆，有很多大陆看不着的书，他那时候读了不少书。他有个老师叫许倬云，是台湾"中研院"的院士，重度残疾，用许倬云的话来说，他们师徒俩就在那儿"聊天"——美国研究生的课怎么上都没有人管的，根本就是聊天。王小波身体也不好，老是支不住的感觉。许倬云说，我们师徒俩东倒西歪，古今中外的就那么聊。可能许倬云对他的印象挺深的，而且对他影响也挺大。小波杂文里提到"我的老师"，说的都是许倬云。

许知远：你刚才说那段时间他一直在写唐人传奇？为什么唐传奇那么吸引他？

李银河：我不知道他为什么喜欢唐传奇，大概就是看来看去，觉得唐传奇有一种有意思的东西。其实在整个中国历史中，唐代也是一个特别自由奔放的时期，对身体、对性都没有像宋明理学那么把人弄得像根木头似的。你看他写的无双，疯丫头似的。我早就发现王小波的小说里，女性都写得特可爱。

许知远：为什么呢？

李银河：可能他把他心目中的理想女性写出来了。所以老有人问我，哪个原型是你？我说哪有我啊。记得他的《三十而立》里，王二的老婆叫二妞子，是个练柔术的。我妈看了以后还说，哎呀，那个二妞子是你啊。我说哪儿是啊，怎么可能呢？

许知远：那你最喜欢小波笔下哪个女性人物？

李银河：我还真没想过喜欢哪个，反正我挺喜欢红拂的，自由地在时空之间穿来穿去，我挺喜欢那种很飞扬的东西。

许知远：在美国的时候，你们在一起聊什么呢？

李银河：就是日常各种事情，有话则长，无话则短呗。我不是搞社会学的嘛，有时候一些研究里拿不准的事情，只要和他讨论，他都有自己的看法，对我特别有启发。比如说我回来以后写《生育与村落文化》，我会和他讨论。有一回，他看我写的初稿，说，我给你来一段。现在《生育与村落文化》里有一段是他写的。结果呢，他这个人的文字太与众不同了，明眼人就说，这段不像你的文笔啊。

后来我们搞同性恋研究，前言和尾巴是他写的，还有一段怎样正确看待同性恋,也是他写的。我是写论文的写法,即使写一个个案也是平铺直叙。王小波就不一样了,一写就是闪亮的眼睛之类,这样的话,我是绝对不可能写的。

许知远:在美国的时候,去欧洲到处乱逛是不是特别愉快的经历?

李银河:是,买学生通票,可以坐一等舱。三百多美元就可以玩二十多天,去了七个欧洲国家。我记得我们在海德堡的长椅上刻字,说等到将来旧地重游再看看。

许知远:后来你又去过海德堡吗?
李银河:没有。

许知远:小波一开始就对同性恋领域很感兴趣吗?

李银河:其实那是我的研究题目,他当时在所里是做计算机的。但是我在调查过程中发现,特别年轻的男同性恋不愿意和女性谈。我说那就你上呗,他就去了。有人传我当初搞男同性恋研究的时候,女扮男装跑到男厕所,其实根本就没这事,是王小波去的。

许知远:但王小波又是不爱和陌生人讲话的人,做这个研究对他有困难吗?

李银河:反正是让线人带着去的。回来还挺失落的,说到厕所,隔间探出一个头来,缩回去了,又探出一个,又缩回去了。他就问线人,这是什么意思,人家说,没看上你呗。他还挺失落的,自尊心有点受伤。

许知远:他是1992年正式从北大辞职的吧?怎么做出这个决

定的？

李银河：对，1992年辞职的。当时他觉得特别受打扰，写作实际上需要大块的时间。他教专业英语或者教计算机，总得备课，还是受打扰的。年岁也不饶人了，他的兴趣完全不在这方面，让他做这个不是浪费时间吗？那就不如辞职了。

许知远：他开始比较多地写杂文就是在1992、1993年吧？

李银河：对，最早应该是《三联生活周刊》约他写专栏，他也在《南方周末》写过专栏。有人说，王小波不在《南方周末》写了，《南方周末》都不好看了。

许知远：但他一直不怎么在意，他最在意自己的小说。

李银河：对，有人要说他的杂文写得比小说好，就跟戳了他的肺管子似的。

许知远：那你觉得呢？

李银河：那当然还是小说成就大了。不过有些杂文也写得挺好，像《花剌子模信使问题》，我记得当时有一个北美的作家专门写了一封长信来击节赞赏，说这个作者了不得，举重若轻，用很轻松的语言来讲一个挺深的道理。

许知远：你怎么看他的文风的形成呢？非常奇怪。

李银河：奇怪吗？一个好的作家一定是有自己的风格的，写作者没有自己的风格，那他就还没有成功。小波的风格在小说里还不明显，杂文就很明显，你把名字遮住，都能看出来是他写的。我觉得人写作的风格，首先还在于他的思维方式。比如《花剌子模信使问题》里写到，凡是报了好消息的就嘉奖，报了坏消息的就扔到老虎洞。但做好做坏已经是事实，惩罚报告的人有什么用呢？

许知远：他去世的时候四十五岁，你觉得这四十五年里，他最高兴的时光是哪一段？

李银河：我觉得他最高兴的可能还是我们谈恋爱的时候吧。当时他在街道工厂，我在《光明日报》。我给他写信的时候，用的《光明日报》的信封，后来他告诉我，他们全厂都轰动了，我才意识到原来我们社会地位有那么大差别。当然他很得意了，他们家亲戚都觉得好像天上掉馅饼似的，捡个大宝贝的感觉。

许知远：这二十年来你们的关系从来没有紧张过吗？我看你回忆说没有。

李银河：可能他脾气太好了吧。其实我觉得也是他要求不高，比如我做饭就不怎么好，从小我们家都吃食堂，哪会做饭呀？瞎做，他也就那么凑合吃了。后来他还给我讲故事——他有时候挺会自我解嘲的，就说有一个女博士，她老公让她下挂面，她把拖鞋下锅里了。他说你至少还没做出这种事。

许知远：你觉得他懂你吗？

李银河：他应该懂吧，也没啥深奥的，我的心思最不用猜了，我就是直来直去。我记得和他谈恋爱没多久，我就说分手吧，觉得他长得太难看了，就这一理由，把他气得够呛。后来他问到底怎么回事，我说就是觉得长得太难看了，真没别的原因。他就说，你也不是那么好看。我说得，那行，就接着谈吧。

许知远：那你觉得你懂他吗？

李银河：他也没有什么特别难懂的，他也是一个非常清澈的人吧。但是从他说的话里，或者比如从他写的《歌仙》里来看，刘三姐受欺负就是人家觉得她长得太难看，我觉得要是一点儿没有受过这种气，可能也写不出来。但你要问他具体受了什么气，你问不出来，他也不说。

我觉得他心里有时候有一股挺大的劲，这种劲从哪儿来的？一定是从一些挫折上来的，但具体是什么，我就没问出来过。

许知远：跟你这么亲密的人他都不会讲？

李银河：不会讲。我可能有一些话，说他说重了。有的作家都是极度敏感的，别人感觉到一，他可能已经感觉到十了，以后也不愿意提了。

许知远：你觉得王小波身上最持久的魅力是什么？这么长时间还有那么多人对他有那么强烈的感情，这在当代作家里可能是唯一的。

李银河：因为他写得好吧。王尔德说过，其实文学没有这个派那个派，文学只有两类，一个是写得好的，一个是写得糟的。他是属于写得好的那类，所以大家念念不忘。

许知远：和他核心的精神气质、价值观有直接关系吗？

李银河：他年轻的时候说，要试着创作一点点美出来。我想这里面一定是达到了一点点美，大家看出来了这里面有一点美。他的文字，他写的故事，他创作的人物，他的某个想法，或者整个呈现出来的东西，有一点点美，我觉得大家的喜欢就在这儿。

许知远：他生前恐惧过死亡吗？

李银河：他很少提这个事。其实我还是挺喜欢想那些虚无的东西,比如说宇宙和人生的无意义之类。他给我的信里不是也说过,我们在讨论幽冥的问题吗?

在这一点上他挺幸福的,因为爱想这个的人比较苦,常常有失重的感觉。他不怎么想这些,他好像只顾着兴高采烈、兴致勃勃地做他那些事情。

许知远:现在回忆起来,那二十年的时光里,他对你最深刻的改变是什么?

李银河:我觉得他使我变成一个很有激情的人。我最近看到福柯说,他和他的男友德菲尔同居了很多年,几乎是一生,他们一直是有激情的,一直处于激情之中。我看了以后很震惊,原来我以为激情是会变的,很快就变成柔情。激情就像熊熊烈火,怎么可能一辈子都保持呢?我觉得我和小波实际上是保持了激情的。这是他对我最大的改变,一生一直保持激情,这个状态应该是最好的生存状态。

许知远:这很难,感觉基本不太可能。

李银河:对,可是为什么福柯能呢?而且就是拿福柯的标准,我们也可以说保持了激情,没有变成琐碎的生活。柴米油盐在我们生活里一直没有什么重要性,而始终是一种爱。

许知远:那你觉得你对他的影响呢?

李银河:我也许是让他有了实现自我的空间吧。好多人都说我慧眼识珠,特别早就看出他的天分。《卡夫卡传》里说,卡夫卡一直想写作,可是他老得去做公务员,有一次好不容易有可以连续写半年的机会,后来也没实现。在小波的生涯里,我可能是给这个天才提供了环境,他最后辞职,可以整天整天地写,甚至从留学的时候他就是去陪读。如果我逼着他去赚钱,或者我们有孩子,他就得为孩子赚钱,在这些方面,我没有给他一点点压力。让他实现自我,不用他在谋生上花一点点时间,我觉得这可能是我对他最大的帮助了。

他现身说法地告诉我,自由是什么

李静

评论家、剧作家,王小波作品编辑

许知远:你可以讲一下第一次和王小波见面的情形吗?

李静:第一次见面是在1995年的8月。那个时候正好举办世界妇女大会,我在《读书报》做一个妇女研究的专题,其中有李银河的一本书,《生育与村落文化》,书的序言里说,感谢我的丈夫王小波在统计学上的造诣和他给我的帮助。我在1994年就看过王小波在《东方》杂志发表的文章,当时立刻就很膜拜他,说这是此生一定要认识的人,感觉他是罗素在世。所以看到李银河写的序,我赶紧给她打电话,问这个王小波是在《东方》杂志发杂文的那个王小波吗?她说对。我说太好了,我要去采访你们俩。其实是采访李银河。采完后我和她说,我特别喜欢王小波的文章,从来没有任何一个人的文章给我这么强烈的冲击,能不能见他一下?他那时正在接受《人民日报》一个记者的采访。那时候他们夫妻俩已经在文化界很活跃了,也经常就各种话题接受记者采访、写文章。

许知远:1994年看的是哪篇文章?

李静：《中国知识分子与中古遗风》。现在那种风格已经很普通了，但那个时候读到，我笑得不行。文章里说知识分子在当权者眼里，还是一种需要被教训的物种。说以前有人说过，知识分子三天不打，上房揭瓦，给我笑得前仰后合。这是谁？这么有意思。

不用看很多，就看他一篇短文，就觉得这个人的精神气质有一种知识者的自信，尊严和价值层面的那种自信。1994、1995年那个时候是很虚无的，我在大学里时，读书的感受，周围这些教授给我的感受，都有一种很强烈的虚无主义，精神上有强烈的站不住的感觉，从身边的师长身上，我得不到支撑。看到这样一篇文章，我立刻感觉到，这个人的内心有非常强大的力量，他能够以自身的精神，成为一个肯定的人，一个有尊严的人。好像这是一个特别有钙质的人，你特别想扑上去多看他的东西。而且他又特别幽默。当时王朔如日中天，王朔式的幽默和他的幽默，完全是不一样的。

许知远：怎么不一样？

李静：王朔的幽默是解构性的，他的确可以化解那种意识形态上的可笑的东西，让你付之一笑，但是他没有更多的营养，他也是让你觉得虚无的一个人。作为一个作家，他是可以的，但是那个时代除了寻求好的文学，还需要一种超越文学层面的内心的力量，那是精神价值层面的。我觉得王朔给不了，但是王小波可以。他的幽默是一种对虚无力量的战胜，他是高于虚无的。你会感觉到，他赢了，而且我很喜欢他赢。王朔还是不想站起来，有点儿站不住的感觉。

许知远：见到王小波的时候是什么感觉？

李静：和我想象的还挺像的，我想象中他应该很低调，有点儿貌不惊人，有点儿不好意思——他总是一副很不好意思的样子。说话很低沉，声音很好听，很羞涩，好像也不是太拿自己的东西当回事儿。

当时我还没看过他的小说，我说您有一本小说《黄金时代》，我挺想看看的。他就打开书柜最底下的柜门，里头乱七八糟放了一些书，从中掏出他那本《黄金时代》。我觉得他挺不拿自己的东西当回事儿。

许知远：他健谈吗？

李静：要看聊什么话题，要聊自己的生活就不太健谈。第一次去他家是为了采访李银河，第二次是去采访他。因为那阵子探讨什么是人文精神，就请各种知识分子来谈一谈人文精神这个话题。我问他都做过什么工作，他很简单地说当过知青、工人、老师，然后说，谈自己好像没什么可谈的。后来谈卡尔维诺，谈莎士比亚，他就很愿意聊。我就想，这个人一点儿都不自恋，对那种伟大的事物，他有足够的敬意。

许知远：就是这样认识了他？

李静：就是这样。回来就读他的《黄金时代》，读完觉得，这是一个了不起的作家。1996年，我研究生毕业，到《北京文学》去工作，我和他说，我要去做编辑了，你成为我的作者吧，把你最好的作品给我。他说反正有一堆作品发不出来，你来挑吧。和他约稿非常顺利。我表达的对他文章的那种喜爱，我觉得还是能让他得到一些宽慰。他可能对于读者的那种真正的感应，还是很在意的。

第三次见他就是在西单，教育部家属大楼。他把《红拂夜奔》给我看。《红拂夜奔》是让我更兴奋的一篇小说。我那时候看书还算比较追新奇，但这样写一个所谓的古代，还是让我大跌眼镜。说李卫公发明开平方根机，有的人死在根号2下，有的人死在根号5下，全是无理数之类,这也太好玩儿了。

他说,转了好几个杂志也没发表出来,我也不抱什么希望,你看看吧。我就把选题报上去了。主编看了说挺好的,但是太长,要他从十八万字压缩到三万字。我都说不出口,最后还是和他讲了,他居然说试试吧,就这样压缩好了。

许知远:一开始你读《黄金时代》,后来到《青铜时代》《白银时代》,你进入他的这个文学世界是什么感觉?

李静:看他的东西是这样的感觉,先是被他的幽默打动,然后被他稀奇古怪的想象力打动;先被他的文所吸引,渐渐就发现,他有很多意味深长的东西,但是又抓不住。后来我想到一个词,"点彩派",尤其是《黄金时代》里的几篇,尤其是《革命时期的爱情》,每次看好像都有不一样的感受。今年因为把《革命时期的爱情》改编为话剧,我就又看了一遍,感受又不一样,发现一些无关紧要的闲笔也是意味深长的。

他非常酣畅淋漓地一个点一个点地写,你会迷失在这些漂亮的点里,但是跳出来一看,其实人家有一幅完整的画。这幅画恐怕就是仁者见仁、智者见智,你在什么认识水平就会看到什么样的东西。

《革命时期的爱情》最后一句话是,一切好像全部结束了,一切又像刚刚开始。我觉得王小波就像一个预言家一样,从当时人对待自己历史的轻率的、没心没肺的态度里,预感到这一切还会循环回来。

他在给一位友人的信里说,做一个好的小说家,必须要有绝对的疯狂,又要有超凡的理性,他说这非常非常难。其实他就是这样。看起来,他的每一个细节真是非常疯狂,但最后他表达的东西是极其理性的。他要撒出去写,同时又要往回收,内外交煎的那种张力,对他的内心也会有很大的伤害。

许知远：你觉得这样一个王小波是怎么形成的？

李静：我自己概括，他的小说还是经过了一个从生命驱动到思想驱动的创作过程。他七十年代的那些小说，像《地久天长》之前的短篇，其实都来自他的生命经历，只不过他接受的文化遗产和大多数中国作家不一样。

你看过《绿毛水怪》吗？他写男主人公和小女孩老去中国书店看小说，谈论哪些小说好，哪些小说不好。他是非常心明眼亮的，会说《哈克贝利·费恩历险记》多么好，会说高尔基的《在人间》多么好，他喜欢奥维德的《变形记》，其实他最喜欢的就是马克·吐温、奥维德，还有萧伯纳。那个时候他的文学根基已经是英美派的了，就是自由主义的文学传统。然后他会谈到，《南方来信》多么恶心，会说《牛虻》这本书起初我们觉得多么了不得，后来发现太微不足道了。当时大家奉若《圣经》的书，在他那儿什么都不是。

《绿毛水怪》可能是1973或者1974年写的，那时候他也就二十来岁，这些判断完全是他的独立判断，不是看任何文学史得来的，也不是听人讲的，他的文学感受力和判断力没有被遮蔽。他结合自己的经历和从文学中获得的遐想，写出一些短篇，一直到《绿毛水怪》和《地久天长》，都是他生命本然的创作。

到《黄金时代》这个阶段，我觉得是他的一个中间点。《黄金时代》和《革命时期的爱情》里，他的生命体验很饱满，同时对现实的思考也非常强有力。这个时候的作品就介于感性、理性的平衡点上，既来自他的生命经历，同时他的思维能力也在成熟。包括《唐人故事》也是很好的。在他靠生命本能写作的时期，他写的东西是特别活泼好看的，像水晶一样。

到了《青铜时代》，其实他已经在摆脱现实中的材料。他有一个雄心，要依靠纯虚构的力量来构筑他的小说世界。所以他的《青铜时代》和《白银时代》完全是靠假想来写的。《青铜时代》因为借用了唐传奇里的故事，他的想象力是有着落的，只不过他完全重写了，但人物形象是有母体的，也是很活泼的。到了《白银时代》，就是纯想象了。到这个阶段，他的理性的成分在加重，他完全是靠着思维衍生的想象力在写作。这个时期的作品，我不是太偏爱。

许知远：有点干了？

李静：对，但好多人倒还是看了《白银时代》被他打动的，这也真是各有不同。

许知远：把王小波放在中国二十世纪的文学传统里，你会怎么看他的位置？

李静：他的艺术性和他的启示性，他的思想的能量，我觉得起码是可以和鲁迅相提并论的。鲁迅的小说也不多，甚至比王小波要少很多，但是我们会看到，鲁迅有一种塑造原型的能力，我们到现在还会指认某些人是阿Q，某些人是九斤老太。这些人物，有一种极强的概括力，这种概括力是穿透古今的，是对一些灵魂类型的勾勒，这种灵魂一直存在。这种穿透力是一个思想型的文学家才有的。王小波也是这样。中国其他好的小说家不是这样子，他们是故事型或者是美学型的，不是思想型的。

许知远：他和鲁迅最不一样的是什么？

李静：最不相似的，其实还是在对个体自由价值的看待上。王小波虽然不说，但他是一个标准的自由主义者。而且对他来说，个人的创造力是他判断一个社会最重要的考量指标。鲁迅不是的，鲁迅最后明确地说，平等要比自由更重要。在鲁迅那儿，个人的自由不是必须要保障的。所以在个体自由这个概念上，鲁迅还没有太自觉，尤其作为一个知识分子，他觉得自己有牺牲的义务，他会推己及人，要求精英阶层为大众、为更苦难的人牺牲自己。

许知远：写完鲁迅的剧本，是不是反而让你对王小波更理解了？

李静：对，会理解王小波为什么有时候会对鲁迅不以为然，虽然王小波好多语言方式都是从鲁迅那儿来的。什么"拿肉麻当有趣"，还有揶揄古代文人的趣味，这些都是鲁迅的话。包括《青铜时代》，也是和鲁迅的《故事新编》一脉相承的。

许知远：王小波的作品里，哪些片段让你印象特别深？

李静：我最强烈的感受就是，在李银河之前，王小波一定爱过一个女孩，那个女孩死了。这种感觉来源于《绿毛水怪》和《地久天长》，两个小说都写到男主人公爱的女孩死了。我就问李银河，王小波是不是在您之前，爱过一个女孩，那个女孩很早就去世了。她说还真是，是谁她也不太清楚，好像在"文革"的时候，那个女孩就去世了。

我觉得这对他的刺激非常大。我后来看康拉德的《罗曼亲王》，里面讲罗曼亲王和他的妻子感情甚笃，没多久他妻子病死了，于是他骑着马在庄园徘徊了几天后决定，要去前线反抗俄国。罗曼亲王是波兰贵族，本来很受俄国皇帝宠幸的，但他决定要以普通士兵、以谁都不知道的身份去上前线。我觉得这种心理移情和王小波很像。他爱恋的女孩的去世，可能会使他更加鲜明地看到爱情的本质和历史荒诞性的本质，产生和它战斗到底的决心。这个亡灵会让他变得更纯粹和更强烈，一定是的。

许知远：你听到他去世的消息时，是什么情况？

李静：那两天我正好生病，没有上班，一上班同事就告诉我，他去世了。我想到陈清扬，她不停地哭，希望能够把自己哭醒，一切就是一场梦。我当时也是这种感觉，希望这是个梦里的消息。

同事说你看《北京青年报》的报道，我一看好像是真的了，第一反应是给他家打电话，李银河在电话那边哭。我好像要找一根救命稻草一样，一定要见到一个和他有关系的人，中午就去他家了。

那个时候我很年轻，二十五六岁，的确有一种精神支柱倒塌的感觉，好像因为这个人不在了，我就没有办法爱这个世界了，当时的确是这种感觉。

他去世之后有过一个追思会，是他的朋友举办的。他们说他特别热心，他心脏不好，但是他们搬家，他骑着三轮替他们搬家具。后来我在小波去世八周年的时候采访他的大姐，他大姐说，小波去世之后她才知道，他的那些男同学都觉得他是一个特别有义气的人。其中一个朋友说，小波太重感情了，当知青的时候，和小波离着大概有一百多里地，还隔着一座山，听说他生病了，小波二话不说就穿过森林去看他，回来差点儿被老虎吃了。他就是特别热心肠。

最后一次见小波，我记得是1997年的4月1号还是2号。他给我打电话，说《红拂夜奔》在《小说界》发表了，你要不要一本。我说要，要。就过去和他聊了聊。走时他送了我一段，说那再见。我还回头看了看他，他一直都是头发蓬乱，穿得像个工人大哥似的，走路踢踢踏踏的。我当时还挺高兴，我想，认识这样一个人，生活还蛮美好的。那是最后一面。

许知远：前后你们认识了两年左右？

李静：对，也就两年，见面也不太多。可能因为我特别看重那种精神上的拯救，我觉得他对我来说像是具有拯救意味的人。因为我很长时间非常抑郁，不太善于表达自己，情绪低沉，好像分外不自由，所以非常渴望和珍惜能够让我找到自由的源泉。二十多岁遇到他，对我是有这样一个作用，他好像现身说法地告诉我，自由是什么。

许知远：你觉得他自己自由吗？像他文字中这么自由吗？

李静：那就看自由的含义是什么。如果说自由是随便，他肯定不是那样的。但是要说自由是运用自己的意志和理性去做想做的事情，我觉得他是自由的。他能够做他认为值得做的事儿，而且用最彻底的方式去做。

要活得自由、有趣，
这是他对我的影响

姚勇
水木年华前成员，王小波外甥

许知远：对我们来说，印象最深的就是小波给你做思想工作，实际情况是怎么样的？

姚勇：我也是他去世之后才看到那篇文章的，他写的确有其事，出入不大。

那个时候我老搞摇滚乐，身体不好，学习也很差，就是学渣。所以，我妈让他劝劝我。我在床上躺着呢，我舅舅就坐我旁边和我谈话，说你还是要先拿到毕业证，怎么也得有一个进入社会的通行证。类似的谈话有好几次。

许知远：对你有影响吗？

姚勇：我觉得对我影响挺大的，因为他很严肃地谈了两三次呢，尤其他个人经历也很丰富，国外念书回来，他讲的话对我还是影响很大的。我就想怎么着也得拼命把毕业证拿下来。

许知远：他去世之前，你意识到你舅舅是一个被很多年轻人喜欢的人物吗？

姚勇：没有，完全不太清楚。但是我很早就看了他的作品。当时有两本印象比较深刻，一个是在香港出版的，叫《王二风流史》[1]。在那个之前，还出过一个小册子，叫《唐人故事》。

许知远：你当时读是什么感觉？

姚勇：那个时候我非常小，感觉和鲁迅的《故事新编》有点像，多的感觉是没有。认真看的其实是《黄金时代》，华夏出版社出的，那时候我已经上高中了，我爸妈只要碰见人就推荐。

许知远：看了什么感觉？

姚勇：高中看还感觉到有点色情。那个时候我喜欢音乐，但是环境不允许，有些压制。可能这个方面我对小波的东西有一些共鸣。小波讲的也是在特定时代下被压制的感觉，同时对男女之事还有一些描写，那时候对我来说都是比较新的。

还有印象比较深的，就是要活得自由、有趣，这方面我受他的影响比较大。后来上大学对我影响大的其实是他的杂文。

---

1 即《黄金时代》，1992年在香港出版时名为《王二风流史》。

许知远：他去世之后，有一个悼念他的风潮，这是不是超乎你们家人的预料？

姚勇：对，当时互联网很不普及，主流媒体也不会说。

许知远：后来是不是很多人碰到你说，你就是那个做思想工作的小波的外甥？

姚勇：对对对。他那篇文章算是给我的最好的遗产。

许知远：小波去世二十年了，还有那么强的生命力，你觉得是什么原因？

姚勇：这事我想了很久，我其实没想明白。我个人的感受，是对他的一些话记忆比较深刻，他说他把人分成我们的人和他们的人，《我的阴阳两界》其实就是说有些人一看就是我们的人，有些人一看就是他们的人。

我理解他的意思是说，其实这个世界上，粗浅地分，有一部分人追求功名利禄，物质或者权力；有一些人追求精神层面，知识、智慧、艺术。那么我顺着我的喜好活下去，其实也是很有意义。

许知远：你觉得小波要活到现在，他会喜欢这个时代吗？

姚勇：我觉得他在任何时代可能都那样，他有他的追求，他的追求我觉得在什么时代都会是那样，因为不从主流，必然会遇到一些障碍。

1952 年　出生于上海，后迁居北京
1968 年　在内蒙古突泉县插队
1977 年　考入北京大学德语专业
1990 年　美国宾夕法尼亚州立大学哲学系博士毕业
2002 年　任华东师范大学哲学系教授
2008 年　任首都师范大学哲学系教授
　　　　代表作有《说理》《语言哲学》《何为良好生活》等，译有海德格尔的《存在与时间》、维特根斯坦的《哲学研究》

扫码观看视频

陈嘉映

人一定要求真,
而且要对遥远的事情求真

Chapter 04

在前往青岛的火车上，我试着读布莱恩·麦基的《思想家》。这位哲学教授兼节目主持人，在二十世纪七十年代中将十五位当世著名的哲学家请到了 BBC 的演播室，谈论他们的哲学与思考。

我原本想，与陈嘉映的采访应该是这种形式。打开书后，却陷入了尴尬。即使对这些哲学家的著述略知一二，却几乎跟不上他们的思路。这书名不无误导，它的英文是 *Talking Philosophy*（"与哲学家对话"），却被翻译成"思想家"。哲学家与思想家，尤其在现代社会，常常生活在两个时空。前者通过质疑来缩减世界的复杂，后者通过追问去编织观念之网。前者越来越陷入一个行内人的自我言说，后者则适合我这种业余者的进入。

尽管陈嘉映更喜欢被列入思想家的行列，他最显著的身份仍是哲学家，一些人称他或许是中文世界最接近"哲学家"头衔的人。我们这个民族以高度实用化的生活著称，形而上的探讨从不是我们的热忱所在。在北大读书时，我零星翻过几本哲学史，至多能被叔本华与尼采吸引，因为他们都是出色的作家，充满了警句。但类似海德格尔、维特根斯坦这样的人物，我压根儿搞不清他们在说什么。

在当时的北大校园里，陈嘉映就以海德格尔的翻译者著称，他的周围聚集着一群热衷思辨的青年，其中一位日后成了我的朋友。那时走在人群中，他常有一种窥见世界秘密的隐秘快感。我从未试图接近他们，或许也是因为担心在他们面前暴露自己的笨拙。

在青岛，这种强烈的笨拙感再度出现了。陈嘉映坐在一旁，身着短裤与格子衬衫，短簇的头发向上挺立着，脸上带着一贯的放松。他是个温暖、喜欢言笑的人，似乎可以融入任何谈话中。

令我不安的是，这一次，我想融入他的思维。我很担心，我那惯常的伎俩派不上用场，倘若和一个哲学家不能谈论维特根斯坦，那多少就像与一个湖南厨子不谈论辣椒一样。

但我的确没有能力追问维特根斯坦。带着这种尴尬，我们的谈话反而变得更为漫长。整整两天，我们在青岛闲逛、喝酒，试图谈论一切。一次午饭时，在吃了一只牡蛎后，他说真希望能像希腊人一样生活，将生命体验与思辨高度结合在一起。他还引用了一位希腊哲学家所说的理想人生，很可惜，我忘记了具体细节，大约是——年轻人是纵情享乐，接着是探索世界，中年后反思自我，到七十岁后，又发现自己一无所知，最终跃入火山。

我们是有共同文本背景的最后一代人

许知远：哲学是爱智慧，在这个时代，做一个哲学家是什么感觉？

陈嘉映：我年轻时候的经历有好处，那个时候被孤立是很正常的，所以我很年轻的时候就习惯想自己的，干自己的，不怎么在意别人怎么想。

许知远：你这次去希腊旅行是什么感觉？现实的希腊和从书上看到的有什么联系？

陈嘉映：我就是一个旅游者，看了个浮皮潦草，跟今天的希腊、跟古代的希腊都没多大关系。但我第三次去希腊是和希腊人有一点颇浅的接触。有一个导游女孩嫁了一个希腊人，在希腊待了六年。她对希腊文化有真正的兴趣，挺为希腊骄傲的。我们聊得挺好。她有一天给朋友打电话，闲聊说，我们这个团里有一个老头，对希腊很了解，这老头姓陈，陈嘉映。

她朋友是谁呢？是在北大听我课的学生，在希腊待了十年。当天刚刚到，他马上就动心说想见我，当晚在圣托里尼岛，我们看了一个阿里斯托芬的戏剧《鸟》的演出。当然我也听不懂希腊语，看了二三十分钟就走了。但和他们的希腊朋友算是有点接触了。其中有一个希腊很著名的画家，我和他有点一见如故，他邀请我到希腊住半年。我们聊得比较多，也聊到了希腊人和古希腊的关系。

思想精神这些东西，大多数情况下是和思想产地的经济政治力量相联系的。大多数时候一个政治体衰败了，还有什么好的思想？但也有例外，希腊就是一个例外。希腊后来变得那么弱，但它仍然在影响罗马时期。

许知远：希腊那种追问的、争辩的方式，和他们政体的衰落有关系吗？

陈嘉映：我觉得关系不太大，这个问题应该倒过来说。史学上有一个讨论，一般情况下，统一的政治体更强大，会压制一些小型的政治体。所以我倾向于问题不是希腊城邦为什么会灭亡或者会衰落，而是倒过来说，希腊城邦居然可以存续这么长时间。因为从政治学角度来讲，这样一个小的政治体没什么优势，早就该灭亡的。

许知远：所以是思想优势使他们存续更久。

陈嘉映：对，我会倒过来看的，是希腊的优势导致这种政治体居然能够持续这么久，乃至在罗马世界中还能存续这么久。

许知远：希腊思想和科学革命有很大的关系，科学革命和现在的技术革命又有特别大的关系，造成西方的兴起；照中国人治国平天下的目标，肯定希望有自己的科学革命、技术革命，那如果没有呢？

陈嘉映：我感觉是这样，希腊思想和科学革命之间的内在联系当然非常深，乃至海德格尔说在柏拉图和亚里士多德的时代，已经规定好了这样一个近代西方的道路。但科学革命一方面是希腊思想的传承，另外一方面，它只是希腊思想其中一个面相的发展——追问真理。这种追问已经产生变形，我不去细说这个变形，总之有一点没有变，这完全是一种好奇的、认知上的，而不是实用的。虽然笛卡尔和培根也会说它有用，但是你看一看，实际也没什么用。在笛卡尔的时代，在培根的时代，那是为了忽悠皇室掏钱才这么说。到了十八世纪，科学与技术相结合，才真正有用。

某种意义上，这个是有点偶然的，人们不知道科学后来会那么有用。中国人那么关心有用,当然就关心科学技术,但因为就关心有用的那一块,所以这个爱好一点也没有把我们带向希腊思想。我们从科学技术相结合的角度,开始对这一块感兴趣了——从十八九世纪往后,而不是十八九世纪往前。

我老说中国人学科学一点问题都没有,学得特别好。一到西方,得那么多诺贝尔奖。一共就几个人做基础理论,就做成这样了,中国人对科学技术的能力和爱好,是相当强的。但是科学思想上的改变,基本没中国人什么事。哪怕到了二十世纪,中国人已经开始介入科学研究,这种基本科学思想基本全是西方人在做,日本人在做,没有中国人什么事。

许知远:所以某种意义上,现在的硅谷和希腊思想之间,其实是有一条绵长的线在发生关系的。

陈嘉映:是这样的。这条线现在当然成了所谓的主流,但要看你是从辉格历史学[1]还是其他什么角度来看,往回看这是主流,但从希腊思想看,这就是一个支流,不过这个支流变大了。

许知远:刚才是闲聊,正式采访还是会围绕你思想成长的经历。那我们就先从你的少年时代开始,你是1952年出生,最初几年是在上海度过的,对上海有什么特别的印象吗?

陈嘉映:有一些印象。值得说的,我现在只想起一句,和北京比,上海绝对是大都市。当时北京就是一个乡下的镇。

许知远:1966年之前,中国已经发生了各种各样的变化,对社

---

[1] 由英国历史学家巴特菲尔德首先提出,根据他的观点,辉格史观者相信在历史学中存在演变的逻辑,他们用现在的标准评判过去。

会情绪的变化有印象吗？

陈嘉映：就是跟着混。1958年之前，少儿时候的那些印象都是零碎的。1958年，我到了北京，对我个人这是很大的转变。从上火车起，长篇的记忆就开始了，就开始有事件式的印象了。再来就是1966年，从那时候开始，我一下子就变得有判断力了。

许知远：现在回看起来，你觉得你的父亲和母亲，各自对你的影响是什么呢？

陈嘉映：我们家特正常，反正我不觉得有什么少年创伤记忆之类的。我家算中上等的家庭，普通干部家庭。要说有点什么，我父亲有点谦谦君子，换句话说，就是特别道德的那种。

我们家以前是个比较大的家庭，当时有许多海外亲戚，因为我父亲婚姻、政治道路的选择，这些海外亲戚就登报和他断绝关系了。

但是到了困难时期，海外的资本主义把中国宣传得非常苦难，其实也就是实际发生的情况。他们还是可怜国内的小弟弟，就寄东西回来，猪油、糖什么的。我父亲就召开家庭会议，想退回去，因为他是共产党员。但我母亲的意见是留下来，因为我们饿得要命，而且小孩营养不良。那时候我大概十岁，我哥哥十三四岁。我们兄弟三个也需要表态，商量完一致支持我父亲。我还记得我和我哥哥去邮局退还这些东西，不想让资本主义嘲笑我们。

许知远：这么有觉悟？

陈嘉映：对。看来是还不够饿。总之，我父亲和我母亲就是这样的，我父亲是一个道德君子，什么都按原则做事，我母亲就和大多数母亲一样，比较感性。小时候以为我身上的优点主要来自我父亲，但是后来长大了，觉得那种对生活本身的热情是来自母亲。

许知远：1968年你去内蒙古插队，读书的圈子是很快形成的吗？

陈嘉映：很快。这也是偶然的。正好我们有好几个青年点都是所谓的高知子弟组成的，都读过点书，箱子里也有点书，所以很快就形成了读书圈子。

许知远：你插队带过去的是什么书？

陈嘉映：我父亲是工科知识分子，实际上我们家没有什么书，也穷。但是我的藏书挺丰富的。那是在1966年底的时候，我哥哥陈嘉明的同学们，有时候出去抄家会抄出一些书来，他们自己不读，但知道我比较爱读书——我小时候有点爱读书的名声在外，就把好多书送给我。比如《李太白全集》《杜工部集》《资治通鉴》《静静的顿河》《安娜·卡列尼娜》，反正抄到什么就给我什么，我就把它们带到内蒙——就是没什么哲学书，我刚去插队的时候没有哲学爱好。

许知远：七十年代初有很多不同的读书小组，可能分布在内蒙古、在云南、在白洋淀，你后来有个定义，说这是有共同文本背景的最后一代人，大概是讲过这么一句话吧？

陈嘉映：对，我是这个意思。以前有一些书，咱们叫作经典，其实就是必读书。任何一个读书人，你不能想象他没有读过。可能在他阅读的清单上，这些书就占了百分之九十。不管你是什么观点，什么爱好。比如宋朝这些理学家，不管你是哪派哪流的，读过的书要开个清单，肯定百分之九十是重合的。今天正好相反，拉十个读过点书的年轻人坐在那儿开清单，可能也就百分之十是重合的。前一种情况叫作有共同文本。我觉得我们是有共同文本背景的最后一代人，大家读的书都差不多。

许知远：你的书里提到一段特别浪漫的时候，说是七十年代初，回到北京在家里聚会，有不同的人进进出出。有人在听贝多芬，有人在争辩中国的未来。现在回忆起这段青春时光是一种什么样的感觉？这应该是很罕见的。

陈嘉映：在当时不是特别的罕见。我们同龄人聊起来，在北京像这种场景至少得有几百家。这些场景就发生在王朔写头一批故事的那个年代。什么年代呢？就是我们这些老炮儿下乡了，王朔他们占领北京了。再过几年王朔这帮人也 out 了，这个社会就开始正规一点。大概就是我们这两拨人，在家里喝酒，横七竖八睡一地。那个时候家长们都被清出去了，基本北京城都是干部家庭嘛。我们家是这样的，父母都在干校，我们哥仨，你有你的朋友，我有我的朋友，聚到一起，就特别多了。我们家就成了据点。

许知远：当时你在群体里是个什么样的形象？

陈嘉映：就是小跟班、观察者。跟这些人我没那么全心全意，我哥也不能说是全心全意，都是有点过眼云烟，喝起来就特热闹。过后我可能比我哥多点反思。那时候我就比一般人会思想一点，有爱思想的可能就愿意跟我多谈一谈，一般不怎么在乎思想的，找我喝喝酒就好了。

许知远：在内蒙古的读书会，知识是没有秩序地到来的，突然黑格尔、庄子、贝多芬一起来，时间都是错乱的。这对你个人的影响，包括对这代人的塑造是什么样的？

陈嘉映：这分三个小点说。第一点是，一开始是错乱的，但很快自己就会有一个系统性的要求，把它分门别类。比如说想读世界史，从埃及读起，然后读希腊、罗马，第一本书也不知道它是干吗的,第二本也不知道,但是到了第四五本书的时候,就能感觉到其中的顺序。第二小点就是井底之蛙。当时没有太多比自己高明的人,连书都很少,所以很快就以为自己不错,实际上就是高中水平,但是以为自己是个学者了。第三个比较深一点的问题就是,到底什么是知识的秩序?我跟"民哲"开过一个会,当时我一上来就讲,我也是"民哲"。这可不是谦虚,我不是"民哲"是什么,我在内蒙,买两本黑格尔在那儿读,比现在"民哲"还"民哲"呢。

但是,你又不能否认我和他们有很大的区别。前一段我和我的学生还在讨论这个问题,就是我和"民哲"的区别到底在哪儿。接下来的问题就是,我的学生难道就不是"民哲"吗?谁规定他们在大学读的就是合理的知识结构?这个问题我后来想清楚了,刚想清楚。我觉得我跟一般"民哲"的区别在于,不管我的知识是按照什么样的顺序到来的,但是我努力读懂它,不像"民哲"读东西是为建立自己的体系服务的。

年轻人还是会爱人文的,哪怕少一点、慢一点

许知远:初读康德是什么感觉?

陈嘉映:我记得我和我哥嘉曜都是夜里读书。两边各一张单人床,中间一个大书桌。规定好一个小时不能说话,因为一读可能就很激动。我记得读康德的时候,我在读《纯粹理性批判》,他在读《实践理性批判》。我们关心决定论和自由意志的问题。康德提出二律背反的概念,一方面世界是被决定的,一方面人是有自由的。

总而言之，康德当时提出这个概念，对于年轻人来说，有一种极大的解放感。人是自由的，我们可以自由地创造新世界，人可以超出任何束缚，哪怕生活在中世纪最黑暗处，理性的光芒照样可以逐渐照亮自己的生活，再照亮周边的生活。通过唤醒那些沉睡的人，理性的光芒最后会普照一切的。

许知远：你是什么时候开始练习拳击的？

陈嘉映：我打拳击可早，就是在"文化大革命"盛期，1967年、1968年的时候，那时候很多年轻人都练摔跤、打拳、习武，还没读过金庸，但是都想做金庸笔下的那种人物。

许知远：战斗力行吗？

陈嘉映：我不行吧，打过几次群架，没有太多的实战经验。按说我们那代人没打过群架的人也不算多，但是真正一天到晚老打架的也不多，大多数像我这样，打过几次。

许知远：进北大是什么感觉？

陈嘉映：像莎士比亚说的，Every dog has its day. 每个人都会有他一生中比较高位的地方。有的人是中学的时候特优秀，后来看也一般。有的人是在三四十岁创业的时候特优秀。我觉得我们那个小团队，可能在那个时候是最优秀的，到哪儿都显得比人高明一点。

进北大、清华，如囊中探物，大概属于这种。这个还是次要的，当时说起政治和其他的来，我们先知先觉得不得了，几乎从来都是我们影响别人。别人还在谈什么辩证法，什么社会主义革命，我们那个时候好像就对世界了解得不得了了。总而言之，显得比别人明慧很多。

客观上是这样，而且主观上特牛哄哄，所以在北大觉得挺丧气的。想想，积累了十年的精英，准备在北大风云际会，结果一看就那么回事。

在此之前你所谓高出别人的那些知识，实际上真货也不多。无非就是一帮哥们儿聊天，你显得比别人多懂一点，实际上以当时我们的知识和见识水平，在知识世界中不可能有任何贡献。所以那就是一个节点，到后来谁比谁强就不算什么了。

许知远：得意时光过去了？
陈嘉映：对对对，剩下就是干活了。

许知远：初读海德格尔是什么感受？
陈嘉映：之前我已经零零星星读过一点，等大规模读和翻译《存在与时间》时，对海德格尔已经有点了解了，感觉非常震撼。它一是直入那些哲学运动的最深处，一是对西方哲学传统的批判非常强有力。我自己脑子里的西方哲学主要还是传统的西方哲学，海德格尔的批判力、瓦解力非常震撼我。

许知远：熊伟[1]上过海德格尔的课，他讲过他印象中的海德格尔是什么样子吗？
陈嘉映：可惜熊伟不在世了。这些轶事他讲给我听过，但过后我不太能够复述。比如他说有一次海德格尔在讲课，大家坐底下听。快下课了，话题也正好引到那儿，海德格尔就停下来，对着听众说，但是问题在于，"Was ist der Mensch"——大概意思是说：根本的问题在于，人究竟是什么呢？他合上课本就走了，教室里鸦雀无声。

---

[1] 熊伟，著名哲学家，30 年代初就读于北京大学哲学系，毕业后赴德国弗莱堡大学学习，师从海德格尔。

听众被灌了一节课的迷魂汤,正不知所以,突然扔下这么一问题,老师走了。然后大家开始缓过神,一个个闷头无语地走出教室。反正诸如此类的奇闻轶事。

许知远:八十年代国内这么强的"文化热",你那时候基本都在美国,远远地看是什么感觉?如果你在中国,卷入这样一个"文化热"里面,会是什么状况?

陈嘉映:我个人对这一类事情不怎么敏感。我是特别消极的,随遇而安的,不怎么积极选择。我老说,你给我什么,我就吃什么。也有一些有点后悔的事,但不特别重,我可以从头说起,这也算一个比较典型的例子。

我出国就挺消极的。八十年代初的时候,大部分人都想出国,我也想出国,但我没有去办。熊伟去开一个国际会议,认识了我后来的导师。他是个大学者,深爱海德格尔,听说中国有一个年轻人翻译《存在与时间》,对他来说这是一个大新闻。他说,这个年轻人愿不愿意来,如果来的话,我来带他。这在当时的气氛下是个特好的机会,熊伟回来就和我说了这事。我当然愿意去,就去了,挺被动地、随遇而安地就去了。

是去的宾夕法尼亚州立大学。稍微有点了解之后,我那些同学就说,像你这种身份,应该去哈佛,宾大不是特别能容下你,宾大治学水准不是特别够。

我也有点想转到哈佛去,但是意愿不够强烈,也没有谁帮我把事办好,也就没去。我拿到博士学位后,导师让我去德国当洪堡学者。因为当时洪堡基金的主席是他的一个哥们儿,对我也很感兴趣,就让我做一个研究计划。特别累,刚刚做完博士论文就想歇着,做了做也没太大的动力,后来就回国了。

这些事回过头来说,有没有点后悔呢?没做洪堡学者我不是特别后悔,但是没去哈佛,我有点后悔。我觉得要是当时去了哈佛,可能在智性中会更强一点,我可能贡献会大一点,可能。

但是又没有那么后悔。宾大课业不那么紧,可以溜达可以玩。我在宾大时,用寒暑假的时间,把美国四十八个州——除了阿拉斯加和夏威夷——溜了好几遍。在哈佛你玩不成,博士生每天睡四五个小时,书读不完、报告做不完,要求特别高。所以这得失也很难说。

许知远:你是1993年回到北京,那时的气氛和八十年代已经有非常大的区别了。

陈嘉映:我回北京,不像当时大多数人文学者那么悲观,说中国的人文从此就算完了。才过两三年,已经没有年轻人再对文化感兴趣,都在讲要先富起来。一夜之间人文学者的地位一落千丈。好的人文学者要么跑了、下海了,留在学校的,也不被重视了。总而言之,一时是悲凉之雾,遍被华林。我的感受倒没那么严重,因为毕竟身在局外。

另外我觉得,中国那么大,当然不会所有人都爱人文。年轻人还是会爱人文的,少一点、慢一点,但还是会有。

我最希望我的学生拥有的,是求真

许知远:如果你的学生刚入学不久,问陈老师到底什么是哲学,你会怎么回答?

陈嘉映:有好多好多种回答,我挑一种吧,这种回法我已经顺溜成套路了,就是以说理的方式达乎"道"吧。

许知远：那"道"又怎么解释？

陈嘉映：一个丰满的精神世界吧。这个精神世界不是指个人的灵魂生活，而是个人的精神生活和世界的精神客体相通的一种状态，大概可以这么说。

许知远：存不存在某种核心的东西，是你最希望学生拥有、最渴望传达给他们的？

陈嘉映：那我会说是求真吧。人们在好多事情上，一定是有求真心的。比如今天吃的是什么，菜价是多少，油价是多少，到北京要几个小时，大概所有这些事情上，人一定是要求真的，否则寸步难行。但是人在有些事情上是不求真的，用我的话说就是，天边海外的事不求真。比如夏商周三代，断代断在哪儿了，不求真，无所谓的。

在我们的精神世界，我们都讲境界高低，不讲真。希腊人的思想有这么一个特点，它对遥远的事情求真。最好的例子就是自然科学。任何一个文化都有关于天的种种理论，只有希腊人会去算地球有多大，地球离月球有多远。他想方设法地去算，实际上算的结果相当准确。

这个例子好，是因为它能算。精神世界的大多数东西无法计算，但是希腊思想用同样的方式来对待。什么是真的生活，真的人格？什么是真正的自由意志？真正良好的政治是什么样的？虽然这些事情不像地球到月球的距离那样，有一个唯一的答案，但希腊人是用这样的精神去对待这类事情的。他认为这里头有对错，而不只是有高低。

这样的思想态度，我觉得是希腊式的。后来的自然科学显然和希腊的这种思想相关，所以别的不受希腊影响的民族不会有科学，不管他多聪明。这是希腊人精神生活中一个不可缺少的维度。中国人对这种思想还很陌生，倾向于很快走到境界的高低之分里去。

当然，这么说也是把事情说得稍微简单了一点，也绝对化了一点。但另外一个意义，其实也是我的《何谓良好生活》的副标题——"行之于途而应于心"。用老话说就是：活个明白。活个明白当然是说他有真性追求的。活个明白这一条，在中国的生活形态中也是非常重要的维度。那么我们就尝试用中国的活得明白，去和西方的真理追求来对话看看。我不一定说得好，但是强为之说吧。有一条就是，真理追求不只是活得明白，是一种更宽阔的追求，乃至于到了中世纪，会和信仰中的明白等连在一起。可能没有办法一言以蔽之，总的来说，西方求真的幅面要更宽。

所以一个希腊哲人想活得明白，他会去关心太阳绕着地球转，还是地球绕着太阳转。一个要活得明白的中国人，会觉得那不相干的。大概是这样的。

许知远：你写了《何谓良好生活》，伦理生活的重建需要什么样的方式呢？

陈嘉映：读书人讲伦理生活重建，我几乎一点兴趣都没有。我觉得，要是中国人的伦理生活有重建的那天，那肯定是因为历史变了。比如说因为我们富了十代了，或者是新的技术发展了，家庭消失了，大家都在网络中性交了。总之，这和你鼓吹什么不鼓吹什么，几乎是没关系的。

当然，这些人的意愿，我会说挺棒的，但是对结果我不会有任何期盼。这不是太明显了吗？从古到今，哪怕像孔子这样的大德，他重建过谁的伦理生活呢？

还有很多人说过，有音乐和没有音乐的世界，本身是不同的。在这件事情上，我强烈地和常规想法不一样。我们知识分子设计一个政体或者设计一种人类生活,或者做一个音乐来改变人心,我当真不相信。

精神生活的本性就是这样,它产生出一些作品,有过这些作品的人类跟没有这些作品的人类是两种人类。所以希腊和迦太基是不一样的。迦太基曾经那么繁荣和强大,但现在谁还在谈论迦太基?如果人类产生过很多迦太基式的文明,没有产生过希腊,我们就不是现在的人类。所以,我们是在这个意义上受到希腊的影响,并不是说希腊通过什么具体的东西来改变我们。这种影响是那种泛在的、你不知道在何处的影响。你读《荷马史诗》影响你了吗?你读李白影响你了吗?谁知道。说不定哪里就影响了,随时都可能影响。但是我唯一不能接受的就是,我们设计出一个作品,这个作品就像某种技术一样,影响我们了。人们没有任何经验证据证明有过这样的影响。马克思主义倒是有,马克思主义有巨大的影响,但没有一条影响是马克思要的。

许知远:那回到希腊精神,埃斯库罗斯也好,苏格拉底也好,跟希腊强大的原因之间其实没有什么关系?

陈嘉映:太是了。我曾经和一个大领导聊天,他说,"陈老师,你说说哲学能够为咱们国家做点什么,我来支持你们"。我说,我不知道柏拉图和亚里士多德为雅典做过什么,如果真要说做过什么,那就是他们让我们到现在还知道有雅典。我的问题是反过来问的,雅典能为亚里士多德和柏拉图做点什么?那是人类精神最高的花朵,是你为他做,不是他为你做。

许知远:你在那本书里讨论很多的,就是普遍性和特殊性。书里也提到,在很多国家和地区,政权利用所谓的特殊性来压制很多东西。我们承认那时候印度的特殊性,但烧新娘怎么办?或者我们中国裹小脚，又怎么说？我认为基本的自由、尊严是有普遍性的，你怎么看呢？

陈嘉映：用普遍性的方式来说，就是说有一种普遍的价值，比如说人权。当然我们首先就得问，这个普遍性是事实的普遍性，还是推论出来的普遍性。而事实的普遍性已经被否认了，比如印度当时还有烧新娘。你说烧新娘违反人的基本本能，那肯定说不通，他们这儿就烧。那就得说，在某种意义上，有一种普遍的人性，烧新娘是违背普遍的人性的。这就变成了哲学构造，这个哲学构造永远构造不出来，从来没有一种理论也好，一种价值也好，最后大家都认同了。这是我对普遍性本身的质疑。但烧新娘，肯定也不是我的态度。所以有几种情况，最简单的就是，强势的价值体系加到你头上。这个价值体系——我现在指出它是强势的，没说它是好的——如果还挺好的，它就在强加的过程中有了吸引力。印度人以前烧新娘，但是英国人去了，说必须禁止。慢慢地，一些印度人体会到强加的价值体系比传统的价值体系还要好，慢慢就信了，就接受了，世界上的价值变化，主要是这么发生的。

所以现在人都说，你普遍啥呀？也不过是西方的价值体系，而且是强加给我们的。普遍主义者就开始反驳人家。其实呢，不是从这儿反驳，是从接受下来之后。我们现在说的普遍人权，的确是西方最先发展出来的，它确实是跟着坚船利炮来的。所以好多价值，其实我很认同，但是我对他们的争论方式不满意。我觉得他们缺乏说服力，说服方式虚构。就好像天生有一个人权，天生有自由。全世界哪儿都找不到天生的人权，是在一些特殊的社会形态下发展起来的。然后它被人用那种方式、这种方式接受，它变成相当普遍，也还没变成完全普遍。

我不是特别焦虑，
但我怀疑这是一种自我保护

许知远：你感觉到科技产品对你的异化了吗？

陈嘉映：这毫无疑问。比如说电脑写作就改变了我写作的方式。你看古代人写的信，像范文似的。他的思想习惯，就像我们年轻时候的思想习惯一样，是把句子都组织好了，甚至把文章都组织得差不多了，然后落笔。现在大多数人想到哪儿写到哪儿，因为修改起来太容易了。这肯定会影响你想问题的方式。

许知远：比如你发微信，小孩子回个笑脸，或者发个图片，这是丰富了语言，还是使语言贫困？

陈嘉映：一般来说是使语言贫困。但我也发表情，我觉得表情方便不说，有时候比你说任何话都更正确，更是你要回复的那个意思，在这个意义上，它扩展了表达和传达的手段。

不用说，它使得我们长篇阅读的习惯消失了。好多书都说，阅读是两千多年来人类的核心精神方式。一开始只有精英才能阅读，后来大家都能阅读了，就开始读报纸。

这些肯定从根本上改变了我们汲取信息的方式。当年中国第一本商业运作成功的书《学习的革命》，就说我们要用关键词来代替阅读。

许知远：现在其实已经是这样了，信息变得膨胀的时候，人本能就会寻找简单的东西，要不然无法应对。

陈嘉映：对对对。

许知远：那时候创造了各种主义，因为主义更简单。没有耐心，整个时代变得非常焦躁。焦躁就需要关键词，变成部落化。然后整个时代要消化这种信息爆炸带来的后果，战争变得不可避免。某种意义上，"一战""二战"，都是信息时代的某种副产品。

陈嘉映：最后这个观点我不知道是不是真的，但挺有意思的。前面那些，我觉得都挺真的。读关键词，一方面是媒体技术在改变，一方面也是无奈，信息量太大了，不出关键词怎么办啊。

一开始好多人都觉得新媒体有利于民主的发展。比如好多人做过这个尝试，建一个朋友圈，左的、右的都在里面，大家来讨论问题；自由主义开始说话了，左的批评了两句，自由主义一下子声音更强，左的就不说话了。很快这圈子就变成互相点赞，你说啥我就点一赞。我不知道这种部落化是不是已经占主流，反正你能看到好像有点苗头。

许知远：这代人非常明显的就是巨大的成功焦虑，因为成功突然变得可以高度量化了，大家都在一条道上挤。

陈嘉映：这和高度量化是不是有关系，关系有多密切，我不知道。我认为最主要的是因为信息的自由流通。这个我有特深切的体会。我以前是公社篮球队的，一到夏天就有比赛，先是各大队的比赛，然后到公社比赛，再到县里比赛，再上地区比赛。现在买张票就能看奥运会了，但那时候公社就算狂欢节，打球的时候就会围着好多人。进了球，大家都欢呼。在一个小社群里，成功的机会特别多。我在公社打球最好，我在公社最博学，我在公社最漂亮……在一两万人里，你在某方面可以是个尖子。但等到我们打开电视，看到的都是世界上最漂亮的明星，最棒的篮球运动员，一说商业成功就说比尔·盖茨，千军万马过独木桥，我觉得这个和成功焦虑有关系。

许知远：我加个注脚。我看了一本特别有趣的书，说是过去一个法国平民，看到波拿巴游行，他不会拿自己做比较，差别太大了。但现在这个世界，每个人在电视里看到比尔·盖茨，他跟我穿一样的牛仔裤，看起来和我差不多，表达也不神秘，就给人造成一种错觉，我也可以这样。

陈嘉映：无论是西方民族还是其他民族，每个地方的服装都是有规定的。君王是哪级，公爵是哪级，贵族是哪级，都规定好了，等级社会就在身上。我觉得克服成功焦虑的一个办法，就是盯着一件事玩命干，直到知道自己干不了了为止。还有就是，是不是还得想办法建立小圈子，别老是全国范围"十三邀"之类的，搞个首师大哲学系"十三邀"，一共就十几个教师，人人都"邀"上了。

许知远：所以当代这种巨大的焦虑和各种功能的小社区、小团体的消失有很大关系。

陈嘉映：我在美国或者欧洲的时候，和各种各样的人接触，大多数人真的挺淡定的。比如说，我在丹麦寄住的人家是一个养老院的护工，她已经做了好多年。我说你的工作最苦了，做幼儿园教师吧，小孩天真活泼。她说这挺好的，等做惯了你就觉得他们特别需要帮助，他们好了一点，开心了一点，你都挺有满足感的。她真的是很淡定。

许知远：我们这一代人挺普遍的就是对西方的焦虑。比如我是写作的，就希望进入更中心的话语场，做哲学应该也一样。这种焦虑你是没有，还是已经克服了？

陈嘉映：这其实是挺私人的一个话题。一般说起来，我不是特别焦虑，比较安分守己。但是我怀疑可能非常早开始，这里面就有

一种心理上的自我保护。我知道这个自我保护带来的好处,带来的坏处,我就不知道了。也许天性如此,对达不到的事就不去特别操心。比如要在文化上达到卓越,用中国的尺度衡量肯定是不够的,特别是我干的这一行,哪怕是中国第一人也没什么可太自豪的。但是你也注意到了西方最不吃的就是西方有的东西,它要的是没有的。你做西方思想就很难被认可。

我再插一句,年轻的时候没有强烈地意识到,中国其实在有些方面是很边缘的,到了美国马上意识到了。在中国你以为很重要的事,人家听都没听说过。我可以说一直在抵制这种欲望,或者冲动,或者建议,或者诱惑。我的想法是,如果那么做,我就做不好。我还是要把事情做到最好,至于它能走多远,套用一句话:做成什么样是我的事,世界怎么接受是世界的事。我的确一直在用这种想法指导我的工作。

许知远:刚才你说不知道坏处是什么,是不是焦虑会催生创造力?

陈嘉映:有可能。前面说的哈佛的事,我觉得就有可能。我有两种感受,一类感受是,有时候读到现在大牌的教授的作品,觉得并没有那么好。另一类感受是,有时候看他前言后语或者传记,看到他们在剑桥、哈佛讨论时,那种智力、创造力上的冲撞激荡,就觉得我要生活在那儿多好,能充分调动潜能,一点一滴都不剩,确实能做出最漂亮的事情来。

许知远:要是你选的话,在群星灿烂的时刻,最向往什么时间的什么地方?

陈嘉映：我可能还是会选伯里克利时代[1]。的确，你说得特对，群星灿烂真是有那么回事。我年轻的时候读这种东西多，还挺有感想。一般来说，一个特别灿烂的时代就是五十年到七十年。我爱举那个例子，歌德是 1749 年生，1832 年去世的。他出生的时候，莫扎特是一个小孩。他去世的时候，莫扎特早就已经过世，贝多芬也已经过世了，他最好的朋友席勒也已经过世，康德过世也有一段时间了，黑格尔在他头一年死了。歌德活了八十几岁，差不多经历了整个德国古典时代，德国古典音乐、德国古典哲学、德国古典文学，基本上他一生全经历了。

---

[1] 伯里克利时代指希腊政治家伯里克利统治的时期，文学艺术和公民生活都极大兴盛，古希腊进入黄金时期。

1952 年　生于上海
1969 年　作为知青前往黑龙江嫩江"上山下乡"八年
1977 年　病退回沪,成为里弄钟表厂的工人
1988 年　就职于《上海文学》杂志社
2012 年　沪语写就的长篇小说《繁花》出版
2015 年　《繁花》获茅盾文学奖
2020 年　由王家卫执导的电影《繁花》开机

扫码观看视频

金宇澄

八卦是人的天性，
　一想到八卦，我就充满希望

Chapter 05

黎里的金家祖宅，残垣断瓦，野草横生。金宇澄说起外婆的故事，院中树下埋下一盆金元宝，它们都不见了。

"都化作赤链蛇了吗？"我打趣说。也不知蛇的意象为何突然进入我脑中。江南的水乡，潮湿、温润，适宜蛇的游动。江南人则如蛇一样扭动身躯，穿过动荡的近代历史，保持着某种灵动。

在《繁花》里，我读到暧昧的性感，弥漫的欲望，细碎后的原则，以及愤怒。比起小说，我更喜欢金宇澄本人，散淡、健谈，兼具审美与道德意识，酒醉后过分坦诚。

他说起童年，上海人如水草般的生存之道，在东北插队时的残酷记忆。我似乎理解，又不能完全地感同身受。于是，我不响。

小说作者就是收垃圾，
什么材料都要

许知远：这是我第一次来《上海文学》杂志社，你是什么时候来的这儿？

金宇澄：1988年，我来这里三十多年了。

许知远：三十年来没什么变化？

金宇澄：办公桌椅换了，过去的办公桌都是刚解放的时候的那种样式。

许知远：第一次进这楼，觉得好像走进汪伪政权的一个办公室。这个办公室有什么讲头吗？

金宇澄：传说这个房子的主人和戴笠的关系很好，戴笠在三楼住过。

许知远：胡蝶住过吗？

金宇澄：那不知道。

许知远：我小时候是文艺青年，一直想来一下这种编辑部，什么《收获》，什么《人民文学》，我都没去过，这是我第一次来一个文学杂志的编辑部。小时候文学社都不收我，所以我是带着深深的仇恨来的。

金宇澄：九十年代来编辑部的，有各式各样的人，就跟《编辑部的故事》里一模一样，奇奇怪怪的人都会来。

许知远：你说过最初认识到自己有书写冲动，是因为通信。

金宇澄：是，少年时代，我在上海交了一个朋友，他是一个很特别的人，喜欢读哲学。他没有下乡，我去了东北，和他还通信。信里写北方的大炕是怎么回事，北方的屋顶是什么样子，北方吃的东西和上海怎么个不一样，而且上面还画一些插图。

他看了我的信，就说，你可以写小说。这句话对我产生了影响，如果没有人告诉我这句话，可能我不会有这么一个想写东西的念头。

他后来去了美国，又去加拿大做生意。我得了茅盾文学奖后，有一天收到一封信，这封信不是用的标准信封，是装在一个文件袋里边，信一半中文一半英文，祝贺我得了奖，下面一句英文意思是"充分享受你的快乐"，但是没有署名。

许知远：不写小说的话，你会做什么呢？

金宇澄：我也不知道我会做什么，按照陈丹青的说法，我们这代人那时候都是没头苍蝇一样的，因为当时那么七八年的时间，也没有什么人可以求教，全凭自己的兴趣，用上海人的话说是开无轨电车。

许知远：七十年代末、八十年代初，已经出现那种"写作热""文学热"，当时你在那股潮流里，也试着写了一些小说，那时候是什么样的一种心态？

金宇澄：当时所谓的热潮主要是形式上的，大家都知道对文本的要求、语言的要求、对形式感的要求，因为看了大量的西方小说，法国新小说，"垮掉的一代"，后来还有马尔克斯。我们是一个特别爱模仿的民族，在文学中，这种模仿也起了一定的推动作用。八十年代的文体，虽然很多追求的都是一种翻译腔的西方小说的形式，但是我觉得对中国来说，这个阶段也是必须要经历的。

但是也有一些问题，比如说我现在看的这些稿子里面，一些八零后、九零后的年轻作者，因为大量地看翻译小说，导致他的文字已经和译文差不多了。把小说里的人名改一下，你会以为是个翻译小说，这确实使得我们的文学出现局限性。"五四"以前，中国最经典的就是文言文，当时这是我们的局限性，等"五四"之后，语言立刻变成白话文以后，中间已经隔断了，等于换一种方式来表达，这种表达又是西方过来的，你怎么能够和西方的文学做一个对等的创作？说来说去，这是一个有局限性的东西。

许知远：什么时候比较清晰地意识到这种局限呢？

金宇澄：我们创作圈的朋友当中，有很多人已经是以西方小说来作为游戏了。比如我说出两个作家的名字，你肯定知道中间是谁，像打扑克牌一样。

许知远：我出米兰·昆德拉，你出谁，是吧？

金宇澄：我就特别烦，有一个人半夜给我打电话来，就是搞这种游戏。这个我一直是不喜欢的，我当然喜欢西方作家，但是到了这么一个地步，口必称这些人的话，怎么做得好？那反过来说，中国文字的魅力，是不是真的被判了死刑，是不是还能够用？

许知远：在八十年代那样一个热热闹闹的时代里，你是不是也是一个旁观者的感觉？

金宇澄：也是旁观者，因为我写了几部小说以后就调进《上海文学》杂志社了，就变成编辑了。当然整个小说界的状态我都知道，这对我是有影响的。是什么影响呢？是一个编辑对作者的要求，或者说在很多来稿中发现，这一篇是真的有内容，不是只有形式。这个对我后来写《繁花》是有作用的，因为像《繁花》重归传统的方式，从一个编辑的角度你会觉得很少见。比如鸳鸯蝴蝶派的东西早就被判死刑了，但是我觉得它的文字特别有意思，"五四"之前是它最最兴盛的时代，实际就是像现在网络文学的一部分吧。但是从新文化运动开始，这一块已经被判死刑了。

许知远：被切除了。

金宇澄：但是这些已经死亡的词现在拿过来用，我个人觉得比带着翻译腔的文字好看。就是物以稀为贵，翻译腔看得太多了。不是说我要提倡这个，是因为很少人做了。比如说一个人眼睛特别明亮、特别流转，鸳鸯蝴蝶派就是"明眸善睐"，文字上就是好看。

许知远：在一个美瞳时代，明眸善睐。那八十年代你有没有特别喜欢的西方作家？

金宇澄：喜欢的很多了，过去像是梅里美、巴尔扎克，法国形式小说对我的震动挺大的。只不过我心里面一直觉得，这就是西方人的审美，我始终没有到一种非常迷恋的程度。

许知远：那时候会开始读白话小说吗？

金宇澄：过去的白话小说都是"文革"时代读的，包括《海上花》，实际我还没完全看完，《红楼梦》我也没看完，我很惭愧的，有很多人《红楼梦》看了好几遍。

许知远：真的有这么多人把《红楼梦》看完吗？我很怀疑。

金宇澄：我这个人是乱翻书的。好像"文革"之后看书反而没有过去那么卖力。"文革"的时候，一本书两三天看完，瞪大眼睛都要看。我记得有一年回上海，最吃香的就是一套卢浮宫的黑白油画照片，在地下流转，里边都是黑糊糊的，一团一团的，现在想想这个黑白的油画照片有什么看头,但当时对书的痴迷就是可以到这个地步。我们那一代人当年都是在这种状态下过来的。真的能买到书了,看书的劲头就没过去大了。

许知远: 八十年代是一个很有朝气、很饥渴的时代,充满了各种雄心勃勃,尤其在文学这个领域。那时候三十岁的金宇澄有没有那种雄心勃勃的时刻?

金宇澄: 我有过一个阶段,天天就在家里头写东西。穿一个大棉袄,吃饭就拿一个锅,吃完了锅就扔在地上。有一天出门,我隔壁老太太是个大夫,好久没见到我,一见我吓一跳,问我怎么瘦成这样了,再这样下去的话,要生病的。后来有一次我看到一期《世界文学》,一翻开,写越南文学专号,我心里就一愣。我注意到这个感觉了,为什么我看到越南文学好像有一种特别失望的感觉,如果是欧美的,或者法国小说专号,或者说英国小说专号,那我就来劲了,但越南文学专号,我一下就……

其实说到这个我是在反思,当时我就想,我所处的这个时代,我们中国作家,包括我们中国最好的作家,可能在西方人的眼里,就像我看到越南文学专号一样。所以那时候我好像一下就放下了。

许知远: 大概哪一年?
金宇澄: 那个时候大概是 1986、1987 年。

许知远: 那时候憋着在写什么?
金宇澄: 憋着写短篇小说。

许知远: 那时候我记得你已经开始发表作品了吧,在《萌芽》发表最多。

金宇澄：对，在《萌芽》发了好几篇，在《上海文学》也发了，当时是我准备进入《上海文学》杂志社的时候。

许知远：正式要进上海文坛的时候。

金宇澄：是的，是的，而且当时真的有一种日新月异的感觉，今天出来一个谁，明天又出来一个谁。那个时候参加一个写作班，有半个月的时间，到浙江宁波一个大山里边，二十几个人，男男女女，每人走的时候要交一篇小说，把人憋坏了，大家每天都在讨论谁谁谁写得好。很多人写不出来，就算了，就去爬山。那个时代压力好大，现在想想真有一点不正常。

许知远：癫狂。

金宇澄：对，怪现象，癫狂的现象，就像过去考状元一样。

许知远：那时候你们同代年轻人怎么看待像孙甘露那种语言实验？

金宇澄：他写作当中最重要的一个就是对文本的要求，就是说你要发现一种方式，等于作曲你要有一个调性，这是非常了不起的事情。甘露的小说《访问梦境》是在我们这里发的，我们的老主编周介人犹豫不决，李陀看了坚决要发，那个时代确实推出很多人来，包括甘露这个小说，非常有个性。

创作就是要拉开和别人的距离，必须是一个个人化的东西，但是呢，这种文本的意识不是每一个作者都会有。文学最要紧的就是语言，因为读者首先看到的就是语言，而不是整个内容。至于整个故事，要等看完了之后才知道。

许知远：那个时候普遍面临着一种对西方的焦虑，要找到属于中国的声音，或者说，那时候关于地方的声音的概念强烈吗？比如说要找到属于上海的味道。

金宇澄：没有那么清晰的说法，但是大量的乡土文学在八十年代非常兴盛，这和我们作家群体本身的构成是有关系的。像城市文学的写作，要到了2000年之后才渐渐开始的。

许知远：当时你对乡土的风潮有什么感觉？

金宇澄：关于乡土的写作，确实很丰富，但是说老实话，我是一个非常糊涂的人，我没有去做文学评论或者把文学分界，我都是凭感觉在想一个具体的事情，做编辑也是，就是具体看这个稿子怎么样。

许知远：有时候真的是越凭感觉越能抓到。

金宇澄：看一个稿子，判断一个稿子，也是凭感觉，写到位了没有，有什么问题没有。所以后来我不写小说，也是因为长期做编辑，就会有一种很严厉的审视的眼光。写作是要百分之一百鼓励自己的，不能有一点怀疑，那如果我一边写小说，一边做编辑的话，晚上写的东西，第二天早晨拿编辑眼光一看，这里也有毛病，那里也有毛病，最后我就不写了。

所以有一些人到最后都彻底脱离编辑行业，去写作了。像苏童他们，之前其实都做过编辑。

许知远：那么长一段时间里你做编辑，创作者的角色被压抑，会有焦灼吗？

金宇澄：我后来写过一些，但还是不能满足我，所以《繁花》会一写写那么长，我自己都完全无意识，完全昏睡的。包括我说过好多次，我写《繁花》就是路上遇到一个七十年代时的美女，像老太太一样在马路上卖小孩的衣服,我一下子想到好多好多事情,过去的记忆全部涌现了,挡不住。你经历的东西需要有一个突破口的。所以我有时候觉得大概也只有小说作者可以储存很多负面的东西,一般的人本能地会把这些负能量摘除掉,轻装上阵。但小说作者就是收垃圾一样,什么材料都要。

许知远:每天背着这些负能量走路。

金宇澄:我自己没感觉,就是因为碰到了这个人,我一下觉得……倒不是说她怎么会这么落魄,就是突然觉得这么美的一个人,怎么会这么老。她不认识我,我认识她,我知道她是静安寺当时的美女,就像《西西里的美丽传说》中的玛莲娜一样。这样的事情我比较注意,包括《繁花》里也有一种及时行乐的意思,因为乐不是每天都有的,多么美好的一朵花也不是天天开着。

许知远:是不是那种好花不常开的感觉,从小就是你心里的一部分。

金宇澄:倒也不是。我爸爸跟我说过,说"到了七十岁,你就要准备吃苦,七十岁之后你就几乎没有任何希望了"。这个我觉得也是中国文化里不大会谈的问题,但是谈了这个以后,可能对人是一个调整;你可以面对更多的压力,因为你位置放得这么低了嘛。就像谁说的,今天晚上脱下的鞋子,明天能不能穿起来还是个问题。如果一个人能够想到这一步的话,我觉得挺好的,就是说知道自己的这种临时性。

许知远:那你现在想到哪一步了?

金宇澄:我现在经常会这么想的,所以会比较平静。

我特别怀念九十年代，
那就像是《金瓶梅》里的时代

许知远：卡尔维诺给巴尔扎克写书评的时候说，巴尔扎克写的所有东西，巴黎的空间，各种感受，人，最后都是要写一座城市，都是要写巴黎，当时《繁花》也给我这种感觉。

金宇澄：实际上这个书我是借鉴了茅盾先生《子夜》的方式。《子夜》的特点就是写各个阶层的人，比如说写资本家，写银行的职员，写贫民窟里的工人，范围比较宽一点。

许知远：你这么喜欢观察细节，你觉得上海在九十年代的变化是什么？

金宇澄：我在《繁花》里反映的九十年代这一块，有很多读者不喜欢，但是我想记录下来。九十年代有一天，我被一个朋友拉到金陵东路一家小饭店，这家小饭店是从日本回来的三姐妹开的。我坐下来后就听到这些男女说话，说话的内容让我非常吃惊，比如其中一个人说，你现在怎么样，那女孩子说，我现在被一个日本人包了两年。在市民阶层中，这种问题，在某些环境下，她就可以这么说出来。

许知远：这么云淡风轻地说出来。

金宇澄：一点没什么，这种弄堂的小家碧玉，她就可以这么说。开始我也不理解，但是其中有人就说了，这样太好了，像你这样的人，和一个小职员结了婚，不是天天吵架嘛，还要租房子，你跟一个日本人，等于是免费硕博两三年培训，出来腔调就完全不同了，各种高级地方都去过，又有品位，你干吗不去呢？那么我就问那个女孩子了，怎么认识的呢？她说是她的姑妈介绍，我问她姑妈是干吗的，她说她姑妈也是被别人包着。所以那一天的饭局，让我对上海这整个城市的看法完全不同，这种市民阶层的东西真的引起我的注意。

我写了这个书之后，有人就说，哎呀，老金，怎么你写这种东西啊？但是在当年，像这样子去日本的人有很多，它就是城市的历史，特别生动。而且《繁花》的写法被阿城说起来，就是自然主义的写法。我不会从作家的角度来批判什么，批判就让读者来批判，读者都具有批判的能力。所以阿城说得很有道理，他说中国的"五四"以后，自然主义的积淀非常短暂，几乎没有，直接进入了批判现实主义。而法国是因为有一个非常丰厚的自然主义的写作，在这个基础上才产生的批判。那我反过来想，我想在目前这群熟读了批判现实主义小说的读者的层面上，哪怕是自然主义的小说，他作为读者会自个儿去批判。要是作者在书里去批判了、评点了，可能反而写坏了。

许志远：变形了。

金宇澄：还有一个是饭局。九十年代最大的变化就是，等你有了房子，装修了客厅，家里没人来了，都在外头吃，有事没事就吃饭，一直吃到现在都没结束，那是中国人的交往方式。我特别怀念九十年代，那就像是《金瓶梅》里的时代，风平浪静，市民阶层的特性就出来了。我去年和周嘉宁做过一个谈话，她是八零后嘛，听着也特别神往。当时上海的黄河路，真是一到晚上灯火辉煌，倒也不是说什么花天酒地，而是一种记忆，对这个城市的这种生命力的记忆，非常有趣。

市民阶层就像海底生物一样，特别敏感，一旦海洋的温度到了，就会蓬勃生长，到一定的时候，不对了，立刻偃旗息鼓。上海在我的眼中就是，无论什么时代什么样子，老百姓都可以过，市民阶层非常灵活,但是他内里是不改变的。他对生活的理解,他最希望过什么生活,他有自己一套东西。

许知远:九十年代的饭局会有点像李伯元时代的感觉吗?

金宇澄:当然没有,他们更厉害了,他们那个时代真的太厉害了,李伯元太棒了,他写《官场现形记》,还写过一个《南亭笔记》。

许知远:对,李伯元是南亭亭长嘛。

金宇澄:他写三十年代上海这座城市,特别有意思,集中了大量的神秘人物。那种神秘人物,他在笔记里边灵光一现,当你再想知道什么时,结束了。

《南亭笔记》里写过一个人,咸丰同治年间一个将军,非常有钱,他到上海来玩,化装成一个乞丐,手里托着一沓纸,跪在四马路上。四马路往来都是红尘中人,都是漂亮女孩子,看见女孩来,就给她一张,就像现在电梯门口发小广告。被人骂,他不管,但如果有人拿了这一张纸,打开一看,里面是一张黄金做的叶子。他就这么发,发完就走了。看到这一段,我就特别想看他到底怎么回事,但是下面没了。中国传统写作的魅力就是点到为止,非常特别。

还看过一个清朝的笔记,里头写北京也有这样的事,五六个乞丐聚会,疯疯癫癫的,在一块儿喝茶、聊天,黄昏的时候,来了几辆马车,下来很多佣人,什么洗脸盆、手巾,让他们打扮、换衣服,上了马车绝尘而去。也就是这么一段,到底怎么回事,他们干吗要这样,不知道。这种传奇性,这种写法,特别好,也根本不用交代。

许知远:我们喜欢这些有点奇怪的故事,是不是因为只有这些真正的怪异里面,才容纳那些异想天开的自由的东西。

金宇澄:一个是自由,因为自个儿做不到,还有一个是因为我们看过太多的东西，口味越来越重，不是说我们猎奇，而是说只有非常耐人琢磨的、有想象力的东西能激起兴奋点。我们的受众跟过去根本不能比的，我们知道太多的东西，你们要做节目也好，我们要写一本书也好，做一个片子也好，真的是非常非常难。

许知远：那在一个大家都知道这么多的时代，怎么去做一个写作者？

金宇澄：我只能写我最熟悉的事，我绝对不能跨过界，因为读者藏龙卧虎，他们什么都知道，作者的范围实际是非常小的，作者知道的事情也是非常少的。

许知远：刚才你也说了，上海市民很敏感，像海底生物一样，起起落落，但内有他的逻辑，甚至很多是不变的。现在的上海人跟《海上花》时代的上海人，如果这么说的话，还是有很多非常相像的东西。

金宇澄：尤其是，上海是一个有很多分类的地方，像朝阳新村、工人新村是五十年代之后建的，有很多是因为一个大工厂里头的工人都住一起。像徐汇区的康平路那边，是干部地区。但上海最有味道的一种居住区是自然形成的，比如曹家渡、老西门、大自鸣钟、十六铺，是非常复杂的居住群，里面有各种各样身份复杂的人，是历史的沉淀形成的。上海只有在这样的地区，各种市民阶层的人都混在一起。等于它是一个自然公园，不是一个人造的试验田，所以它的生命力特别强，接地性也特别强，特别丰富。像黄浦、静安这一带有些老城区，在"文革"时代，也没有什么相互举报的事儿，都是自己管自己，但是比方说干部大院、工人新村，可能你就得沰意了，因为楼上楼下都差不多一个系统的，相互之间就比较了解。真正的城市化，我刚才说了，就是这种自然形成的非常复杂的区域。

我大致只能说到这么一个地步。

许知远：这一部分上海，你觉得永远不会消失是吗？

金宇澄：会拆掉，像曹家渡、老西门已经被拆掉了，但是我相信这个东西到了一定时候又会再度形成。所以王家卫导演有一次问我说，上海和香港有什么不同，我说香港和上海最不同的就是上海经历过翻成底朝天的时代，等于一个旅行袋，内囊都被翻出来，有那么一两年，什么阴暗角落的东西都可以大白于天。这个就是上海和香港最不同的。他们说上环有一个老街里有一个拍卖行还是什么店铺，上面挂的还是清朝的执照，能保存到这么一个地步，不是说外观上，而是内里都有很多生态被保存下来。当然，上海的自愈能力也很强，这个拉锁到一定程度，慢慢又合拢了。城市就是这样，就像一个森林，破坏了以后，过几年，它又长满了各种植物，又包裹起来了。城市的魅力就在这种地方，不是一目了然的，那才带劲，对吧？到处都有意想不到的事情。我们要保持这个生态，不能够把它搞得像一个军事化的生活方式。

许知远：小时候我们读冯梦龙的书，吸引我们的那种风尘永远不会消失。

金宇澄：是的。

许知远：你刚才说的森林很有意思，九十年代的森林，那些流水的饭局……现在是把饭都打包回家吃了，然后都用微信在群里面交流，你觉得这种对生态有什么影响？

金宇澄：将来说不定真的都成天猫在家里，人越来越麻烦，那没办法了，阻挡不了的。

许知远：有一天大家会像现在我们怀念李伯元一样怀念金宇澄，说二十一世纪初有一部小说叫《繁花》，那时候是这样生活的。

金宇澄：是啊，是啊，我说来说去也是一些老套的话，就是怎么才能把你知道的这些非常丰富的东西尽可能地说出来，实际上大量最精彩的内容，肯定是带进棺材的。像《小团圆》，张爱玲差点烧掉了，烧掉就没有了。

许知远：如果能碰到张爱玲，想跟她聊什么呢？

金宇澄：那我肯定聊八卦了，我喜欢聊八卦的嘛。我看到《小团圆》真的内心蛮激动的，为什么呢？因为她透露了一些东西。《小团圆》里面说她和胡兰成第一次见了面，两个人挺好的，第二天胡兰成来，问她"你觉得我们俩怎么样"，这里很妙，张爱玲一声不吭，从抽屉里拿出一个信封，信封里都是胡兰成昨天的烟头。这个太震撼了！对一个男人的喜欢到了这么一个独特的地步，大概也只有张爱玲能够做到。

许知远：我们都喜欢听八卦。

金宇澄：八卦就是好听嘛，对不对？聊八卦的人的情商都是不一样的，有的人真的就是毫无感觉，但是做这一行的，最好是能够情商高一点。八卦是一个人的天性，所以一想到八卦，我就充满希望，因为再怎么掩盖，再怎么企图去人性化，人的本性是永远不会改变的——一方面是千方百计地保护自己的隐私，另一方面就是千方百计地打听别人的隐私，这是人没法改掉的，一千年以前是这样，一千年以后也是这样。

许知远：当时在四马路上，李伯元、吴趼人这些人在写小说，办小报，虽然不同于梁启超那类革新类的报纸，但他们也都是在同一条线上,也都是以文字为生的。那么你怎么看待中国文化中两种不同的传统呢?八卦小说这种传统和道德文章这个传统。

金宇澄:两个传统我都非常尊敬。在过去,每一行他们都很认真,有的是要推动社会,有的是要把自己的事情做好,或者有的人是胡作非为,也可以,都是自成一个生态的,你永远不可能说我们这个世界没有细菌,很多东西其实是相互共生的。

许知远:对,现在这种共生性的东西太少了。

金宇澄:现在不是共生太少,是已经不知道如何去共生。现在总觉得只能够听我的,容不了别人,不听我的就是别人有问题。或者说表面上我听你的,实际我心里头根本就不听,肚子里面做功夫。

许知远:你这么谈传统的重要性,如果放在这么一个文学传统中,到底你个人怎么定义《繁花》在这个传统之中的位置呢?

金宇澄:我在定义它的时候,按现在的小说的标准,可能也是在小说的独特性上。不是说我要去推大家走传统这条路,而是发现传统这一块已经被大家忘了,所以我试着来做这个事看看。我并没有特别推崇方言,或者特别要推传统文学,不是的。我就觉得这些过去的细节,这些过去的表达方式,文字那么精炼,又那么出彩,为什么不用呢?包括你看包天笑、周瘦鹃这些人的东西,这种腔调现在都没有了。

许知远:生活方式也没了。

金宇澄:所以这是一个回光返照。

《阿飞正传》的结尾，
就是《繁花》的开始

许知远：《繁花》马上被翻译成各种语言，你是不是对它的翻译结果基本上不抱期望？

金宇澄：我不懂外语，法语版现在是和伽利玛合作，但现在还没翻完。我听一个法国的华侨朋友说，法语非常丰富，所以他从小就教育小孩，说话写作时不能反复用同一个词，而《繁花》里头一会儿一个"不响"[1]，一会儿一个"不响"，法语怎么翻译？我说这个我就没办法了。

另外就是台湾有一个朋友叫詹宏志，有一回一本正经地跟我说，台湾的年轻人对这种半文半白的语言肯定是有障碍的，你这本书一定要做译本，比如日本，一定要给最好的出版社，因为译本可以过滤掉你的方言，你的半文半白，会过滤成非常流畅的口语。但是这本书除了语言的特点，还有很多丰富的故事，里面都是八卦，说不定比中文本卖得还好，詹宏志这么跟我说。

许知远：詹宏志也是好编辑，会鼓励人。

金宇澄：是啊，我也被他鼓励，后来那个出版社是日本的早川书房，现在他们刚刚开始做。我跟你说老实话，我是根本就不管了，我真心的想法，华文读者能看，我就非常满足，因为我这个完全就是给华文读者看的。所以到底这本书外文版会怎么样，还是未知数。

许知远：你说是给华文读者看的，能卖这么多，是不是你也很

---

[1] 上海方言，即"不出声，不说话"之意，为《繁花》中频繁出现的方言词汇之一。

意外？

金宇澄：当然意外的，非常意外。我原来以为我的书可能就是我这一代人会看，后来发现其实有很多八零后、九零后的读者，倒是蛮高兴的。我也问过他们，为什么会看这个，他们说主要是因为"你让我们了解了上代人的事情"，他们的好奇在这里。还有一个可能因为我是上海的男人，他们想看一个上海男人怎么来谈男女问题，和女作家肯定不大一样。

许知远：上海的男人尤其暧昧，是吗？

金宇澄：对，就这种暧昧呢，实际也是因为上海的妇女地位非常高，它是历史的作用。《繁花》里面都谈到嘛，台湾人问我，大陆女人尤其你们上海女人，怎么可以跟老公说反问句。我说什么叫反问句。比如说"袜子在哪里，你不会自己想吗？我昨天不是已经告诉你了吗？你还要我说一遍吗"，台湾是不可以的。

许知远：那现在回想起来，有没有你觉得还想修正的缺陷，或者想去改善的？

金宇澄：凭我本能的感觉，我觉得我已经到家了，已经结束了，我的事情已经完成了。人的范围非常小，就像福克纳讲的，就是邮票大小的一块地方，我曾经在这一小块地方绞尽脑汁，超常发挥。这种超常发挥就像我们现在做对话一样，如果每天要直播，你会在一个什么状态下？你就会变成一个很疯狂的人，成天就在考虑这个事，每天都要来一场，所以我觉得我已经没有办法再增加东西了，就算修订，也是不重要的细节了。

许知远：怀念那个疯狂吗？

金宇澄：当然，我一直觉得是天作之合，上海的天气，五月六月七月,对写作来说是最好的。我每天早晨天蒙蒙亮起来写两三个钟头,写完之后贴到网上,然后吃早餐,或者去上班,中午打开一看,底下有很多人开始议论了,我就开始想明天我要干吗,我成天在焦虑,明天我要做一个什么菜。所以呢,他们再三地说《繁花》什么网络不网络的,实际上,现在的网络小说,就是过去的连载。

许知远:对呀,连载的传统。巴尔扎克就是在报纸上连载嘛,被催死了。

金宇澄:连载会有很多碰撞,有很多互动。

许知远:金庸的小说不都是这么写出来的吗?

金宇澄:对呀,反过来说,现在我们开很多讨论会或者作品朗读会,都是小说已经印好了,我们再来讨论,对创作本身是没有用的,至少对这本书是没有用的。而过去我们文学活动里边的那种沙龙,直接就有利于创作。朋友之间互动很强,我今天写一首诗,读给大家听,大家说其中有一句怎么样,我把它修改,是有这样一个传统。但是我们现在变成,出版以后大家坐下来聊一会儿。

许知远:像个补充的庆典。

金宇澄:所以这种讨论对书本身是没有帮助的。如果说一个出版社,明智一点的话,应该是做这个稿子之前就开讨论会,但作者如果听到的话,他会非常生气,他会觉得"怎么我非要听大家说"。所以我只能谈我自己,我是特别乐意听意见的,我没有那种——哎呀,我是一个思想者或者什么的,写小说嘛,我们的传统就是听意见,说书先生也是听意见,说书先生一看底下在打瞌睡了,知道这一块糟了。但问题是,现在作者实际和读者之间是没有交流的。

现在就是什么呢,现在就是好像觉得作者怎么可以让人说三道四呢，没这个必要嘛，真的天才是非常非常少的。《繁花》现在开头一段陶陶卖大闸蟹，就像话本小说一样，一问一答，标点符号也很简单。结果网上的人看得眼睛都疼了，说求求你，你帮我分一下行，我就不理会，我觉得这个样子没有过，我就要保持这么一个写法。所以刚才说到读者的意见，有时候会听他的，但不是说一味听他的，我咬紧牙关，最后变成每一节都越来越长，他们也居然能接受。读者和作者这种关系，特别让人怀念，实际我根本不认识他们。

许知远：是不是写《繁花》那几个月的时间，某种意义上是自己人生天才闪现的时刻。

金宇澄：那倒也不是，我觉得就像是坐在火车上，火车越开越快，挺过瘾的。写小说的人最难最难的就是，你要找到一种只属于自己的文本性质的东西，并且要有很高的辨识度，这个并不容易，所以这个是我非常幸运的地方。

许知远：比如说《繁花》已经到了一个最鼎盛的时候嘛，也很难再有相似的东西诞生了。

金宇澄：对呀，对呀。

许知远：你是写完之后就意识到这一点了？

金宇澄：对。王家卫导演跟我说过，他说，老金，你好亏啊，人家可以写七八本书的故事，你一本就给写完了。我不是一个有计划的人，愿意做什么就做什么，要把它做好。有时候想想，你说我最崇拜的这些作家，一生写了那么多东西，我也只不过记住其中的一两部而已，但是我永远会记住。我这种是实用主义，就是说，我是看得很开的一个人。我也不会变成一种机械的写作，因为本来我就是磕磕碰碰的，这一辈子不是顺着一种模式在做。

许知远：对王家卫的电影是什么感觉？你一开始就很喜欢他的电影。

金宇澄：我很喜欢他的电影，我在香港说过一句话，我说《阿飞正传》的结尾就是《繁花》的开始。梁朝伟在阁楼上面半夜三更打领带，然后数牌，带着钱，准备出去赌钱，这个就是城市生活才有的场景，城市里头真的有很多这样的人，夜行动物，不是在我们大部分作者的视野里边，而是在市民阶级里边。

许知远：上海人把上海带到了香港，王家卫一直在处理一个在香港的上海，如果要处理你书里的这种上海，其中不太好处理的是什么东西呢？

金宇澄：非常复杂。这个问题，我首先说王家卫导演对上海的感情非常深，他五岁离开上海，本来准备全家都去香港，但是他的哥哥和姐姐没能过去。所以王家卫第一次遇到我，就跟我说，你写的就是我哥哥姐姐的故事。他哥哥姐姐也都下过乡，年龄跟我差不多，然后回到那种街道工厂，也是同样的境地。但是这个小说里边有一些内容呢，在拍摄上还是有难度，现在规定婚外恋不能拍，算三观不正。所以我们的年轻的读者已经被培养成对三观不正特别敏感。还有一个最不好的词，叫"渣男"。我特别不喜欢这样的话，人本身是非常复杂的东西，比如说《安娜·卡列尼娜》里的渥伦斯基，按照现在的口吻就是渣男，把这么复杂的人性变化用这么低能的一句话去涵盖，这太简单了。当然这可能也是在网络上，用这么一个词就可以简单地来定义。但是分析文学作品，或者从事影视这一块，如果也用这个标准的话，真的是太幼稚了。

许知远：所以你看，《繁花》里，大家误以为你写的是过去，结果写的是未来,你说是不是?它是几种因素在一起的这种新一轮的单调化。所以我特别喜欢那句话,过去从未消失,它只是还没过去。

金宇澄:这个里边也有对大量信息的一种应急反应,就是说,因为信息太多了,这个也要简单处理一下,那个也要简单处理一下,也许他们是口头这么说,心里边不一定觉得渣男就是一种类型,但这是属于这一代人的方式,他要发声,只能用这种方式来定义一下,求得一种趋同。

另外一点,我对年轻人有信心的是什么呢,我发现越是年轻的人,对很多事情分得越来越细,虽然我们看到有很多粗鲁的地方,比如说用这种简单的名词,但是他也有他的长处,个人的爱好都那么的不同,是一种简单里面的新的复杂化。

许知远:这两种趋向都是并行的。

金宇澄:对的,因为它是当代教育的一个后果,包括我刚才说的渣男,用简单的定义去解释复杂的事情,作为个人,你无力抗拒,但是我相信,这不会是全部。

许知远:那你个人面对这种时代的不可抗力的时候,心里怎么化解的?

金宇澄:就是小说里提到的,不想了,沉默,保持沉默。

许知远:你羡慕能够挺身而出的、去反抗的那些人吗?

金宇澄:当然,当然,但是我有时候想想,这种沉默不是我个人的特点,我觉得是人的特点。就是说,因为种种原因,他不发表意见。他不发表意见,不等于他没意见。就像庄子说的一样,他不说话,不代表他不说话,他说了话,并不一定代表他说了话。中国人就是这样。

金宇澄回信[1]

到达黎里前,收到通知,"两位今晚不碰头了,明天九点,见面就录吧",通常会这样安排。翌日一早我走到桥上,看到了许知远在"中金家弄"的廊棚下跟邻居们说话。在这安静的六月小镇上午,当时我们说了些什么都已经忘了,只是感觉愉快,确实多年没见,想到老屋里都是碎砖,让他换下了人字拖,于是他换鞋。

老屋那两把旧椅子是借邻居家的,我记得两人刚坐下来聊的那印象,只是舒服。事后才知,团队的年轻人也都喜欢黎里,喜欢这个上午。这些就是去年遇见时刻的全部印象,漫无边际地聊天、安静的石板路,以及闲逛,人生快事。

后一日,我们是在《上海文学》编辑部聊了一番,然后去附近茂名路"大沪社"(上海建筑师社团),看我的版画展。

团队没有预设这条线路,走出作协大门,他说上海的小马路有趣——外地朋友也都这样说,于是我们走到了附近的进贤路上,我陪王家卫导演也这么走过。

这一带是我小时候的逃学路线,小学生拿一根大铁钉,一边走,一边顺路划墙,也是在这一带,要很多年后我才懂得,这里(尤其进贤路)的房屋布局,是城市自然延伸的难得标本,一部旧建筑的沿革史,这里什么房子都有,都挤在一起,早期农田时代小黑瓦的本地房子,到各时代的洋房、新老弄堂,包括六十年代的公房和各时代违章建筑,共处共享至今。

我曾画过一个彩色俯瞰图,每一种颜色代表一种房型,纸上就出现了小花园那种丰富繁密感,而今的楼盘规划,是大花园规模,

---

[1] 本文为金宇澄接受采访后给《十三邀》节目组写的一封信。

公家种花，盘子大，只种差不多的几种花——全国差不多的那种房型。也许只有私家花园、私人小地皮，才会踊跃各类呈现，甚至出现三角形、平行四边形的地皮与房子，出现那种亲近感、密密麻麻个性，也因此谁都不愿吃大锅菜，进贤路即是各式旧建筑的小灶，各种小碟子小碗的遗存。我如果做摄影，兴趣就是拍这些房子的结合部——两种完全不搭的房子，是怎么靠在一起结婚的——两个完全没关系的男女，紧密结合的细节密码是什么。

在我记忆里，进贤路蕴涵的复杂，还在于我写九十年代的"夜东京"小饭店，原型在这条小马路。九十年代时去过此路一朋友家，是简易街面的三楼，底楼即开设各种小店（包括"夜东京"），地基沉降，记得他家三楼地板，鞋子可以从南窗一溜滑向北窗——轮船甲板的那种倾斜度。楼下公用水池里，长年养有几只龟，每天接受邻居的各种洗涤流水，安之若素。在我记忆里，九十年代到现在的三十年中，这条小马路上各种饭店，也是附近这几本文学杂志编辑包括作者的聚集之地，这里开关了多少的小店、寄托了多少人的梦想，只有旧房子知道。

我们顺这条马路走过去，经过狭窄路边的各种小店，然后拐进了174弄，迎面，即是小巷子和棚户，与我肩齐的屋檐或居民鸽子笼，弯弯曲曲，回首上方，蓝天下巍峨的花园饭店，我不会相信这里能与经典老锦江、兰心大戏院一箭之遥？它们只是被各种屋檐、晾挂的各式衣裤、瓦片、枇杷树遮挡了。弄内童年时期熟悉的里弄加工厂，当时日夜生产铁皮玩具和铅笔盒，满地彩色马口铁皮，如今早已打扫干净，挂有陌生某公司某牌子，时代都被时间屏蔽了，"有当年照片该多好""当年干吗到这里来"，内心这么嘀咕，在这种肯定和疑虑中，我们走到另一端的弄堂口，巨鹿路口，挂有393弄的牌子。

然后我们一路向东，去附近的茂名路2号。这是"大沪社"所在地，行程结束于此。这街角建筑，原是1925年创立的美商美通汽车行（Bills Motors），即上海最早的汽车品牌3S专卖店，基本保留了当年的外立面框架结构，在此地南望两个街区，它与淮海路口著名的国泰电影院、老锦江饭店一路的骑楼（九十年代扩为铺面）以及兰心大戏院，都是褐色泰山砖建筑立面，西班牙伊斯兰摩尔风格，极有辨识度。

最近这几天，《十三邀》编导陈继冲和明慧发信来，望我能写个短文，因此看了涉及本街区的材料，其中有1947年的旧地图，等于重建了另一章的城市历史。

这里的密集里弄，有不少是与汽车有关的小厂，可称近代中国汽车文化的摇篮，包括本文提到的美商联合汽车公司。旁边当年的雷诺车行、马迪新展示厅、上海广播电台珍贵资料——美通汽车广播电台、进贤路口宝昌汽车材料行、兰心大戏院附近，也有汽车"样子间"（不止一处的展示厅），包括附近的壳牌加油站，我小学时代熟悉的兰心大戏院对面日夜开工的汽车零件工厂旧貌，路对面就是剧场后门，那么文艺的道具，莎士比亚戏剧的帝王座椅，就是在汽车零件工厂的喧嚣中运走的。旁边迪生百货，1960年同样是我回归的记忆，那是锦江饭店的车库吧，四十年代中国独有的四层立体停车场，六十年代，它附近的长乐路上，停满了国产三轮小卡车，不远的北端，想到了八十年代威海路的"汽车一条街"，这些原来都与茂名路（慕而鸣路）街区有深厚的历史渊源。单从这地图所标的名目，细小文字，这来自纸上的空间，完全是我陌生的另一世界。

因此说，我们那天经过的街区，并不只是我记忆中的历史，我们眼中那些旧房，应存有更苍老的城市记录，这些莫名的空间，频繁接纳了多少流动的画面。多少声音和画面，都消失了，人人都说上海历史太短，尤其是这些远古历史，一旦仅存纸上，几乎就等于消亡。

1958年　生于台湾宜兰，本名谢材俊
1977年　与朱天文、朱天心等创办著名文学杂志《三三集刊》
　　　　后任职出版公司数年，曾任脸谱出版社总编辑
2001年　出版第一部作品《文字的故事》
2013年　出版《尽头》，获评《亚洲周刊》年度十大好书、台湾金鼎奖
2015年　出版《重读：在咖啡馆遇见十四个作家》
2016年　出版《眼前：漫游在〈左传〉的世界》

扫码观看视频

唐诺

你要像攻打坚城那样去书写，
有时必须忍受失败

Chapter 06

说起台北不可避免的衰落时，空气似乎也凝固了。我将手中的马克杯又握紧了些。杯中的黑咖啡已凉，不能给我带来少许的安抚。

这家敦化南路上的 Lavazza，是唐诺最近几个月的固定去处。在台湾的文化圈，人人皆知，唐诺与他更著名的太太朱天心，都在咖啡馆中写作，有时书写到一半，咖啡馆还会倒闭，他们就再换一家。

唐诺像是一个现代隐士。二十多年来，他上午读书、写作，下午买菜、做饭。没有手机，没有 email，他只在书籍中恣意纵游，博尔赫斯、卡尔维诺、昆德拉、《左传》，似乎是一个更真实的世界。

对于此刻的台北，这尤显梦幻。这个城市日益本地化、愈发向内看，你很难想象它在七八十年代的辉煌，失落的现代中国文学传统在此绽放，两代人在文学、舞蹈、电影、音乐、出版上大放异彩，继承旧传统，又开创新语言。

唐诺始终处于这个潮流的边缘。当他的朋友纷纷以小说、评论、电影群星闪耀时，他写作球评、推理小说导读、书评，逐渐建立起一个小众的名声——他无所不读。

如今，这个无所不读、沉浸于历史河流之中的人说，那个黄金时代注定消逝了，未来人回忆这一切，或许就像后人对六朝的追忆。我相信，在未来的这场追忆中，唐诺定是个独特的存在。

从历史上看，台北就像做了一场梦

许知远：为什么会选这家咖啡馆？

唐诺：对我来说，这已经是我用来写作的第八家或第九家咖啡馆。之前用过半年，当时觉得这里虽然漂亮，可是感觉比较生冷，而且这是我用过的里头不算便宜的咖啡馆。我本来用的都是很狼狈的咖啡馆，一天连咖啡带早午餐大概一百五十块，每个月也就是四千五百块台币，相当于人民币一千块左右，还不用洗盘子。每次这样算都觉得便宜得不得了。

许知远：在咖啡馆写作是从什么时候开始的？

唐诺：1991年或者1992年。当时有两个朋友要办出版社，有点破釜沉舟的意思，说要我帮忙，就是后来的麦田出版社，我就成了第一个员工。那时候我儿子谢海盟——当初是我的女儿，现在跨性别成功了——跟詹宏志的小孩很要好，两个人希望上同一个幼儿园。幼儿园刚好在办公室附近，所以我早上负责送她，送完之后就进一家咖啡馆写东西。我用一堆笔名写各种奇奇怪怪的东西，不值一提。唐诺这个笔名当时是用来写篮球的。

许知远：NBA。

唐诺：是，那是1992年。一直记得这个，是因为1992年是美国"梦之队"去巴塞罗那打球那年。

许知远：我也记得。

唐诺：一支向上帝特别定制梦的球队。当时我在《中时晚报》，几个笔名都不当真，后来写着写着，只有"唐诺"留了下来，其他都消失了。

许知远：四分之一个世纪了。这种咖啡馆里的人生有点像是在相对固定的地方、相对封闭的空间里做精神上的冒险，你会厌倦吗？会想做更现实的冒险吗？

唐诺：不会。

许知远：年轻的时候也不会有这种困惑吗？

唐诺：年轻时候就不会。天心年轻的时候永远有到远方去的梦，永远有一个躁动的、内在的驱动力。我从年轻时起就没有。当年都还没有"宅男"这个名词，我的师母、朱天心的母亲就说，只要给我一个房间、一包烟、一盘棋、几本书，我大概就可以永远不出门。后来受天心的影响，我才开始慢慢走路，不管是在异国他乡，或是在台北，我每天都会大量走路。

许知远：走路对你的思考有很直接的影响吗？

唐诺：走路就是走路，但蛮有趣的。相对来讲我比较喜欢城市，这可能跟过去的文学调子有点不一样，因为在过去的文学里城市总是丑陋的、罪恶的。然而正是有人生活、有事情发生的地方才有趣，单纯的大自然蛮单调的。

许知远：以人的活动为坐标的话，你年轻的时候，台北是一个高度活跃的城市，因为它里面有大的社会转型。现在这种活跃是不是慢慢淡了下去？你会觉得有点沉闷吗？

唐诺：不会，只是觉得有点伤感。我在宜兰出生，可始终认为自己是一个台北人。我甚至常说，台北是台湾唯一可以拿得出手的地方，它不大，丑丑的，但这些年来整理得还算干净、宜居，跟世界的关系也还算丰富。它有一点凋零,有一点没落,我跟天心的看法一样,觉得台北是一个渐渐熄灭的城市。

许知远:什么时候第一次感到这种"渐渐熄灭"的?

唐诺:很久了。台湾这样一个小岛,除了宗教战争以外,现代性有关的重要辩论、冲突、问题全部在这里发生过。等到历史浪潮过去之后,它好像又被打回原形。台北好像很早就走过了它的高峰点,慢慢地往下走,毕竟它的历史位置是在纵横的势力底下交锋出来的,而不是真正的地理重要性。这样讲好像有点挽歌的味道。在这种状况之下,年轻一代开始不关心历史,不关心世界,有一种虚无感,觉得只要好好活着就好,就是所谓的"小确幸"。

但在我们当时不是。我们求学的时候,一般学生的世界史知识是足够的。事实上,在上升的时候,你会觉得这个世界和你有关系,甚至你是可以参与的。但现在,台湾慢慢就会回到一个所谓的小岛的思维。

许知远:发生了一场历史的误会。

唐诺:对,从历史上看,台北像做了一场梦。很难想象,在历史的夹缝中,在一个这么边缘的地方,曾经好像开出过一朵奇怪的花。

许知远:梦醒的感觉是什么样?

唐诺:我这样讲好了,这一代人,我、朱天心、朱天文、张大春,我的朋友们,我们曾经认认真真地在这样一块土地上过活,但也知道,像列维-斯特劳斯说的,太阳会烧完自己,世界末日会存在,一切都不会留下来。《大唐西域记》里有两句话非常动人:"去圣邈远,宝化为石。"玄奘一路走去,一个一个城市,那些房屋,那些城墙，变成废墟，又都被自然收回。从长远来看，就是如此。台湾可能也一样，历史的风潮会过去的，人们也会离开的。这并不是嗟叹，而是说你必须要在这样的意识里继续工作。

许知远：现在回忆起来，台北那个浪潮的顶峰是什么时候？

唐诺：并不是说那个阶段在台北的整个社会进程中属于最高峰，当时的台北乱糟糟、脏兮兮的，很难看，问题是当时的它整个在往上走，整个社会都感觉今天比昨天好，明天会比今天更好。甚至连在钱上都变得慷慨，反正今天用掉了，明天会赚更多，因为经济会增长，你会觉得整个世界好像充满机会。

许知远：在那样一个社会充满扩张欲望的时候，做一个写作者意味着什么？

唐诺：这半个世纪之内，在我看来，台湾的文学书写成就惊人。台北供应了那么多一流的小说家，而且是在写作素材极度贫薄的基础上，没有贫穷，没有战乱，没有激情，没有新的故事，没有新的经历。可是整个世界都打开，所以书写也有一种爆发感，会向四面八方尝试，锻炼出一些奇怪的书写技艺，充满了一些堪称英勇的尝试。诗来得更早，在六十年代，台湾的现代诗曾经很惊人，侵略性十足，实验性十足。这个成绩也像做了一场梦。现在这类的书写已经不见了，再加上整个读者群体的逐渐消失、出版界的萎缩、经济规模的缩减，书写慢慢不重要了，能离开的人都离开了。但我也会有另外一种期待，在这样的年代，书写可能会出现不一样的光景，那种在比较兴奋昂扬的年代不会认真看到的东西。就像卡夫卡说的，当然这样说有点悲惨，在沉船的桅杆上发出最后一个信号。我不知道台湾会不会出现这样的作品，可是它是有机会的。

书写是我所能拥有的最专注的思考，
不是书写需要我，是我需要它

许知远：你是一个相对晚才开始成熟的写作者，那个时候也是书写开始迅速衰退的时候，某种意义上正好形成一个相反的关系，这对你来说是一个有趣的张力吗？

唐诺：我也不晓得。王安忆说过，文学书写不是一个早慧的行业。诗可以来得非常早，拜伦、雪莱、普希金都是年纪轻轻就写得吓死人了，但其实大半的文学书写，尤其是小说，成熟期来得非常晚。小说是一个苍老而世故的文体。某些天分、锐利的东西当然很有意义，可毕竟有些基础需要时间累积。

对我来讲就是这样。年轻时候我尝试写文章，朱西甯老师很温和，他评价说，这个稿子的字写得真漂亮，我忍不住一个字一个字看。你懂吗？就是说这个女生长得真是有气质的意思。我常开玩笑说，四十岁之前，我只做了两件事，一是帮连续剧写烂歌词，一是娶了朱天心。到四十多岁才写出第一部作品，也不过是《文字的故事》这样比较通俗的东西而已。几十年来，我始终找不到一个真正落下来的点。这种不断不成的经验，使我备受折磨，也让我理解书写这门行当的各种难度。

许知远：也就是更自觉性的理解，是吗？

唐诺：对，而且是被迫地理解。

许知远：这种迟来的信心，再加上从年轻时起就被一群天才包围，当时会有很强的焦虑感吗？

唐诺：没有。我可能比你想象中输得还要彻底。不焦虑是因为我认为我根本不可能，有可能才会焦虑，会觉得为什么不能到达。当然也会有一点沮丧，因为觉得，哇噻，他们一出手就可以，写作对他们来说这么简单，对我来讲却这么艰难。

许知远：在书写世界中不断寻找的过程是不是挺痛苦的？

唐诺：其实并没那么严重。如果太自恋的话也许会很痛苦，我大概还不会，因为那个世界本身的细节太丰富了，你本来就喜欢，所以不会觉得好像在做一个会一无所有的生命投注。我指的是阅读这件事。相对于朱天心、朱天文这些朋友，这二十年来，有一件事情我做得比他们彻底，就是阅读。从这个部分来讲，作为一个读者的那种饱满感，会使得你觉得不写都没有关系。因为做一个读者，可以读人类历史上最好的东西，好到你恍然若失，甚至会觉得，我是谁？我怎么有资格读这样的书？

所以有没有最后书写那一步，或者那一步成不成，就变得不再是决定性的。只是说，可能因此多了一点文学的自觉，用比较戏剧性的说法就是，你从这个世界得到这么多，你该还一点回去吧。阿城也这样讲。他以前的写作是很酷的，点到为止，但写《常识与通识》的时候，文字放得特别舒缓，特别细心。他说这是房龙的笔调，当时我是这样得到的，所以我应该还一本回去。他的人生启蒙书是房龙的《人类的故事》。我也是。"永恒的岁月便又过了一天"，小时候看到，吓呆了。你看到了那样的一个世界，而且某种程度来讲，你想成为那样的人，或那样的世界里的一个人。

许知远：除了房龙，最初塑造你或者对你有影响的阅读是哪些？

唐诺：当时是拿到什么读什么。那时台湾读书还不那么方便，有各种限制，因此一下子开放后，必须要补课，所以很繁忙。当时的出版一下蓬勃起来,因为有出不完的书。

许知远:全都涌过来了?

唐诺:是。对编辑来讲,只会觉得来不及,我一年只能够编这么多书。可现在编辑们开始觉得书单是枯竭的。台北及我们个人都经历了那个阶段。那时候你甚至不太知道这些书在世界确实的位置,因为很多书是以极夸张的面貌引进的,好像当时大陆刚开放的时候。

许知远:很像很像。

唐诺:在成长阶段,整个阅读大概就是这样,毫无秩序地、随机地、野蛮地完成。

许知远:你的书写是怎么蔓延的呢?从经济到政治,什么都囊括了,你真正的专业或技艺是什么呢?

唐诺:说真的,没有。我只能广义地讲我是一个书写者。我有一点看不起自己,始终不觉得自己有什么足够的能耐。我身边有一堆了不起的创作者,从上一代人,我的老师朱西甯,到我现在的家人,我的朋友。我始终觉得自己是一个受众。

但另外一方面,我又觉得书写对我有很大的意义,我找不到一种另外的方式能让我对单一的一个题目或焦点进行这么长而专注的思索。书写原来是我所能够拥有的最专注的思考。书写里头的那个我,远比现实的我、现在说话的我,要好得多。现实里的我没有办法这么精准,这么专注。到后来我才说,不是书写需要我,是我需要它。

许知远:进入这种百科全书式的写作,是一种更纯粹的好奇心,还是想给自己制造困难、制造摩擦?

唐诺：都有。在书写中我没有很大的野心。我几乎不用"作家"这个词，最多觉得自己是一个书写者。大部分时候我都是一个读者，我对作家、小说家，始终抱有高度的敬意。只是想较为完整地理解世界，所以跑去读经济学、读数学。我是学文科的，读经济学对我是一件很苦很苦的事。

许知远：是什么时候开始读经济学的？
唐诺：二十几岁。

许知远：当时的驱动力就是想了解世界吗？
唐诺：当时也许更单纯。我总觉得一个书写者，有必要思索当下的处境，觉得必须有这些基础学问，才能处理面对的状态和困扰。比如要观察一个城市，牵涉太多了，经济的问题要不要懂，政治的事情要不要懂，要理解到什么地步才算足够？可以一路追问到底，可能永远没有穷尽。

我觉得文学必须更勇敢，必须要负责，要穿透进去

许知远：之前提到台湾的变化和书写的关系，对北京的观察呢？
唐诺：我不敢谈北京，毕竟来得太少了。北京的确会有震慑感，那个声势是非常独特的，但老实讲，在北京走路，不知道为什么，你会很沮丧。在上海走路就很对。北京还没有拆迁之前，有一个地

方走路的节奏感是对的,就是前门大街那一片,街道、商店和人之间的距离是对的。

后来我察觉,北京原先并不是一个生活的城市,它最早是一个军事要塞。一个民族,一个国度,硬生生在那建造出一个城来,它有它必须要撑的架子,这是它要完成的,你也的确会感受到这个意图。所以它与生活有一段间距。当然,北京的公共空间很大,道路修得很好,但你跟环境产生不了一种呼应。

许知远:什么样的书写可以应对这样一种城市精神,这样一种规模,这样一种气质?

唐诺:在对北京的书写里,属于民俗的部分蛮多的,北京的小吃、胡同这些部分都很温暖,但我对文学的期待要比那个贪心。我觉得文学必须更勇敢,必须要负责,要穿透进去。这个书写,像是另外一个阶段的开始,应该会先发生在上海才对,起码我的直觉是这样。上海是一个多么复杂的地方,一个世纪大城,有那么奇特的历史命运。而且上海过去还有一个书写传统,年轻时的张爱玲,一段时间里的王安忆,有两个这么好的作家,已经很了不起了。

我知道《长恨歌》有很多问题,阅读起来也很难受,可是我比较尊敬《长恨歌》,因为王安忆在攻打上海这座城。金宇澄的《繁花》写得真的很好,但我也有我的不满意,他太爱曾经消失的东西,尤其是小街小巷,那样的幽幽一叹,把一切都抚平。可是上海发生太多事,而且太多事是具体的、有细节的,不能只用一声叹息来结束。

许知远:这种一声叹息的写作方式好像占据主流,某种强有力的传统好像消失了。

唐诺:因为这种写作比较能够安慰人,甚至相对比较容易。比方说沈从文的路子,相对来讲,是好写的。在文学史上,它是被充分开发的，而且非常成熟。可是现代性书写，即使过了一百年了，现在也还是满头包。它是艰难的。你问我要怎么去写北京，我不知道，这不是我的能耐。

过去因为大陆故事多，又加上历史本身的苦难，很多书写集中在这上面。问题是，这个经验有高度的重复性，但书写的冷血在于，书写这个部分的意义和价值已经在往下落，可历史还在继续向前走，这么一个处在剧烈变动中的国度，书写者要不要也参与呢？甚至有没有这个义务呢？中国最好的作家该带头走一些困难的路。当然，话有点刺耳，但我是善意的。

许知远：你怎么看待中文世界书写的某种狭窄化呢？文学书写在过去二三十年好像变成了小说的书写，其他都不太重要，是什么原因呢？

唐诺：就我在台湾的经验来说，连小说也都在集体消亡。对内地我没有那么大的把握，似乎大陆的长篇小说还蛮蓬勃的，而且人们愿意参与。简单讲，是因为影视界的介入，这的确是书写小说的人一个华美的梦。在美国也能看到这种现象，《禁闭岛》《神秘河》，写作技术好得不得了，连场景都写得清清楚楚，好莱坞直接可以拿来用。他们本来就是冷硬派的作者。这是非常聪明的做法。长篇小说是最接近通俗作品的，而诗和散文相对来说很难直接转换为繁华世界的一种需求。我并非说写小说的人就有这样的初心，而是说这种现象很自然地造成小说在整个文体地位上的改变，会变得瞩目。后来的人进入文学，好像第一优先就应该写小说，若有余力，再拿左手去写散文。余光中当年就这样说。

许知远：这是很有趣的变化。在中国历史上，散文其实是一个最受尊重的传统，比如有《昭明文选》《古文观止》，等等。

唐诺：最早的文体是从诗开始的，但诗的束缚太大，过去有些字是入不得诗的。"春江水暖鸭先知"，用得非常大胆，因为鸭很难入诗。一直到宋朝，诗的世俗化才慢慢出现。但是，散文可以记账，可以骂人，可以进入生活的整个现场。我认为散文不应该虚构，它应该写实，因为它就想让你留在不可更改的生命现场。死亡就是死亡，饥饿就是饥饿，情人离开了就是离开，散文逼迫你认知所有实然世界里所不愿意看到的东西，那些不可更改的东西。在这里你可能会更悲伤，可能会更绝望，可能更没有文学的抚慰功能，可是它逼迫你去认知。

许知远：所以某种意义上，在所谓"后真相"的时代，散文变得更加重要了。

唐诺：我觉得是。中国的散文大爆炸发生在春秋战国，欧洲的散文爆炸是在中世纪结束后。这种爆发是忽然面对一个全新的世界，不是书写内部的一些小小的调整，而是你认识事情的角度和方式改变了，使得一个新的世界呈现出来。文学忽然找到了各种工作要做。像唐代，大概在"安史之乱"的时候，叙事体真正解放了古诗，因为呈现的完全是一个过去没有的世界。尊贵的君王出走了，天下第一美人被吊死了，整个世界天翻地覆。这时文学又回到第一使命：重新记录世界。那也是唐诗的世界最无我的时候。

我觉得非常可惜，在中文的书写世界里，这一块始终是暧暧昧昧，始终没有被真正打开。书写传统容易把散文缩减到像明清以后的美文，就说生活里的朝花夕拾，可鲁迅根本不是朝花夕拾，他从头到尾是一个有意志的人。甚至我们不知道怎么对待散文，不知道怎么使用散文的力量，所以会出现一种非散文的、带着一点贬义的杂文，好像它是不够纯净的文学。但面对新世界，那一刻的文学必须不怕脏，不怕乱，不怕难看。

许知远：这种对散文的约束是什么原因导致的？

唐诺：宋朝文人的世界观影响太大。宋代之后的士人传统，形成一个很特别的阶层和一种生活方式，很优美，也很自在，某种程度上还相当睿智，很知道怎么抚慰困难。那的确是一个太愉悦的世界，到现在也还令人向往。这样一个小世界的存在，事实上抚慰了很多大世界的困难，甚至它有力量抗拒某种大世界。我们所有的文体，包括绘画，都在完成这件事。

许知远：这跟中国过于漫长的帝王传统有非常直接的关系。

唐诺：也有可能，但它是一个太复杂的存在，包括诗体本身的发展。在《尽头》里，我试图论说王维的影响力可能比我们想像中大，因为后来文字系统事实上走的是王维的路。

许知远：他是理想模型，你不一定有他的各种历史线索，可他无疑是一个这样的典型。甚至我认为，沈从文的小说是生命第一现场的书写加上王维的境界才完成的。

唐诺：日本人说王维是写在坟墓后的竹简，是安慰生者和死者的。王维的诗处理死亡真精彩，"一向石门里，任君春草深"，"行到水穷处，坐看云起时"，每一句都充满生死隐喻，厉害得不得了。那里面好像有一个太迷人的国度，文人不太愿意出来。

许知远：你渴望进入那个相对自主的世界吗？

唐诺：不会。我不知道年轻的时候怎么想，因为已经忘了，但我现在完全不会。

通过了解真实处境，
对话跟宽容才有可能产生

许知远：对不解的、困难的、笨重的东西，你年轻时候那一代人还是向往的，尽管不解，但是渴望。什么时候公众普遍好像产生了明显的抵触？

唐诺：很大一个来源是宗教的除魅。中国有三种怕，敬畏天地，敬畏父母，敬畏圣人之言——就是好的话。好的话会打碎你。另外一个是我们现在比较回到物质性的、享受性的社会。还有一个重要来源，我觉得是心理学的无用。从这个角度来说我很讨厌弗洛伊德，他的性压抑论、创伤、力比多（libido）这些。尤其在我成长的阶段，当时的高中生总喜欢读性这一类的东西，《梦的解析》里有多少性的象征，但我却很不喜欢这一套对人的解释，仿佛不用再有什么神秘思想。害怕是一种有意思的感觉，它欢迎想象力，那是面对未知、面对恐惧的各种试图解答的方式，它可能是错的，漏洞百出的，可它是人类一种压抑不住的想象力。

比方说《易经》，我认为它其实是生命统计学。《易经》有六十四卦，代表六十四种状态，每个状态有它的逻辑发展。钱锺书写《围城》，方鸿渐的名字是有学问的，那是渐卦，《易经》里非常美的一个卦。从头到尾主体就是鸿，从河面飞过来直到飞进树林。整个过程分成六个阶段，有不一样的事情和风险。孔子讲《易经》："作易者，其有忧患乎？"就是说写《易经》的人一定是受过苦难、心中有事不能解的人。《易经》是把经验编织起来，我觉得它是一种统计的概念，在总结一些生命公式，让后来人有所依循，至少能够有所警觉。它是当时所能获得的人的处境的百科全书。

许知远：这本百科全书在当代的意义是什么呢？

唐诺：对人来讲，经验非常重要。在这些经验里永远可以找到跟你相似的生命状态以及生命难题。生命一路过来，必须有意无意地不断做出选择，而对这些选择我们并没有把握，我们总是在还没准备好的、不恰当的情绪里就被要求做决定，甚至不知不觉过了多年之后才恍然大悟原来是何其致命的一个决定。那是一个你差一点可以实现的人生，也就是卡尔维诺讲的，世界差点不称其为世界，我们差点不称其为人。

许知远：如果说《易经》是一个统计学，那《春秋》是一个政治经验的总结吗？

唐诺：不只如此。《春秋》写的是鲁国，一个小国的书写，可最后中国竟鬼使神差地接受了，用它来解释那几百年。孔丘做了一件奇怪的事，他决定改写整个鲁氏《春秋》。改写是一个激烈的行为，史无前例，连他自己都很紧张。那是一个实然的世界，可对孔子来讲有很多事情不对，于是他把实然的世界写成了一个应然的世界。即使《春秋》"为贤者隐"，我觉得也是温柔的心态。

《左传》是把孔子的应然世界再拉回到实然，它虽被后世指责，但非常必要。如果没有一个实然的版本跟应然的版本对照，后来孔子作的《春秋》的应然性就没有办法显现出来。孔子是中国古代里面我评价最高的人，年纪越大，越觉得孔子真是了不起。

许知远：对你来说，他最厉害的部分是什么呢？

唐诺：他的理性和成熟是让我惊讶的。孔子是一个不可知论者，不说有，也不说无，可是要做一个不可知论者，一定要察觉世界本身的复杂度。

许知远：《春秋》那么吸引你，和小国的视角有很大关系吗？

唐诺：其实每个阶段都不同。年轻时有一段时间非常喜欢《尚书》，大概年轻的时候比较喜欢绝对的、大的东西。我把《尚书》称为中国古代最神圣的声音，而且是从上到下——不管是宗教性和政治性，事实上这两者叠在一起——留存下来的最神圣的文献。

还有很长一段时间，我喜欢《礼记》。过去认为《礼记》是一种道德和伦理的要求，但我不是这样看的。当时的人必须要聚在一起，才能够进行生产活动，才能够抵御外侮，代价是要集体生活。这种共居有太多危险和可怕的地方，人和人之间这样的相处是最接近地狱的。所以《礼记》告诉你，怎么避免挤在一起的冲突，人和人之间要谨守什么样的界限……它充满了细腻的叮咛，是对人和人关系的一种细腻的理解。

《春秋》，反而很长时间我不太知道该怎么对待它。《眼前》第一篇我就问，《春秋》怎么会去写子产，而且写这么多？我很好奇，一个小国当时在想什么？在大一统之前，整个世界图像是如何的？从书写的线索看，可以说，那是中国古代最后一次思想像繁花一样爆开的时代。就是怀着这样的疑惑，我才写了《眼前》这本书。取名《眼前》，一定程度上是想说，其实每一次的叩问都隐含着当下自我的重新思索和醒省。

许知远：问题意识。

唐诺：对，就像我以前讲的比较夸张的话，向死人要答案。为什么会这样？中国从大国意识里当然得到很多，但大一统之后是不是也失去了什么？因为很多东西慢慢跟这个走向不共容。当然有些是应该丢弃的，可是也有一些有价值的、有意思的东西。这是一个选择的结果。不是要推翻这个选择，而是必须意识到，做这个选择付出了什么代价，什么东西不见了。

大学的时候我总在想，大的经济体和小的经济体，大的国体和小的国体，在历史上到底各有什么风险。后来我在托克维尔《论美国的民主》中碰到了同样的论述，他讲得很简单，小国的自然状态就是民主。大国必然是层级系统，它必须被这样结构起来。美利坚共和国究竟是大国还是小国？他期待的是一个用小国组合起来的大国，期待有小国那种对生活第一现场的直接感受，所以花篇幅讲美国的自主性的乡镇；但又通过一种方式把很多小国组成一个大国，可以防卫自己，和欧洲的强权对抗。就中国台湾来说，我形容是一个大灵魂装在一个小身体里，这是"二战"后一个奇怪的历史结果。可毕竟不是事实，所以台湾必须认清真相。英国人讲真相是时间的女儿，只是时间经常生出怪怪的女儿。我写《眼前》，从大国跟小国讲起，多少也就是时间到了，总该把事情理一下了。

许知远：在西方世界，原初文本，像古希腊的东西，对他们的性格和思维方式有很大的塑造，我们的原初文本里一直传到现在的那些密码到底是什么？

唐诺：我没有办法把这些原初文本整理得那么有秩序，太有秩序让我有一点点抗拒。当然，大概它们也有可能共同塑造出了一些我们习焉不察、常常轻易就脱口而出的东西。但我很怕夸张这个部分，过度简单地被说出来以及过度地被强调，通常带来的是一个较为负面的可能性。我比较想回到一种更稠密、更丰富的方式——一个古人，他所处的地理环境、他的生活方式、他的生命处境以及他的生活策略，这些状态有着共同的说明性，而不会被黏贴上一个我们赋予他的、标签式的概念。

你可以一样一样地问下去，很多知识开始有了使用的余地，对人类学的理解，对植物对地质对气候的了解，人类那些广泛的学问能够支撑你接下来的询问。

可是回到一个简单的国体构造的时候,你说过的那个就是答案。

许知远:但是抽象性又是不可回避的。

唐诺:对,但就像卡尔维诺说的,你要不断在两边奔跑,他一辈子都在说这个话。在概念的世界快速推进的时候,必须稠密地布满这些认知。概念很难帮助我们彼此真正地理解,尤其是那种有温度的理解。通过真实处境,对话跟宽容才有可能产生。毕竟像歌德讲的,世界上没有真正只发生过一次的事情。

世界并不是那么单调地分割,有各种我们认识跟进入它的方法。通过遥远的距离,把你的手伸给我,这是靠文学完成的。虽然在一开始,它像是一种最个体、最本土、最缓慢的方式,但其实它使用的是生活里真正稠密的、第一线的生命基础。所以我常说,我是文字共和国的成员,这样讲出来或许有点夸张,但的确是。对我来说,希腊人是很亲近的,罗马人也是很亲近的,甚至比一个邻近的国家对我更有意义。

许知远:"文字共和国的成员"也是一种很古老的说法,而且是在现代分工社会里越来越少见的物种。可能启蒙运动的时候很多人会这么读书,或者像埃德蒙·威尔逊[1]这样的批评家会这么读,但他们都变成很珍稀的物种。这个传统在消退。

唐诺:这有可能就是文学过度强调所谓的自我和个性的代价。大家总觉得文学太粘着于它的生命现场,个别的习性很高。尤其我们警觉性地感到必须要强调个性,强调自我,害怕失去自我——这里可能长期隐含着文学的过度神经质。文学本来有两个部分,除了自我的表达,对一个阅读者来讲,其实我们是在共同写一本大书,

---

[1] 埃德蒙·威尔逊,美国著名评论家和作家,曾任《名利场》杂志编辑、《纽约客》主笔。

要不然书写没有办法往前走。

人类的所有文明,包括书写,如果可以用演化来形容的话,它不是达尔文式的,它是拉马克式的,可以不用从零点出发,就是我们所说的站在巨人的肩膀上。你不用再从头细说,你不是最早的书写者。可麻烦也产生在这里,因为书写不是从原点开始的,所以它对读者产生了严厉的要求,你也必须不是留在原点。

我几乎把英勇当成写作中一个最重要的特质

许知远:怎么看海盟这样身体力行地追问自己是谁?

唐诺:对我来讲毫无困难,对天心来讲还是比较困难的。他很心疼。在台湾,跨性别这类项目在正式开始之前,要经过两年的心理医生评估,中间有无数次的谈话,要保证你不会在任何冲动或特殊的状况下做这个决定。这是对的。所以我想这是谢海盟的选择,他并不是冲动。他现在每天都在写东西,医生也鼓励他把这些经历写下来。许多经历跨越性别的人,一身伤痕,跟社会尤其是家庭对抗到悲惨的地步。他算是一个正面的、幸运的例子,所以很希望留下自己的经历,鼓舞和他同样处境的人。

许知远:会觉得海盟比你更勇敢吗?

唐诺:我没办法确定,"勇敢"是一个词,但另外一个词叫"激烈"。年轻的时候容易激烈。因为时代的关系,我比谢海盟的成长要更早接受到社会的教训,被世界教训得早。

许知远：甚至是羞辱。

唐诺：对，所以你的态度可能不会这么硬。我难以复原我年轻时候的细微模样，虽然我觉得我还算不妥协的，一路上闯祸。博尔赫斯有一句话说得很准确，一本书充满死亡和爱情，显然是年轻作品的印记。年轻人通常就是这两样，爱与死。你不能够永远只停留在这么激烈的看法里，因为最有趣的部分其实在冷水和热水交错的地方，那里的浮游生物最多，那里才是渔场。书写的基本领域就是在这里——除了诗，诗人最好一辈子保持年轻。就算你不走写作这条路，这也是一种对人的理解。

同情不是一种德行，不是因为性格柔和，所以同情别人，而是你察觉了情感的细微之处，所以同情同时包含着自信和理性的成份。孔子讲仁治，不仅仅是道德，仁治也是知觉。天地不仁，不是说天地没有道德，而是说没有感知能力。

海盟很早就察觉到世界和他是相反的，这个冲撞很大，无疑使得他比较激烈，所以他文章里的爆裂感就会比我多，比我勇敢的部分可能就在这里。但代价是久而久之你可能会因此变得简单、变得粗暴，这不是好事。如果有一些建言的话，我希望随着年纪的增长，他可以慢慢看到世界的不同层次。

许知远：勇气这个话题太有意思了。对于一个书写者，勇气到底意味着什么呢？

唐诺：很重要，英勇的特质也是我一再强调的。在书写上，真正英勇的东西一开始是强烈的，偶尔的，可是更大的困难是怎么把学识写得正确，不是写得道德而已，是怎么在复杂的历史里抽出那条正确的线。而通常它没有明确的答案。孔子改写《春秋》时甚至是紧张的："罪我者，其惟《春秋》乎！"他以前从来没有说过这样的话。他当然不是一个怕批评的人,而是担心自己会不会闯祸。这是他不确定的。英勇的特质就在这里。

有时候我自己写稿也会面临这种问题,并不是不知道怎么写,而是要不要这样写下去,还有没有其他可能。在现代社会,可能只会更艰难,现在是"谁怕谁"的一个时代,好像谁都可以掷一词,书写是大量曝露在前檐和强光下的,很难坚持下去。书写的风险存在于每一刻里,它用各种形态、各种方式找到你。所以我几乎把英勇当成一个最重要的特质。

许知远:会担心这种对书写的过分清晰的意识,反而会压迫书写的创造力吗?

唐诺:博尔赫斯的原话是,用清澈的风格描写污浊的梦境。这是非常漂亮的说法。我会去追问,有些东西用清澈的风格说不出来怎么办?有两种选择,一种是不要写它,避开很容易;另外一种是,你必须像攻打坚城那样去攻打它。有些时候你必须忍受失败,这是攻打一个目标而付出的代价。因为它是摇晃的,是模糊的,你没有办法把它清澈地说出来。所以博尔赫斯告诉我们,不要梦想写完美的作品,因为它通常只是退却。

许知远:这话说得真好啊。那你的写作中最勇敢的部分是什么呢?

唐诺:我的才华有限,可是在不闪躲和说实话上,到目前为止我觉得我是 OK 的。

许知远:怯懦的部分呢?

唐诺:我容易懊悔。在那个节骨眼上你会觉得——我发誓我已经动员了我所能的全部了,可是没办法,能力的限制在这里。我不常回忆自己年轻时,因为我的回忆里充满了我没有做好的事和没有说好的话。这个部分是我最害怕的东西。

许知远:这些年我感觉当代华语文学好像有一种不自觉的反智倾向,或者说反对一种更深层的社会分析的倾向。

唐诺:有的,可能有的。

许知远:但所有伟大的小说在某种意义上都是一种社会分析。

唐诺:哲学曾经是一个女王,所有的学问都在她的麾下,现在她的臣子都出走了。文学曾经也无所不容,它是娱乐,同时是革命的导师,号角的吹响者,它是事实的记录者,同时是心智的引导者。在新生代,各种学问越走越远。在书写领域里,某种程度来说,十九世纪到二十世纪,小说已经把外在的世界都描述完了,外在没有东西可写了,所以它开始内撤,澄视灵魂,把"我"变成"他",把"我"陌生化,做自我解剖。这是非常难的书写工作。久而久之,就容易把最难的书写变成最容易的书写,叫"画鬼神易,画鸟兽难"。所以它很快走向喃喃自语,或者仰赖知觉,像你说的反智。这当然是有问题的,好的书写不是这个样子的。现代主义认为真正好的文学是魔术,是高明的骗局以及精确的科学。现代主义最喜欢把文学比喻为蝴蝶的翅膀,既是精确的科学,又是可以混淆你的模式。

许知远:梦幻的模式。

唐诺:对!这就是对现代主义大师的一流文学技术的说法。但这的确也造成我们对现代小说的很多说不出来的反感,会觉得我们在这里头再也没有坐标,再也没有思维的铆钉。

现代小说的确越来越陷入一种向诗倾斜的境地,诗就是一个完全不需要其他坐标的文体,只要我,绝对的我,由我来发言。所以

它可以完全不理会世界。好的诗人十七岁就可以写得很棒,可是十七岁不会是一个成熟的小说家,小说家真正成熟一定要到四十岁以后。

许知远:日本文学对你的塑造大吗?

唐诺:不大。我对日本的小说评价不高。三岛由纪夫算是我最喜欢的一个日本小说家,他的《丰饶之海》处理衰老和死亡的问题,是很动人的。但我一点都不喜欢他看待生命的态度,包括他对肉体的过度迷恋。我对自恋的人很害怕。有些现代元素日本融合得非常好,但不在小说里。

许知远:在哪里呢?

唐诺:美学的部分。他们把美学应用到工业设计上完全没有困难。我的看法是,日本的life style这个部分的美学系统力量还在生长,还会进一步冲击世界。日本的传统技艺跟现代结合的部分非常厉害,包括动漫、影视、通俗文学,有很多非常有趣的东西。如果在另外一个时代,那些人可能是好的文学书写者,可他们离开了,去到比较能够被看见的地方,文学留不住他们。宫崎骏就去做《千与千寻》,不再寻求当年川端康成那样的书写方式。如果没有动漫,宫崎骏先生可能成为一个文字书写者,这也说不定。

许知远:你有没有想过进入电影业呢?

唐诺:我对电影没有任何一刻有过想象力。老实讲,要进去的机缘有很多。我乐见它,可是对我来说没有吸引力。电影载体本身太有限,相对于文学,它更大的意义可能是一个较为繁华而被一般人容易接受的载体。另外,它的代价太大,动不动就是几个亿,所以好莱坞必然走向保守,因为游戏太大,没有人输得起。可对书写来讲，没什么了不起啊，失败的书多的是，满街都是。我的书即使一本都不卖，最多十万块人民币就是全部的成本。

许知远：一刻都没有动心起念去这个世界看看吗？

唐诺：大概我对书的世界太满意了吧，应该就是这样的。

许知远：但电影有可能通过工业把你的理念最大程度地表达出去，尽管这个表达被打折扣了，但可以抵达很多人。这个也没有诱惑吗？

唐诺：这永远是一种交换吧。打个比方，很多人质疑杨照，觉得他什么都能谈，什么都能解释，以前我也多少碰到这个问题，因为我们曾经有个类似的身份，都是一个解释者。而解释者永远碰到这个问题，你设定的解释到什么地方？因为要面对最大公约数的那一群读者。所以书写逐渐变成一种宗教，甚至是一种宣传。后来我慢慢从解释者的身份退走了。

电影是一个更大、更丰富的载体，它能够接触到更多的人。可是除了人本身以外，他因着什么目的而来有很大的区别。我们进入某些世界，要准备的不只是知识，还包括某种态度，只有那样你才能够捕捉到某些东西。更何况繁华的代价很大，那种名流世界是我没办法忍受的，谈红酒谈汽车我谈不下去，我甚至很难保持礼貌，而我并不想不礼貌。

所有的书写都挣扎着向永恒，
但不会真的完成

许知远：在一个新游戏时代，会不会觉得我们坚信的人文主义理想可能也是一场梦？

唐诺：会。因为当想听这个话的人不够多的时候，它就失去力量了。它只能靠接近于仪式的形式，保留在某些地方。

许知远：而且姿势越来越僵化。

唐诺：但是也只能这样。如果人们还需要的话，它就还能够被找到，不至于完全没有。弥尔顿说把真理和谎言放出来，我就不相信真理不会赢。小密尔[1]不是这样的看法，他说真理会被打败的，甚至会被消灭。但小密尔还讲了一句话，"真理有一个优势，它会一再被说出来，直到它找到适合生长的地点"。我希望这段话是真的。我们对于某些发展很悲观，然而毕竟你我活着的这段历史时期还是太短，不知道还能不能逆转。所以我才会讲，有时候你不能只相信自己，你必须要相信历史。

许知远：作为一个有历史自觉性的人、一个人文主义者，你会渴望跟随一个衰落的历史共存，还是跟随一个上升的历史共存？

唐诺：我不知道。我到这个年纪，很少会假设一个目标或期望，很少假设自己可以穿越、位移到哪一个地方。

许知远：或者清晰地意识到自己在跟随着一股衰败的潮流，这

---

[1] 即约翰·斯图尔特·密尔，19世纪英国哲学家、经济学家、政治理论家，著有《论自由》。

种感觉对个人会有困扰吗?

唐诺：当然会。我觉得还能够跟它相处，可是多少也会觉得困扰。比方说，现在我在台湾出书，出一本赔一本。这不只是我个人的处境，我看到很多认认真真的书写者，他们勤勤恳恳做的事情，不管是他们主观个体的努力，还是成品所呈现出来的价值，可能比动不动卖十几万本的东西都要优秀。你已经知道，世界就是长成这个样子，会不会让你沮丧？会。会不会让你觉得有些不公平？都会。可你还是要把它当成一个现实跟它相处。要不然你可以退走。古希腊、古代中国都有哲人这样告诉你。或者你可以回到你的个体，像老子当年飘然离去，没什么大不了，你永远有这个选项，可以不管这些事。我绝对不会自恋，不会觉得非要你不可。这个时候，我如果需要什么，我会去阅读想看的书，因为在里面，多少会找到一些成功，甚至找到一些愧疚：你不能两手一摊，多少得要还回去，多少得要做一天和尚撞一天钟。

许知远：回到个体，你觉得自己是逃避多呢，还是反抗多？

唐诺：我几乎没有意识到我在逃避，几乎没有。但是也有可能类似这样：卡尔维诺说过，整个世界就像美杜莎的头颅，直视她的双眼，你就会化为石像，所以珀尔修斯杀她的时候，不看她，而是用青铜盾牌去折射，他才能砍下那可怕的头颅。有时候你看这个世界，也需要一点点折射，要不然你受不了强光，因为你的能力可能没有办法强大到可以抵抗那些坏消息。真要说逃避，也许是指这样的逃避。但基本上，还不至于逃避到退却的地步。

许知远：阅读衰退后，人会变成一种什么样的人呢？

唐诺：我其实不太想做末日预言，我宁可这样描述——人类一度有可能误解了自己。过去人类好像比较容易被少数人说动，总觉得远方有一种应然的世界，包括释迦牟尼也做这个事，耶稣也做这个事，很多智者都做这个事。现在好像大家越来越不太容易被说动了。虽然对我来说某些应然世界的思维还是重要的，它是不是对实然世界有意义，我相信有。但我会觉得，人类在某一个历史阶段，冲到一个精神和思维的高度后，可能普遍会退下来。亚里士多德说，万物都有它舒服的位置，青鸟会飞上天，石头会掉下地，大概当世界这样构成之后，它可能就是某种真相。

毕竟某些领域并非所有人都需要。是因为贵妇人没事可做，开始读小说，小说才会在欧洲普及，这是误打误撞。过去的经济学者画了一条绝对的线，这条绝对线叫作生存所需。超过生存所需，叫绝对需求，或第一类需求。这个描述太简单，但某种意义上我觉得是好的，回到所谓普遍的幸福。我是这样看的，可能我这个年纪比较没火气。

许知远：谈到散文时，你说那种参与现实的传统退隐了，没有那么强大了，这是不是隐喻，我们面对现实世界反而退缩了，逃逸到别的不同世界中？

唐诺：我觉得是一种无能为力。

许知远：意识到这种无能为力，对你会有困扰吗？

唐诺：困扰当然会有。胡兰成在他十几岁时候的作品里讲过一个故事，吕洞宾当年学点金术，问他的师傅说，点石成金之后，永远就是黄金吗？老师很诚实地告诉他，不，五百年后会恢复成石头。吕洞宾觉得这不是真的，所以他不学。胡先生喜欢这个故事，他说这是对绝对性的要求。可见胡先生很年轻，因为会喜欢绝对性的都是年轻人，要么我要全部，要么我什么都不要——但是人生很少有东西是这样。

我所相信的那些，我知道都不够牢靠。问题是，所有东西都在这种不绝对不保证的状况之下，你还要不要你的信念？你还愿不愿意全心全意地工作？博尔赫斯晚年眼盲的时候去到撒哈拉沙漠，抓起一把沙子，走到另外一个地方，把沙子放下来。他说，我正在改变撒哈拉。他说，这么简单的一句话，是我积一生的经验才能说出来的。我喜欢这句话。所有的书写都挣扎着向永恒，但不会真的完成。

我们必须在这个事实底下工作、思索。书写的人老早就得有这种自觉。

许知远：会担心过多的知识抵消自我吗？

唐诺：卡尔维诺在《给下一轮太平盛世的备忘录》[1]中写道，过度的渊博会不会伤我，会不会使我的主体性消失？他的回答是，但是我们是谁？我们难道不是由我们读过的书，我们经历的事，我们对世界的印象所构成？他进一步讲，我心甚至更有其他，有时候通过书写或思维，突破生命个体的局限性，进入到一只鸟、一个异国人、一个不会说话的个体上，用他的眼光看世界，使得你的世界被扩展开来。

卡尔维诺的回答很漂亮，但的确他有一种困扰，毕竟不能够保持高度的简单纯净，所以它的力量会消失，它的光芒会互相冲突。如果你不容易自恋，也许就不能做个好诗人；但反过来说，你的书写跟思维有可能变得困难而复杂。我甚至不信任语言，觉得语言是简单、随机、会流动的东西。

许知远：太光滑了？

唐诺：对，太容易滑动，会不断跳到别的地方去，所以我必须

---

[1] 中文简体版译为《新千年文学备忘录》。

要用文字把它固定下来。但这样引起的麻烦是,我再也没有办法说出最简单的话,甚至是人家期待的话。比如有读者问,能不能在书上给我签一句话,我永远想不出来签什么。用博尔赫斯的话说,到了这个年纪你再也讲不出令人满意的答案。

我的有些书写也会变得如此。很多人认为我很啰嗦,但我想精确描述整个思维,重点不是那句话说什么,而是抵达那个点的思维路径。

也是博尔赫斯讲的,有时你会模仿一个人讲话的语调、姿势,甚至扩展到文学书写,是因为你想像他那样想事情,想站到他那里去看他看到的东西,这才能让你突破有限的、在此处就不能在彼处的、成为这一时限就不能够成为另外时限的那种生命的局限与单调。

这个代价也就是你刚才怀疑的自我会不会消失。我觉得不会,而是它变得复杂到难以简单地说明。所以我不适合革命,不适合召唤群众,不适合当明星偶像,不适合当英雄,不适合写诗。

许知远:那你最适合做什么呢?

唐诺:最适合当老人吧。某种程度来说,晚年的自由度可能更高,你没有额外的目标。说真的,我们这个年岁连谈恋爱和性爱都没有能力。

许知远:新的解放。

唐诺:而且到我这个年纪,书写跟阅读产生了一个不算大得惊天动地的改变,某些东西在消失,某些东西在出现。即使小说这个比较苍老的行业,我们还是大多认为壮年是小说家的高峰。而我现在开始怀疑这个说法,我开始对老年的作品感兴趣。究竟是书写者用完了他最好的东西,还是刚才所讲的某种复杂难言使得他的书写变得更困难,或者是我们也在用年轻的标准去阅读它们。

所有的文字阅读都需要实体经验的配合才能打开,要不然没有办法真正进入。有人说唐诺好像不读年轻人的书,我说错了,我读的都是年轻人的书。契诃夫,我最喜欢的小说家,他所有的作品都是他年轻时候的作品;卡夫卡、本雅明、三岛由纪夫,现在对我来讲,全部是年轻人。这个视角的改变很奇怪,过去我们仰着头看这些东西,他们没说清楚的话,我们觉得一定是我们不懂,但现在我回过头看,阅读图像完全改变。你开始很清楚地知道,困扰他的是什么,哪个地方是用聪明在猜测,而不是真正地理解。很多人说张爱玲年轻时就世故得不得了,不,她只是学到了世故的样态和腔调。那是年轻女孩用聪明的想象力避开了。我的阅读开始出现某种完全的平等感。

许知远:这种平等感很妙。

唐诺:是,晚年是非常有趣的,我是在兴高采烈地过着晚年。萨义德在《论晚期风格》里说,那个"晚",是你再也没有一个"晚"可以超越,所以你要一路走下去。时间有两种算法,一种算法是从出生到现在,时间正向死亡流去;另外一种算法是从死亡倒推回来,时间扑面而来。

我们这个年纪会是第二种算法,你还有多少时间,还能够读多久的书,还能够有多久的书写,还能够走多远的路,还有多少体力。一路走到这里,这就是你生命中主要做的一件事情,你就一路做到底吧,把时间用完为止。

1962 年　生于湖南茶陵
1983 年　获中南大学理学学士学位
1990 年　获美国耶鲁大学金融学博士学位
2010 年　被中国交通银行委任为独立非执行董事
2016 年　担任香港大学经管学院经济学讲席教授与环亚经济研究所主任
2017 年　出版《24 堂财富课》
　　　　现任美国耶鲁大学管理学院金融学终身教授、清华大学经济管理学院特聘教授

扫码观看视频

陈志武

人类文明化的进程是我最信得过的，这是一个我愿意赌上所有的钱的判断

Chapter 07

2002年,我第一次在耶鲁见到陈志武。那一次纽黑文之行,是为了采访罗伯特·希勒,他对2000年互联网泡沫的准确预言,令他赢得国际性声誉。

陈志武热忱、慷慨,为我安排采访,请我吃湖南菜,他略带的乡音也让我倍感亲切。在经济学界,他以金融学知识闻名,也是少数在"常春藤"任教的华人经济学教授。

彼时,我刚成为一名记者,"全球化"是大众最热衷谈论的词汇。九一一事件刚刚发生,我却对历史的方向坚信不疑,世界将更为紧密,中国会更深地卷入其中。经济、技术将是这股融合的推动力。

接下来的十八年里,我和陈志武偶尔见面。他的重心从耶鲁回到中国,并最终在香港大学任教。他观察的视角则从金融领域扩展到整个人类文明史。有时,我觉得他的问题意识过分庞大,有时又被他通过金钱来理解世界的逻辑所折服。我也总被他的乐观鼓舞,即使在疫情期间,他也对全球化的未来充满信心。

"新冠"危机引起反全球化，
但我相信人类会相互融合

陈志武：你现在在哪里？

许知远：我被困在东京。刚开始去了马来西亚，然后去了夏威夷，现在在东京，待了两个月了。

陈志武：你的疫情生活还更加丰富多彩了。

许知远：我真是看到了全球节奏的变化，疫情不断扩散的过程。

许知远：你现在主要常居香港？疫情对你日常生活的改变很大吗？

陈志武：我过完2020年春节的第二天就回到香港。疫情的影响当然有一些，但还好吧。实际香港受影响不是那么大，基本上外出是没有问题的，所有的餐馆到现在也是开着的。一个月以前私人俱乐部也是开着的，后来因为输入病例增加很多，所以政府把那些私人俱乐部和公共体育场所基本都关掉了，健身房、游泳馆、网球场，还有全部的田径跑道都关闭了，这样一来对生活的影响会更大一些。

许知远：那你给学生上课呢？

陈志武：现在全部改为网上。

许知远：对你来说，也是人生第一遭吧？

陈志武：开始有一点不习惯，几次以后就习惯了，相对来说网课比较简单一点，不用跑那么远的路，节省一些时间。所以还好，各有各的优势。

许知远： 这算你这么多年遇到的最大一场危机吗？

陈志武： 从影响到的人数占全球人口的比例来讲，肯定比以往都要大。不管是 1987 年美国的股灾[1]，1997 年亚洲金融危机，还是 2000 年互联网泡沫破裂，那些影响总的来讲都是非常局部的，对一些群体有影响，但大多数人不会有那么强烈的感受。这一次因为病毒的传染力很强，每个人都被限制起来，从这个意义上来说，这一次瘟疫的影响面肯定是过去几十年中最深远的。但是其他的，对生活方面影响还好。

我认为从美国到其他国家，很多人把这一次病毒带来的影响夸张了，我比大多数人更加乐观一些。当然这个损失是非常大的，对经济，特别是对就业的影响比较大。但是大到像一个月以前[2]那么多专家、官员、商界的悲观程度，我觉得没必要。我一直认为，一旦人们的悲观程度达到顶峰，好像天都要塌下来的时候呢，问题的一多半已经解决了。道理其实蛮简单的，如果大家都非常悲观了，这就意味着大家都愿意做出一些牺牲，做出一些让步，甚至做出自由方面、权利方面的限制，这样一来，大家都愿意为了解决这个挑战来配合。一个多月以前，从美联储的反应，到美国政府、到欧洲政府做出的这些反应明显表明，大家都愿意往极端方面采取一些措施，在那个时候我就觉得，希望来了。那个时候股市跌了这么多，美国股市跌了百分之三十五，但我跟很多朋友说，这时候你就应该像巴菲特说的那样，当大家都恐惧的时候，你应该要贪婪，当大家都贪婪的时候，你应该要恐惧。所以我觉得你要是想超越别人，赚

---

[1] 美国股灾是指 1987 年 10 月 19 日，星期一，华尔街上的纽约股票市场刮起了股票暴跌的风潮，爆发了历史上最大的一次崩盘事件。

[2] 访谈时间为 2020 年 4 月。

更多的钱,有更多的财富,对不起,在大家都很恐惧的时候,你就要克服自己的恐惧,就是要冒一些风险。

许知远:作为投资者,你现在处于贪婪中还是处于恐惧中?

陈志武:现在全球的资本市场已经恢复很多,所以差不多是中性的状态,贪婪的人没那么多,恐惧的人也比一个月以前少了很多。但是往未来看的话,随着美国疫情的进一步稳定,从美联储到美国政府,就经济做的举措真是史无前例的,对有股票投资、有金融资产的这些人来说,美国政府目前给他们的帮助是最大的。

在人类历史上,大规模的瘟疫本来是最主要的缩减贫富差距的一种力量,当然这是很不幸的力量,我们不希望任何人因为瘟疫死亡,不希望任何人的财富缩水。但是,很多历史学者通过研究过去两千年来大瘟疫对人类社会的影响发现,病毒每隔一段时间就会出现,比如说西班牙流感,发生在1918年,让差不多五千万人死掉了;更早的时候,从公元165年到180年,罗马帝国发生了一场大瘟疫[1],将近四分之一的罗马帝国的人都死了。后来六世纪的时候又发生鼠疫,使得东罗马帝国一半的人都死了。以往每隔一段时间大自然就会出现某一种病毒,让人类相互传染,然后使得有钱人的财富缩水很多。

除了大瘟疫可以让财富差下降,另外一大类就是大规模的暴力、战争,还有国家的改朝换代。以这些方式,每隔一段时间,人类社会的财富分配就会被重新调整,走回一个更低的水平。但是这一次的新冠病毒,让我感受比较强烈的一点是,只要现代政府对经济做干预,对大自然做干预,加上又有央行通过货币政策用这种或那种

---

[1] 又称安东尼瘟疫。当时几乎一天就造成两千多罗马人死亡,两位罗马皇帝也先后染疫而亡,罗马帝国由此逐渐走向衰败。

方式去做干预,那原来人类历史上以这种自然方式去重新配置财富和收入的规律就会被打破。基本上从"二战"以来,随着货币政策工具越来越多,福利项目越来越多,到最后每次富人财富本来要缩水的时候,都被现代政府的干预给挽救了。

过去几千年的历史里,中国有富不过三代的诅咒,不光是中国人总结出这个规律,日本人、欧洲人、其他地区的人,都总结过类似的规律,就是因为有那么多自然和非自然的过程,使得世家的财富、地位很难持续下去。但未来一百年是不是这样子,就很难说,因为现代政府什么都会出手干预。

许知远:所以你觉得这场"新冠"危机不会对以前的经济模式带来特别的冲击,反而是加固了以前的经济模式,是不是?

陈志武:是的。当然,我们都知道历史规律很残忍,我们不愿意看到任何人,不管是富人还是穷人,有不幸的遭遇,这一点也是人类文明进步的一个基石。只是这样一来,既有的格局就更有可能被保留下来,然后延续很多年。

许知远:这一轮全球化是从二十世纪七十年代末,里根、撒切尔的那个时代开始的,现在大概四五十年过去了,这一次的危机会不会对全球化的进程带来颠覆性的影响呢?

陈志武:这次新冠病毒危机,肯定使得反全球化的势头要上一个新的台阶。所以我们中国人都应该要接受一个新的现实,就是未来的十年、二十年,肯定不会像过去那样子,大家为了节省成本,为了赚更多的钱,淡化国界,也淡化意识形态和政治体制。过去四十年里,全球化都是在意识形态中性、政治体制中性这样一个框架下进行的,大家最关注的,或者唯一关注的,是你能不能帮助我赚更多的钱,帮我节省更多的成本,如果你能做到这些的话,我不管你是黄种人、黑种人、白种人，不管你相信什么，相信自由主义还是相信资本主义还是相信社会主义，都没有关系，只要能够一起赚钱就行。过去四十年里，美国有些共和党人是非常保守的，要阻挡美国公司走到中国，走到印度，但是他们一直都没有成为主流。

这一次新冠病毒危机展示在人们面前的是，在关键的时候，美国社会、欧洲社会需要的一些医疗物资都被堵住了，不同的国家都不让急需的医疗物资运到美国、运到欧洲。很多人亲眼看到、亲身体会到，过多地忽视政治体制、意识形态观点、价值趋向，只谈赚钱，最后带来的就是在关键时候，你本来指望着其他社会都能够忽视意识形态，忽视政治，但是有一些社会跟你想的不一样。所以在关键的时候会导致很多被动，很多牺牲。

许知远：你是很典型的上一轮全球化的受益者吧？从湖南茶陵出来，然后去美国读书，周游世界，最后在香港教书，其实是那一轮全球化非常重要的参与者。你最近有感觉到自己习惯的这个社会马上就要消失了吗？

陈志武：一定程度上会有一点调整，但另一方面，我还是比较乐观的。因为虽然未来这些年，脱钩等趋势会有一些上升，但是完全脱钩，完全回到四十年以前，甚至是一百多年以前的世界，那个概率是很低很低的，因为有手机，有互联网，有飞机，让我们不去跨越国界的走动也是蛮难的。当然人类社会的历史历来就是这样子，从来就不是沿着一条直线往上冲的，更多的是往前走三步，又往后退两步，退过以后又继续往前。所以全球化的趋势过一些年以后又会启动，加足马力往前走的。人类相互融合在一起，人类文明化的进程是我最信得过的，这是一个我愿意赌上我所有的钱的判断。

如果有更多的人反思，
整个社会就可以更健康

许知远：这一代年轻人，他们第一次赶上这样的衰退，包括壁垒的重新出现，这个时候怎么理解金钱对他们的作用呢？

陈志武：从这个意义上来说，这次大瘟疫带来的经济衰退，对于很多九零后的人来说，是件好事。根据我的观察和不同领域学者的研究，得到最深的教训应该就是，任何一个国家，一个群体，一个家庭，以及个人，如果总是直线式的一帆风顺往前走，时间持续得太久以后，人本身的心理和状态会发生病变。所以我不是那么喜欢这些现代政府什么都干预，什么都要插一手。当到了要让人类吸取教训的关键时候，就应该让人类来吸取一些教训。没有教训，最终的结果，不只是搬起石头砸自己的脚，连自己是谁，应该怎么做人，人最终活着为的是什么，这些话题、这些反思都没人有兴趣了。这就是为什么我觉得尽管这一次瘟疫带来的那些损失和遭遇是不幸的，但是也有它积极的一面，让很多人愿意对一些大的话题做些内在的挖掘。如果有更多的人反思，整个社会就可以更健康，为未来四十年的快速增长奠定一个精神上的基础。很多人，包括我认识的一些朋友，物质财富越多，生活反而越来越没有着落了，搞不清楚接下来靠什么找到满足感。

许知远：是不是某种意义上可以说，之前四十年很大程度作为经济人而活着，而现在经济人要终结了，变成一个更丰富的人。

陈志武：希望是如此，希望这一次新冠病毒在给我们带来损失的同时，也能够给我们一个机会。

许知远：这个事件对你个人的思想，包括内心的情感有冲击或者改变吗？

陈志武：说句实话，过去几个月里我比较集中精神在研究和写作，所以感受到的冲击没有那么大。

许知远：沉浸在书的世界里。

陈志武：写中国原来的海上丝绸之路是怎么起源和发展的。

许知远：我刚刚去了马六甲，感觉到当时海上帝国的那种规模。

陈志武：葡萄牙人到马六甲以后，就把阿拉伯穆斯林商人赶跑了，后来到了十七世纪初期，荷兰人来了，又把葡萄牙人赶跑了，我过去几个月都沉浸在这些问题上。做这些思考，让我对中华文明的优点和缺点认知得更多、更深了，比如其中很大篇幅就是在解释，为什么阿拉伯穆斯林商人是公元七世纪后期才来到印度洋、来到太平洋参与海上丝路，但是他们很快把华商和东南亚商人挤掉了。从公元七世纪末期到十五世纪末期，将近七百年的时间里面，他们是海上丝路的主导者，为什么他们能够做到这一点，为什么华商没有办法做到这一点？这跟中华文明和伊斯兰文明的差别，完全离不开。

许知远：为什么呢？我也很好奇。

陈志武：这个背后的主要原因，第一，当时的中国人如果想要把海上丝路控制在自己手里的话，就需要不止在广州、泉州，而且要在马六甲，还有沿途不同的印度城市，一直到阿拉伯世界、波斯世界的各个主要港口，都建立自己的基地，要有很多中国人在那个地方扎根下来。但是我们中国人，特别是原来受儒家文化影响比较深的时候，历来就是父母在，不远游的。我们中国人都祭拜自己的祖先，家庙、宗祠和祖先的墓地都在老家，所以中国人是不可以离开自己的家乡去远行的。因为你到别的地方以后，你的精神世界没办法带过去，没法带到阿拉伯世界，带到印度洋沿岸的地方。但是伊斯兰教和基督教，他们都是一神教，到任何一个新的地方，只要当地有教会和教堂，有清真寺，马上就可以找到自己所祭拜的唯一的神和神的载体，找到自己的精神家园。穆罕默德是鼓励穆斯林远走高飞，去到他乡传播伊斯兰教的，但我们儒家是反过来的。所以中国的商人在过去差不多两千年的海上贸易发展的过程中，就没办法走那么远。

另外一点，穆斯林商人每天祷告五次，每周有一次大的清真寺的聚会，通过这些仪式把穆斯林商人相互之间的跨区信任，抬到一个非常高的高度。他们很好地解决了贸易金融的问题，所以他们在海上丝路一直唱主角，等到十五世纪末葡萄牙人来了之后才被挤掉。他们到广州，到泉州，到宁波，到扬州来，购买他们所需要的中国货，丝绸、茶叶这些东西，并把那些富人喜欢的洋物，分销到中国不同的地方。但是这个里面涉及的话题太多了，没有办法一两句话讲完。

许知远：也就是说你沉浸在历史研究之中，有这样的一个视角，然后再回到现实里面，对现实的感受会发生什么样的变化呢？

陈志武：因为我有我自己的世界，我更多是沉浸在我关注和思考的海上丝路，印度洋贸易、大西洋贸易历史进程，这些进程是怎么走过来的，相对来说这让我在过去三个月里比较平静、坦然一些。

许知远：如果疫情延续的时间更长，一年、两年，它对世界的冲击会完全进入一个失控的状态吗？还是说我们会找到一个新的相处方式？

陈志武：实际上像英国，包括欧洲大陆的社会，已经开始找到新的均衡状态，因为各个国家最终会发现，如果说这个疫情就像上次西班牙流感一样,要持续两年左右,或者更长的时间,我们不可能总是按照相互隔离的方式去生活的。所以我觉得大家都在接受一些新的现实。其实说到底这一次病毒是不是真的有那么强的杀伤力?未必。你看这次不管是针对美国还是针对欧洲,还是亚洲国家,哪怕最悲观的估算,都还没有说死亡人数可能会超过一百万的,但是西班牙大流感,死亡人数五千万,那个时候也没有把世界带向末日。所以我觉得这一次实际上这个病毒的杀伤力不像我们原来恐惧的那么强,人类历史上很多次经历过杀伤力更强的病毒,但是人类到现在也还活得蛮好。所以即使这个病毒未来一两年都还在,可能人们也会有办法接受这个现实,照样最大化地以一个自由人的身份去享受生活。

许知远:你刚才说的是乐观的这一面,湖南人的乐观特别鼓舞人,那你能不能说说让你忧虑的是什么?

陈志武:最担心的就是这次病毒之后,主要的国家之间相互指责,然后新冷战进入高潮,最后使得不同国家之间,不仅仅是经济上脱钩,还会发生武力冲突,甚至发生战争。这是我最担心的。

怎样把叙事做好,会决定人生怎么走

许知远:今天给学生讲什么课?

陈志武:就是"文明的逻辑",跟我现在写的书是一起的。

许知远：他们对这个感兴趣吗？

陈志武：可能因人而异吧。一般的年轻人，不只是年轻人，实际上绝大多数的人普遍关注的是怎样赚更多的钱，尽快找到工作，我的这个课不一定告诉他怎样去找到最好的工作，但还有一些学生蛮感兴趣的。

许知远：他们现在最关心什么事情呢？

陈志武：他们还是会比较关心金融，所以我讲金融通史课。当然里面也有涉及历史跟文化的话题，对大多数人来说，对于历史的兴趣，大概也就到那个程度，再进一步更实打实地了解历史的话，可能很多人会觉得，太多了。

许知远：但确实金融跟瘟疫的历史也是紧密相关的，因为欧洲最早的强制隔离就是从威尼斯开始的[1]，就是一个跨界贸易产生的事情嘛，瘟疫一直是全球化的一部分。

陈志武：那当然了，如果没有全球化把各个国家都扯在一起的话，这一次的恐慌不会这么高。比如刚才说的，西班牙大流感死亡人数将近五千万，但是对各个社会的经济和政治影响不一定那么大，主要原因是各个国家的关联度、全球化的程度没那么高。不过话又说回来，大家可以观察一下，到目前为止，不管是CNN还是美国的其他电视台，每天都是在讲欧洲或美国各个地方的遭遇，对于印度，或其他的亚洲国家、非洲国家，甚至东欧国家经历的冲击，基本上只花几秒钟的时间去谈。

---

[1] 十四世纪的黑死病暴发之时，是威尼斯人最早发明了检疫制，并在1347年就制定了"卫生监督员制度"。1374年，威尼斯以一个外岛作为隔离区，任何来自疫区的船舶须在此处逗留三十天，确认无疫病暴发时才能进港。

所以我们现在都去关注这一次瘟疫对于人类社会，对于世界经济、世界政治带来的冲击会有多大的时候，其实主要还是从这些富有的社会、发达的国家，包括中国的角度来看的。言外之意，那些穷的、买不起东西的贫困社会的人，对他们的影响怎么样，跟世界经济是没关系的；他们遭遇再怎么惨，对世界的影响不会那么大，所以没有几个人花心思、花时间去过问、了解。

也许尽管这一次疫情到最后，导致全球范围之内的死亡人数跟平时的流感所致的死亡数字没太大的差别，但是大家都觉得天已经塌过一次。这就是因为在各个国家，特别是已经非常发达的国家和信息市场国家之间，相互关联度高了以后，一个不怎么有杀伤力的病毒可以对人类社会构成如此大的冲击。这也是富贵病的表现之一。要是我们没有那么富有，世界上各个国家都很穷，相互隔离的话，像这样的一个病毒，没有人会那么关注，也不会感觉那么悲观。

许知远：是不是也跟过去四十年带来的幻想有关系，觉得我们真的有能力去克服各种事情，但其实我们没有这么多的能力。

陈志武：肯定是这样子的，所以这就是为什么让美国人和英国人戴口罩这个事折腾了那么久。我知道很多人没办法理解，戴个口罩能怎么样，但这里面也反映了英国人和美国人的优越感。过去的几十年里，他们的日子太舒服了，觉得其他国家的遭遇都是别人的事，有所关注也是出于怜悯之心，而这些遭遇都不会影响到自己身上的，自己的日子可以不受这些冲击的影响。所以最后他们花了很长的时间，见到了棺材，也接受了一个事实，就是他们也在受病毒冲击的群体之中，不管文化是什么样，经济水平多高，到最后在生物病毒的面前，大家都是平等的。

许知远：包括这个全球化的体系，看起来好像更脆弱了，但是事实上它好像更有弹性了。

陈志武：现在有了社交媒体，就显得人类经历任何一点事都像是前所未有的，所以过去这么多年我一有机会就强调，我们不要整天看社交媒体、看电视、看报纸。尤其这一次，病毒演化的过程、调整的过程，是需要时间的，经济过程、商业投资的过程也是需要时间的，各有各的规律，各有各的速度。其中生物病毒的调整是最慢的，最不以人的意志为调整的。金融市场的调整速度是最快的，所以很多的货币政策、金融政策的制定者都忘记了，特别是美联储，今天决定降息，几个小时以后，或顶多一两天以后就说，"前天降息，提供那么多的流动性，好像病毒带来的死亡人数还在上升嘛，那不行，要继续降息"。他们整个就忘记了，金融政策和金融市场调整的过程，速度可以非常快，以几秒钟来算的，但是生物世界里面的病毒调整过程是很慢的，千万不要拿几个小时、几天、几周的时间来判断你的经济政策是不是有效。

很多人忘记了这一点，其中一个原因就是很多专家在电视上、互联网上、社交媒体上总是在谈，这个政府的干预还不错，还要更多。其实这个预测效果的时间还太短了。因为现代社交媒体的存在，使得各个国家每发生一点点波折，都会被说成是前所未有的、比三十年的大萧条远远更严重的危机。

许知远：我看你原来的同事罗伯特·希勒教授最近写了一本书叫《叙事经济学》，讲叙事会影响我们的经济社会，会影响我们一切的判断，是不是？

陈志武：你说得非常对，希勒教授这本新的书就是讲出了一个很简单，但是非常重要的道理。社交媒体越来越发达，信息在跨国界、跨区域传播的速度大大增加以后，叙事是不是做得好，变得越来越重要。很多老派的政治家和学者不能够理解，为什么特朗普这么糟糕的人在美国被选来做总统,就是因为特朗普对于叙事决定政治、叙事决定经济、叙事决定商业成功的道理,把握得非常准。中国有马云,马云从一开始创办阿里,到后来成为身价几千亿的富豪,主要的一个优势就是他把叙事做到极致。

许知远:所以我觉得你写这个历史书特别重要,我们需要用更长的历史感,来对抗眼前波段太强的短叙事,需要一些长的叙事,给它一些结构。

陈志武:是的,所以这也是一个很重要的道理,我们做学术研究的同人都应该要了解到,从最终来看,不是你做的研究发现了什么,而是你把你的研究发现怎样通过叙事更好地表达出来,然后对人类产生更大、更长远的影响。这个是可以从特朗普和马云身上学几招的地方。

许知远:而且我觉得今天跟你聊天又想起上一次在香港谈的一件事情,你说年轻一代要更尊重自己的志向和兴趣,我觉得如果这个疫情帮助每个人真正建立自己内在的叙事,就会是一件非常重要的事情,不是盲目追随社会叙事,集体情绪的叙事。

陈志武:是的,所以这个叙事逻辑,是我们每一个人都应该去思考的。特别是在信息高速传播的时代,怎样把叙事做好,最终不只是决定自己创业会不会成功,也会决定自己的人生怎么走。

1963 年　出生于江苏徐州
1985 年　毕业于北京大学英文系
　　　　现任教于北京师范大学文学院和国际写作中心，中国当代诗人
　　　　代表作有《虚构的家谱》《西川的诗》《大河拐大弯》

扫码观看视频

西川

原来我想成圣,
但后来发现自己是一个牛魔王

Chapter 08

门紧锁。我们在四周逡巡,像是卡夫卡笔下的土地测量员,怎么也寻不到入口。这是北京西山的一角,大学时代,西川就常在此游荡。清末民初,一些西方外交官以此为度假之所,在云雾中感叹这个古老帝国的命运。和西川闲逛,你永远不会担心沉闷,他能轻易地从诗歌跳到历史,从蒙古帝国转至布宜诺斯艾利斯的黄昏。他博学又敏锐,在飞扬中满是洞察。

对我构成直接影响的,不是西川的诗歌,而是他的翻译与文论。他对米沃什、博尔赫斯的译介,强有力地影响了我对写作的理解,而不管是他对于传统与现代、保守与创新、中心与边缘的诠释,还是自我认知的轨迹,都让我深感共鸣。与他交流,就像是在和一个更高明的自己说话。

他也是一个深情的人,在八十年代的燕园,他与海子、骆一禾被并称为"三剑客"。当后两者先后离世,他为他们编辑诗集,将他们的思想遗产传递下去。

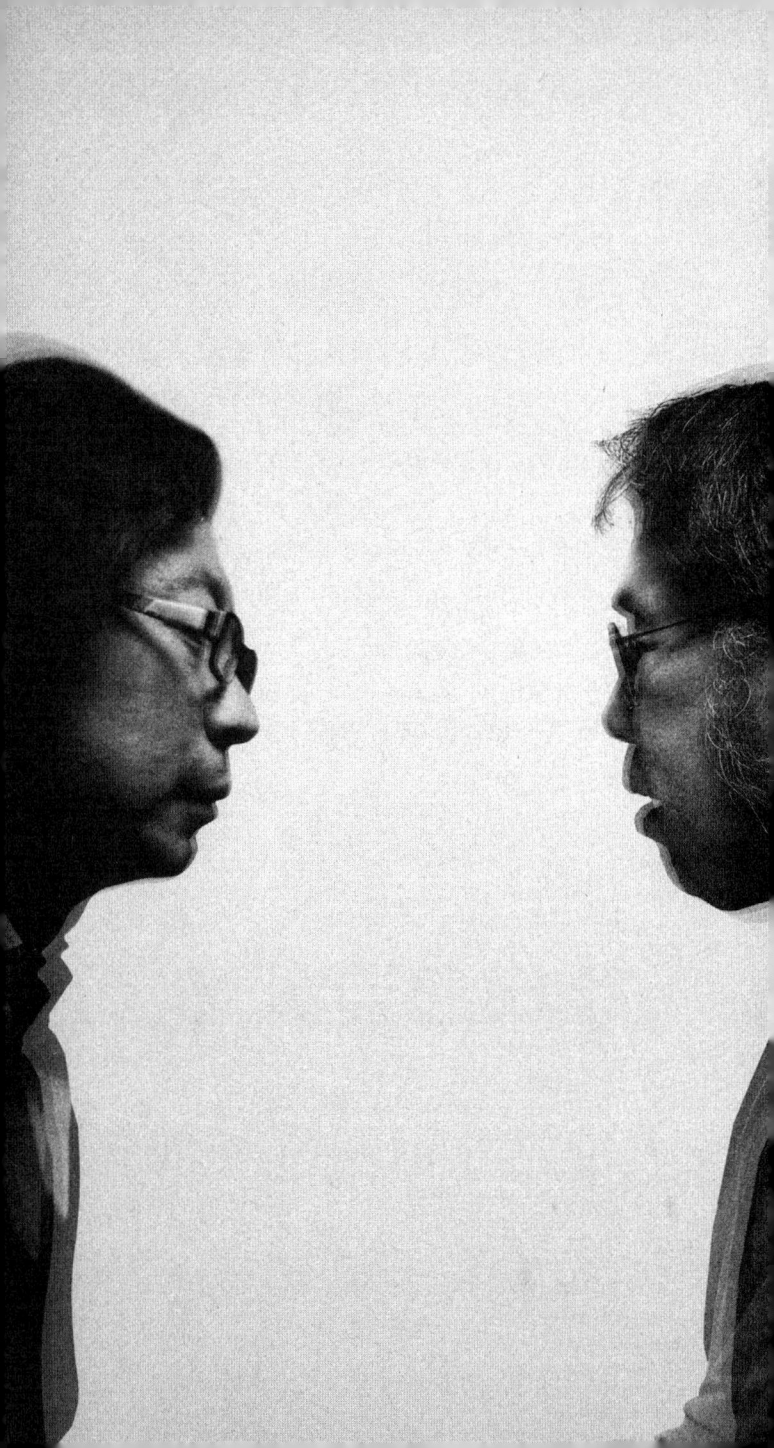

有什么东西过不去，
就把它写出来让纸承担

许知远：过去这几个时代，比如八十年代、九十年代，作为诗人的自我意识是更懵懂吗？还是说那时候就很清晰了？

西川：你有一篇文章谈到九十年代初，我们在很长一段时间内，是有强烈的尴尬感的，是失魂落魄的。不知道自己能干什么和将来要干什么。因为在八十年代，你会觉得我就是个诗人了，但1992年后，你就开始怀疑自己，自己的写作有意义吗？在这样一个环境里，你忽然有一种无力感，过去形成的那一套对世界、对社会、对文学、对美的认识，全失效了。忽然发现自己是一个白痴，怎么办？但是人就是这么乱七八糟、屁滚尿流或者摸爬滚打地就过来了。

许知远：会有什么具体的应对方式吗？把它耗过去还是如何？

西川：不是，我也写，但是写不了太多。就拼命读书，一本接一本，不让自己停下来，不让自己发呆，让它占满我，不让自己面对另外一些东西，那几年就是这样的情况。

许知远：这个状态大概多久结束？

西川：我记不清楚了，因为我后来也写了一些东西，等于心头的这点压力转化到别处了。有什么东西你过不去就把它写出来，写出来就好像让那张纸承担了，你就把自己给卸去了。但这是一个过程，我也说不好是什么时候结束的。

许知远：你八十年代写诗时，面对的是语言的精致性，诗的规矩，什么时候你可以更敏感地捕捉到新的时代气氛了？因为九十年代的气氛已经跟八十年代很不一样了。

西川：九十年代一开始还是一样的，实际上大概到了邓小平"南方讲话"时，才开始变化。1992年之后，差不多到1997年、1998年，咱们就开始能够感觉到有些人有钱了，消费的、娱乐的因素开始起来了。那个时候，诗歌界有过一个争论，就在北京边上的盘峰宾馆开了一个会[1]。不同的人有不同的意见，后来他们管这个叫"盘峰论战"，特像武侠，你以为真在山上，实际是在宾馆。

诗人分好多种，有一种诗人是野蛮生长的，有一种是读很多书的。有些人说自己是民间写作，而认为我这样的，也不光是我，是知识分子写作。尽管我也读了很多书，尽管我其实喜欢知识分子，可是我认为我是一个艺术家，我虽然是一个写诗的，写文字的人，但我认为我是一个使用文字的艺术家。这可能和我长期在美院有关。我看世界的方式是一个艺术家的方式，但不管怎么说，我是在一个知识分子阵营里面的。

昨天一个活动上，戴锦华还批评了"知识分子"这个词。但是这个词的出现有历史因素。"知识分子"是一个八十年代的词，那是启蒙的时代，北京有一帮人办了一本杂志就叫《知识分子》。在文学圈，形容那种非民间的艺术，用的一个词叫"贵族"，说你这个人很贵族化，但是中国也没有贵族嘛，那么就特别需要一个词来取代"贵族"这个词，更准确地描述那些读过点书、思考点问题、关心点国家命运的人，就用了"知识分子"这个词。今天全世界都有对"知识分子"这个词的一个质疑，但我觉得在中国这样一个特殊的历史条件下，你不喜欢这个词，它也会产生。

---

1 1999年4月16日至18日，在北京平谷县盘峰宾馆举办了"世纪之交：中国诗歌创作态势与理论建设研讨会"，以于坚、韩东为代表的"口语派"和以西川、王家新为代表的"知识分子写作"之间爆发了一场有关话语权力角逐和美学立场的激烈论争。

说回盘峰论战。当时的这个争论,开始我就意识到是个事儿。就是这个世界上,不仅有人从知识分子角度讨论问题,也有人从身体的角度讨论问题,从日常生活的角度讨论问题,这个世界的的确确是很丰满的。但我对日常生活这一块,还是从别的渠道意识到的。我在文章里也写过,我遇到一个南非的女诗人,她问我,你对南非知道什么呀?我说纳尔逊·曼德拉、种族隔离。她说那你还知道什么呀?我说那就不知道了。她的意思是说,难道我们南非人没有日常生活?你知道的全是符号。我心想是啊,所以我不是从那场争论,而是从别的地方意识到日常生活的存在。

许知远:打断你一下,说到曼德拉,我想起我有一个被中断的诗人梦想,小学三四年级,就是1986、1987年的时候,那时候南非、韩国的事整天在电视上播,我就写了一首诗。我想象了一个遭受种族隔离的南非小孩儿,大概跟我同龄,他不能去剧院,不能坐公共汽车,不能跟白人坐在一起,他非常孤单地望着这个城市……不知道哪来的念头,我就写了这么一首诗,它肯定没有任何对比,也没有押韵嘛。然后我兴冲冲地拿给我姑姑看,她说这哪叫诗啊,这不押韵呐,我就再也没写诗了。

西川:我也被人虐过,我为什么不写小说,就是因为有一次我写了一个故事发给一家杂志,那个编辑给我回了一个信说,你还是寄点诗来吧。

许知远:什么时候?

西川:我也忘了哪年,但彻底断了我写小说的念头。其实我最初也并不想当一个诗人,我想当一个画家。上中学的时候写点古体诗,也不是什么真正的古体诗,全是学的《水浒传》里面那个"有诗为传"。上了大学以后,也是被卷入的,大家全都写诗了。

许知远：刚入学时，你对北大是什么印象？有优越感吗？

西川：没有优越感。我刚入北大的时候，一个印象是校园很漂亮，另外一个当然就是图书馆，什么东西以前没读过，就在图书馆里找。我在北大读的最初的两本书，一本是《圣经》，因为以前听说过，但没处找。北大的开架阅览室有一部复印的《圣经》，特厚、特沉，算是禁书嘛。还有一本书也挺有趣的，巴金的《家》。反正一定是过去听说过，又没机会找到的书，就在北大找。图书馆为什么很重要？图书馆是可以自学的地方，我们同学曾经说，虽然咱们都上了北大了，可咱们都是自学成才的——当然说得有点过分，毕竟北大有那么多的老师——自学成才就是在图书馆里自己找书，疯狂地读书，这个习惯我一直保留下来。我估计你也是，每天必须得读书，无论累成什么样，都会读几页书，我每天读书至少得有一个钟头。

现代主义让我从壳里走出来，成为一个现代人

许知远：我知道你可能也不太愿意谈海子和骆一禾，但是前两天我又看了你给他们编的诗集，各给他俩写了一个回忆，关于你们的相遇。

西川：写那两篇文章的时候，离那个事还不太远，所以文章里面可能有很多情绪性的东西。

许知远：青年时代，二十岁出头嘛。

西川：我们三个里面，骆一禾是老大哥，书读得多。他当时是中文系读书最多的，很有见识。他也随他父亲在农村待过。他的诗是"居天下之中，行天下之正"这一类的，特别像孟子书里说到的大丈夫的品质。尽管他不经常跟人讨论传统问题，但是他的为人，是从正宗的中国儒家传统里出来的。那个时候，我和海子都还没有在刊物上发东西，他已经在公开刊物上发表了。那么一个人，见多识广，看问题有魅力，聊天有魅力。和有些人聊天，你会觉得太享受了。

许知远：你谈话的魅力跟他谈话的魅力比起来呢？

西川：我没有魅力，我没有骆一禾的魅力。海子呢，我认识他有点晚，是在北大的最后一年。当时我就觉得他的诗写得跟别人不太一样，但对海子才华的认识是后来的，我那时给另外一个人写信，说我这儿有一个朋友，这个人将来一定会成为非常重要的人物。后来我愿意用这个词，就是天才。

许知远：碰到了差不多同龄的天才，对个人来说，是一种解放的感觉还是压迫、焦虑的感觉？

西川：如果你有功利心，计较他比你更出名，你就有压迫和焦虑的感觉，如果没有功利心、竞争心，就没有压迫感，就是朋友嘛。那个时候都是自己搞油印本，聊天的时候说，咱俩一块搞一本吧，就一块印了一本，叫《麦地之瓮》。也不知为什么就起了这么一个别扭的名字。

许知远：这种刺激，特别适合一个人的青年时代。

西川：特别适合青年时代，不光跟海子，那个时候北京一大帮写诗的，我们在人家家里朗诵，那个时候不叫朗诵，叫浪诗。一群人坐在一个屋,我不能喝酒,别人拿着那酒瓶子,说,"浪一首","浪一首",站起来就浪一首,就是那样的气氛。

许知远:你"浪一首"时是什么样?

西川:我也会浪,那个时候北京有不同的拨,学校有一拨,社会上好几拨,包括什么圆明园诗派,有大仙、黑大春、雪迪几个,他们的社长叫戴杰,现在你都不知道戴杰去哪儿了。当时我去跟他们见面,他们全像一帮地下工作者。一个套间,里面正秘密地谈一笔沥青的买卖,外面是谈诗的,房顶上一个灯拉下来,拉得特别低,就亮在那儿。戴杰拉开抽屉,从里面拿出一沓钱,啪,往桌上一扔,说,看到没有,活动经费!还碰上一会打架的小子,可能是一流氓,可是他写诗、热爱诗歌。当时他跟我说,西川,有什么麻烦就来找兄弟我,忽然间觉得太有靠山了。

许知远:你们这批人大概都是 1960 年前后的,会有某种反抗的欲望吗?比如成都那边的莽汉诗派,他们要反抗的东西就很明显,你们明显吗?

西川:没有,在北京不明显,但是"pass"这个词是圆明园诗派里面的一个人说的。在北京基督教青年会聚会的时候,有一小子说,我们这代人就是要把你们给 pass 掉,这就是当年好玩儿的事。但是,在场的人觉得它好玩儿,不在场的人听说这事以后,把它写成文学史了,然后你也不觉得好玩儿了,变成一个很严肃的话题。所以文学史,或者任何一种历史当中,一定都有误解,"词"是从某一个时刻来的,是没有上下文的,里面充满了误解。

许知远:那个时候,你的文学趣味、诗歌趣味是什么样的?

西川:对我来讲——其实不光是对我一个人,那时候有一个很重要的时期,就是要补上文学这堂课,其中很重要的一部分是现代主义。

过去读的都是革命,浪漫主义和现实主义,从苏联、从高尔基来的那一套。读现代主义就是要让自己从过去的壳里走出来,成为一个现代人,成为一个跟这个世界上其他国家的人一样的人,就是一个自我现代化的过程。

这个过程本身很有趣,我有一次跟一个美国诗人聊起这个事儿,我们跟美国人读的虽是同样的东西,但是读出来的结果是不一样的。为什么呢?可能在国外,它的历史形成有一个浪潮,浪漫主义就是浪漫主义,之后是现代主义,再之后是所谓的后现代主义。咱是一块全读了。混着读的效果是什么呢?比如说我读现代主义,可能是用一种浪漫主义的方式去理解,我读后现代主义,可能分不清后现代跟现代有什么区别。

我现在对这些概念已经没有太多的兴趣了,我觉得所有的主义,都是为二流的、创造力有限的人设置的,就是恪守某一个原则、某一个主义,朝着那儿走。那些强壮的、有创造性的人,会把这些主义全给略过去。但是有一个阶段,你会要了解这些东西。我又是在"文革"以后赶上那个时候,什么都读,什么都看,有点像拉伯雷的《巨人传》那种感觉。所以最终我们对文学的认识角度会不太一样,这也是历史造成的。

许知远:八十年代中后期,你开始写诗的时候,那种现代主义趣味是最明显的。

西川:我那个时候当然就是读欧美吧,尽管之前我一直对中国传统很有兴趣,但那时候忽然思想解放,读了大量欧美文学,叶芝、艾略特、庞德、瓦莱里、里尔克、波德莱尔他们。

许知远：我 1995 年上北大的时候，这个趣味还是最强的，就是叶芝很牛，那种感觉。

西川：对，"当你老了，睡意昏沉，炉火旁打盹，请取下这部诗歌，慢慢读，回想你过去眼神的柔和，回想昔日浓重的阴影，多少人爱你青春欢畅的时辰，爱慕你的美丽，假意或真心，只有一个人爱你那朝圣者的灵魂，爱你衰老了的脸上痛苦的皱纹"。我记不清楚了。这种东西太厉害了。还有阿赫玛托娃，俄罗斯的那帮人，说"我向你鞠躬，就是向苦鞠躬"，这个太厉害了。

这些诗你没接触过就是没接触过，接触过之后它对你的影响，都不是和风细雨的，是海啸似的过来了。但是我一点都不后悔读这些东西，那是我把自己变成一个现代人的过程。说起诗来，兰波有一首诗太牛了，说一头牛在地上啃着草，咱中国人说起一头牛，那一定是老农民脸朝黄土背朝天，但兰波那首诗是说，"这头牛低着头啃着草，一直啃到巴勒斯坦"，这是什么思维方式？什么叫被震撼？就是这个，哎呀！

许知远：八十年代有好多不同的诗人，那些流传到整个社会、整个时代的诗句，往往是高度抒情的。你没有写出这样的诗，或者没有试图写出这样的诗，对你来说遗憾吗？

西川：不遗憾。因为不是我一个人写，我们当时有五个同班同学，印一个小册子叫《五色石》，这五个同学现在只有一个还写诗，有一个自杀了，有一个变成翻译家，两个女同学不再写了。

许知远：或者这么说，成为一个偶像，对你没有吸引力吗？

西川：当时可能还没有，比如说杨炼一到学校来讲座，你都会去听，当时没有想过哪天我也要变成杨炼。后来在北大听讲座讲顾城，内心也没有说要变成顾城那样的人，其实我有点不太喜欢顾城，一般人喜欢的是早期的顾城,但早期的顾城对我来讲太甜了,"甜甜的红太阳,爬上篱笆墙",太甜了,但是有名,好多人喜欢。

许知远:你在回忆骆一禾和海子的文章里说过,他们的离去代表整个一种文学的维度的消失。

西川:骆一禾一直强调一种健康的文学。文学里有很多疾病,很多不健康的东西,我们那时候有一个同学,每天在五四操场上跑一圈,回来写一首诗,我们说你写不了诗,你把自己跑得那么高兴怎么写诗?后来他果然不写了。骆一禾当然不是从生理角度讲,但是他强调一种健康的标准。这是一个维度,因为二十世纪的西方文学和现代文学里充满了不健康,充满了病态,充满了呻吟。实际上你会发现,写健康的文学是很困难的,我们不知道怎么写一个正面的、健康的人物。

许知远:整个文学史都是一个疾病的隐喻。

西川:二十世纪的世界文学全是这些。只有在所谓第三世界国家,要求民族独立、民族解放的国家,文学对他们来讲是一个武器,他们的文学可能是健康的。可能说得有点极端,反正大多数文学都是与疾病,与不健康,与悲哀、难受这些东西有关。

当然这也是现在的一个问题,如果文学仅仅是这样一套方法的话,这就意味着我们生活当中的很多东西是无法处理的,那些现代主义的前辈们没有提供,你只能自己尝试着写,有点像一个盲人自己摸索。但是我觉得,有尝试才有可能性存在,有可能咱们就能写出点别的东西。当时没有认识到这个问题,也没有意识到,现代主义这种东西在西方和在中国,在不同的环境、不同的接受者当中,有什么不同的含义。

我后来写过一篇文章,谈到穆旦的现代主义,他的现代主义是一种未完成的现代主义。他是在中国的战乱环境当中展开写作的，那种写作实际上是一套"缩小了的现代主义"，是被削弱的。我还写过一篇文章，中国人总说要把东西方相结合，那么东西方是怎么结合的？首先，东西方结合可能会结合出一个日本文化。还有一个情况，就是中国的艺术家或者诗人，当他想结合东西方的时候，发现结合不了。如何结合？他削弱西方，也削弱东方，一个弱西方和一个弱东方可能结合在一起，但是一个强势的西方思维和一个强势的中国思维，很难被拉到一块去。没有人会试图把但丁和司马相如混在一起，这个事儿你是干不动的。

我最迷恋的时代是战国，我真正的梦想是靠近诸子

许知远：1992年你去美院教书，这对你来说是一个很大的变化吗？

西川：对。

许知远：如果那时你留在北大，或者留在一个过去的传统诗人圈子里，你的写作路径会非常不一样吗？

西川：不，虽然我去了美院教书，可是我当时的诗人朋友并没有什么变化。

许知远：美院给你带来一个什么样的视角？

西川：美院对我的影响是多少年积累下来的。因为我对艺术一

直都热爱，就觉得自己应该跟一群艺术家混在一块，在这个环境里我会更自在，所以就去了美院。变化是慢慢形成的，不是一下子渗入的。当时写《致敬》，有点破罐子破摔，因为我放弃了过去那一套写法，过去的那种写法既然不能使用了，我索性就乱写了，我把我过去很多笔记整理成《致敬》。里面的核心部分，《巨兽》，是一口气写完的，一个我无法命名的巨大的猛兽走过来。就是那个时候，你会觉得有很多你无法控制、无法把握的东西，这些东西你要不要它都会来，一下子朝你压过来。

1997年我去印度走了一趟，对打开自己起到很大的帮助。比如撒尿，在国内你一定先找厕所，但在印度，没厕所就街上撒吧，当时就觉得，人还能这么活在世界上。他们的思维跟我们完全不一样，使我感到震惊，一种文化震惊。人还可以这么干！这种东西不断发生，慢慢就把我给打开了。

许知远：可以更具体点吗？印度式的思维方式到底是怎样打开你的审美方式的？

西川：比如说我进一个庙，看台子上坐着两个人，那两个人冲着我招手让我过去，然后他们让我闭眼，其中一个人在我眉心这儿点了一下，我心想这个是祝福啊，当然非常感谢。然后这个人从兜里掏出来十个卢比，意思是我得付他十个卢比。十个卢比也不算多，我就给他了，可是我回到旅馆洗手，在镜子里一看，我眉心上怎么没有那个红点？他连那个红点都舍不得给你。完全被他给弄愣了，但这也是生活，被人骗也是生活。

还有，买个火车票九百卢比，但他让我掏一千九百卢比。上了火车我跟一个英国女孩儿聊天，才知道这趟火车是九百卢比，他骗的比我车票钱还多！但是后来我就开始适应这个系统，越旅行越便宜，因为我知道怎么不被骗了。那次印度之行对我影响非常大，就是这个世界不一定非得是你原来的那套生活，也可以别的。

许知远：对你后来的写作有什么影响？

西川：我就在那儿开始写《鹰的话语》，后来回北京把它写完了。但是那个思维方式跟我别的东西放到一块就怪了，所以写完以后，有半年跟任何人都只字没提过。我觉得这是我写的吗？它像别人写的，像偷来的东西似的。先在兜里放一段时间，我自己跟它适应了半年，才跟别人提起。

还有一本讲成吉思汗的书，叫《成吉思汗与今日世界之形成》，说成吉思汗的军队行军是不排队的，呼啦一片就过去了。后来希特勒的闪电战就是从蒙古人这儿学来的。这种行军后头没有粮草部队，有五匹马，骑着一匹跑，剩下四匹跟着跑，它们就是粮食，最后杀马、喝马血、吃马肉，跟汉族人打仗完全不是一回事。最后他们这些金帐汗[1]就聚在一块说，已经打下这么一块天地来，下一步往哪儿打？大家莫衷一是，最后蒙古人的决定是，既然没有目标，咱们就四面出击，一边往欧洲打，一边往中原打，元朝就这么打下来了。我心想这都什么呀，全不是我过去的那个思维方式，太好了！真正的蒙古士兵才十万，一个大足球场就坐下来了，但他们就是能拿下这个世界，太邪门了。这些东西对我的思维方式，对我的写作，全是刺激，全是启发，不可思议！

许知远：你期望着变成蒙古式的思维和写作？

西川：我真正期望的还不是蒙古式的思维或者写作，我真正期望的是战国诸子那样的写作。人人读的都是唐诗宋词，唐诗宋词我

---

[1] 指由成吉思汗之孙拔都结束西征建立的钦察汗国，又称金帐汗国、克普恰克汗国，大蒙古帝国的四大汗国之一。

也读，但是我最迷恋的时代是战国。

许知远：为什么呢？

西川：有各种各样的原因，一个是因为那些人有大才华，另外一个原因是他们都在处理他们的时代。有的人是要把时代往回拉，比如说孔夫子，但也有人不往过去看，这些人就是法家。经过"文革"、儒法斗争，大家一说起法家就是专制，但撇开什么法家，韩非子就是一个面对时代的思想者，他达到了那样一个高度，那样一个广阔度。

许知远：你说韩非子是不是我们的托马斯·霍布斯？

西川：你要是从对于国家的设计来讲，他是。霍布斯把英国设计成那个样子，韩非子把中国设计成这个样子，但是我特别怕把这个问题简单化了。

《荀子》中记载"墨子哭练丝，扬子哭歧途"，墨子看到白练，就是纺织物，忽然就哭了，因为它可以染成黑色，染成红色，究竟该染成什么色，他不知道，就哭了。扬子哭歧途，就是扬子走到一个丁字路口，究竟是往东走还是往西走，扬子不知道，就哭了。这是让我特别感动的两个哭，我当时忽然对战国的那些思想有了一种深深的认同感，究竟是往东走还是往西走？那么有头脑的人，想了那么多问题，都没有答案，只剩下哭了。除了墨子的哭、扬子的哭，还有一个是孔子的哭，就这三哭，让我知道中国文化的高度在什么地方。虽然我读了那么多西方的文化，但我知道中国传统文化的高度在哪儿，以及它和这片土地上的人的那种命运之间的关系，所以我最热爱、最向往的就是战国时代，当然我会一直延伸到汉代。我真正的梦想不是写什么唐诗宋词，我就想靠近他们。

许知远：你对诸子里的谁最有亲近感？

西川：我喜欢庄子，但是都好。我如果只能带一本书，我就把诸子订成一本。

时代生活的泥沙俱下给了我滋养

许知远：处理时代对你始终是个很大的诱惑吗？

西川：嗯，如果你不处理时代，你的语言、你的文学意识就都是别人的，都是学来的。美国有句话说，艺术家们像害怕瘟疫一样害怕雷同。你不能跟别人一样，不能跟里尔克一样，也不能跟叶芝一样。所以我以前说当个博尔赫斯第二，没什么太大的意思，尽管我非常喜欢博尔赫斯。

艺术家需要的是创造力，但是创造力从哪儿来？对于那种非强力诗人，他们是靠从别人那儿继承过来文学意识、文学修养和词句，然后才写东西。但是，对于一个比较有开拓精神的人，材料全是生的，处理这些生材料，有可能成功，有可能完蛋，有可能是意外的效果。

许知远：我就叫你生肉诗人。

西川：好吧，尽管我都不太吃肉，但可以是生肉诗人，我一直特别在乎处理这个时代的生活。一般人遇到不合胃口的就会避开，我不是一个避开的人，因为我觉得自己是一个艺术家诗人，不合我胃口的，我得看一看能从这儿得到什么。

我经常觉得人会从一些意料不到的地方获得灵感，而且我特别能够体会一种时代生活的泥沙俱下。比如波拉尼奥，他的粗糙感是一样的，泥沙俱下，磅礴，是一个生机勃勃、元气淋漓的工作方式。我需要获得滋养，任何人的工作都需要滋养，我知道给我滋养的里面有一部分可能就是泥沙本身。英国有一个赞助当代艺术的人，他说当代艺术百分之九十九都是垃圾，但我是为了那百分之一的未来，我觉得这话说得有意思。

许知远：九十年代的中国好像是这些当代艺术家的中国，他们在更敏锐地处理着时代。或者从旁观者来看，在八十年代好像是诗人更好地处理这个时代，到九十年代转化成视觉艺术了。

西川：为什么你开始注意视觉艺术，是因为它开始卖大钱了，它变成钱了，就成事了。成事以后你就觉得中国当代艺术里有生机勃勃的一部分。但是因为我跟他们离得比较近，所以他们的路数我看得也比较明白。首先一个，中国当代艺术就是实验艺术，不是面对中国普通百姓的，是面对世界的，说白了就是面向西方的。因为画也好，装置也好，不可能在巴基斯坦遇到一个买主，他们所谓的国际就是西方。

许知远：而且是个很狭隘的西方。

西川：当代艺术市场，是一个西方市场。买家里的很多人其实既不是国内的老板，也不是西方人，不是欧洲人，也不是美国人，而是东南亚华人，这是当代艺术买卖背后的一个秘密，这是另外一个话题。那么就是说，中国可以利用的资源是什么？西方市场给你这么一个文化份额，就是你的市场份额，他们鼓励你生产某一类艺术品，你既然是一个从中国来的艺术家，你就有所谓的责任来使用你的传统，你玩好了，都能成功。我有一次在德国遇到一个特逗的画家，那个画家画的是油画，他先画一片山水，然后用白色的布把它罩上，罩上以后那个山水是影影绰绰的，好像有，又好像没有。

许知远：我是好奇怎么处理这个时代呢，九十年代算诗人普遍失落的时代吗？

西川：我觉得其实视觉艺术家也没介入，他们的成功有一个更极端的说法，就是视觉艺术在九十年代已经是仅次于房地产的挣钱行当了。赶上中国发展，盖房子，哪哪儿都需要装饰，哪哪儿都需要这些艺术家。所以艺术家真是赶上好时候，变得很有钱，但要说他们真正处理了这个时代，我觉得没有。

许知远：怎么算回应这个时代？

西川：对于时代会有各种各样的回应，有的人是投机的回应，成为热点就立刻作出反应，有的人是理清历史逻辑的回应，这个工作可就漫长了。

许知远：艰巨得多。

西川：是，为什么我们当代社会是这样的一个社会？如果追溯起来，就从孔夫子开始吧，这个工作穷经皓首。

许知远：从一个诗人的角度说，你从哪个时候开始想做这个工作了？

西川：从一个诗人的角度来讲，我需要更加深入地进入这个社会的历史逻辑。为什么？诗人们不会像八十年代这么显眼，也是很多原因导致的，其中一点就是社会变成了一个媒体社会，媒体社会是追踪事件的，一个事件接着一个事件，是不探讨历史逻辑的，呈现出来是视觉效果。

许知远：而且是没有任何记忆的。

西川：没有历史记忆的。在这样一个环境中，整个世界会变成青少年文化，最火的文化是青少年文化，给钱的也是青少年文化，出名的也是青少年文化，每个人都希望自己年轻，节目里的主持人都是年轻漂亮的。还有一个很有意思的现象，所有当代中国的有钱人，都是第一代有钱人，他花的钱和挣的钱全是新钱，那么他必然就有一套生活方式。

许知远：新钱，新风格。

西川：这个东西你也没法选择它，因为你发展到这一步，就走到这一步。我就举一个例子，中国的城市化速度，在八十年代，中国的城市化率是百分之十三，九十年代初中国的城市化率是百分之二十六，到今天中国的城市化率已经到了百分之五十七了。每一个人兜里揣的都是新钱，花的也是新钱，那这个时代能是什么样的，可以想象。

许知远：在一个缺乏历史记忆的媒体社会，想成为一个充满历史感的艺术诗人，你怎么处理这些材料？这些材料对你来说意味着什么？

西川：我全处理，不一定是作为一个诗人来讲，我还是一个读书人。处理它，不一定说它好或者不好，我关心的是它内部的复杂性。比如一个人不会一拍脑门就作恶，一个人行善也一定跟这个社会生活本身有关系，跟它的生活方式、生产方式、社会组织形态、语言都是有密切关系的。处理这些东西不仅需要脑力，还需要体力，能不能处理得动？不知道，但是将来会试一试。

许知远：你直觉上怎么感觉到这个媒体社会有很多复杂性在里面呢？单是就创造力本身而言吗？

西川：这个东西说起来挺复杂的，比如说写诗，咱们都说诗歌是青年人的事，你很少碰到中年人还写，老年诗人就更少了。我指的不是只在《诗歌》上发首诗的那种所谓的诗人，我指的是真正的、对诗歌能够有所发现的那种诗人。我曾经请国外的诗人来中国参加活动，同时我要请对等数目的中国诗人来跟他们对谈，我会觉得很困难，因为我找不到同样年龄、同等智力水平的诗人跟他们碰到一起。我觉得很尴尬。这么一个状态，我管它叫"五四"后遗症，当然不光是"五四"，中国后来的凤凰涅槃都是青年人在改革，青年人是世界的希望。

许知远：二十世纪青年崇拜。

西川：对，青年崇拜。在中国，等到改革开放以后，这种青年文化本来是革命的青年文化，一下跟市场裹在一起变成消费文化了。年轻人更新观念非常快，跟盖楼的速度一样快，你就是招架不住。有个外国诗人跟我说，中国能不能慢一点？我说我不知道，你想让它慢，也不一定能慢得下来。某个人的呼吁是没有用的，中国已经进到一个历史轨道里。作为一个生活在中国的中国人，我理解这种快。

我原来住在米市大街那边的一个胡同里，住在四合院里面。那个四合院以前是孟小冬的，但是后来变成大杂院了，没有自家的厕所，只有一个公共厕所。等到后来我终于有了一个单元房的时候，我就跟同事开玩笑，说今天我可以请你们去我家上厕所。所以这个时候我觉得我是理解的，大屋顶的房子是好看，可是我没有个人厕所，我宁肯住在一个没有大屋顶、没有文化气息的地方，我至少有一个自己的厕所。

有时候我碰到外国人，他们骂北京拆迁，我说当你们骂拆迁的时候，你们是想看到一个博物馆。德国人想往中国卖汽车，道路就得拓宽,可是道路一拓宽,法国人就不干了,你们先商量好,是往中国卖汽车,还是让中国保持一个博物馆的状态。他们自己也乐了,苦笑,没办法。我们生活在中国,我们是在现场的人,在现场的人就面临着两种道德,一种是生存道德,一种是文化道德。究竟把哪个摆在前头?我在这点上还是第一个,因为我也有爹妈、兄弟姐妹,所以我希望有一个单独的厕所。当然文化道德对我来讲也是很重要的东西,但是在这两个东西冲突的时候,我可能会先把生存道德放在前头,先活下去,先活得体面一点。这个东西一定是有代价的,巨大的代价,但是干什么都有代价。

许知远:你前面说到九十年代初的那种尴尬感,像你这样一个寻求艺术意识的人生活在这样的时刻,是更生发创造力还是厌倦感?

西川:它不够影响我,创造力的呈现有多种样貌,比如说你会在创造力里面发现"张力"这个词,很多人用过这个词,一个人的梦想和现实之间会产生这种张力,有的人离得近一点,有些人离得远一点。这些对写作全是可能性。当然,我也不愿意展示一个完全跟这个时代是满拧[1]的形象,坦率地讲,我也不是这样一个人。人总会遇到一些意味深长的事情——可以是个人生活当中的,也可以是社会上的——刺激你的思想。

实际上,从一个作家的角度看,我觉得我们正好处在一个历史转折处,我曾写过一本书叫《大河拐大弯》。在这个时期,如果我只是保持一个既有的状态,不是一个开放的人,我就会把这个时代给浪费掉,这个时代本身不应该被浪费掉,就像八十年代、九十年代不应该被浪费掉,今天也不应该被浪费掉。浪费掉是什么意思?就是无视这个时代,完全生活在自己的内心里,和这个时代擦肩而

---

1 出自北京歇后语,"猴吃麻花——满拧",意为完全相反。

过了。对于艺术家来讲，你不光是写你的内心，你得有写作材料，生活就是这个材料。

我有一个加拿大的作家朋友，特别羡慕我，他说加拿大诗人没得写，加拿大人下公车的时候，每个人都跟司机说，谢谢您，再见！我就跟他说，如果我回到中国，下公车的时候大声说谢谢，边上的人或者认为我是个疯子，或者觉得我是故作姿态。再比如我在美国看到的一些诗人，他们没东西可写，就写他们的父亲，通过写父亲来认识他们自己的身份，最后父亲写完了，也不知道该写什么，那就写印第安人。凡是有良知的知识分子，都充满了对印第安人的歉疚感，叫他们"第一人"，写当时白人迫害印第安人时，写得特别有力。

许知远：他们需要另一个时代来移情。

西川：对，咱们不需要，现实本身的力度还不够强吗？各种玩笑，各种人的爆红，你一打开电脑就会觉得，这个世界真是不可思议。我就发现这里面一定有荒谬的、不对的东西，明明你觉得不值得，怎么大家蜂拥而上？但是你自己没有上去，这时候你才知道你是谁，你开始认识自己。

当然一个社会可以慢慢养成定力，那么定力是怎么形成的？定力就是文化。只有现在每个人都不需要文化、都对文化吐一口唾沫的时候，只有你慌张并且想要克服慌张的时候，才知道你需要文化。但是这个文化又有一点矫情、精英化。我可以不精英化，民间文化也是文化，但问题是我不跟你谈精英文化，民间文化你懂多少？咱不谈孔夫子那些很高端的，咱就谈关帝庙，为什么岳飞要和关公一块供着？道教跟道家有什么区别？这全是文化，但没人明白，全都哄过来，臭骂你一顿，或者追捧你一顿。这也是没有定力。中国文化一直是有它的道的，顾炎武好像在《日知录》里提到，他说恢复三代圣王的语言，就是恢复三代圣人的道。

尽量走出条条框框，
不断地发现别人，也发现自己

许知远：二十世纪的中国充满了荒谬和奇观，但是它们没有转化成功，很多都被我们浪费掉了。所以在荒谬和创造力之间是有一个东西的，没有这个东西，荒谬是不会转化成创造力的。

西川：我曾经在《读书》上有一个发言，里面有一个观点，叫"短暂的现代和漫长的当代"。对我来讲，二十世纪那些问题都在眼前，我甚至觉得晚清都是当代的问题，都是没有被消化掉的问题。我不觉得晚清已经走了，也不觉得革命已经走了，过去所有的这些东西，都在眼前。

许知远：都在眼前？

西川：都在我眼前，它即使不能成为我的精神背景，也能成为我看问题的多种角度，历史的角度，现实的角度，文化的角度，经济的角度，军事的角度，所以我就知道自己为什么写不了抒情诗了，因为我已经丧失了一种单纯抒情的能力。当然有些人认为诗歌就是那种东西，但是对我来讲诗歌不是，对我来讲，诗歌就是战国诸子。这是我跟某些人的一个本质上的不同。

我已经走上另外一条道了，这是弗罗斯特的诗，林中有两条岔开的小路，而我选择了那人迹罕至的一条。既然你选择了这条道，那就认命吧。别指着人人摇头晃脑地背诵你的诗，拿你的诗娱乐，或者安慰一下自己，安慰一下别人。我不是在批评那些人，我只是说我已经没有那个能力。这种能力，八十年代的时候我曾经有过。

许知远：对，粗暴来讲，八十年代还是一个抒情的年代吧？

西川：八十年代绝对是一个抒情的年代，是口号的年代。不论你站在一个什么样的立场上都是口号，但是现在你会发现口号已经解决不了问题了。

许知远：你觉得现在是一个什么年代？
西川：这个我没有比喻，我一下说不上来。

许知远：我也挺怕浪费掉这个时代的。有的时候我觉得这个时代太没营养了，杂音太多了，但有的时候就像你说的，怎么把它转化成一种新的东西呢？我们这样的一个时代，是不是就是一个创造力相对低谷的时刻呢？或者说创造力都变成扎克·伯格，变成脸书，变成谷歌了。
西川：我们不得不说那也是一种创造力。这个时代，你不能说它没有创造力，有的是创造力，但是这个创造力转到别的上面去了。

许知远：对。
西川：它转到那个上边去，又马上面临着一个问题，就是淘汰，就是说它能转多长时间又是一个问题。我不否认在这个时代里，不同的行当都充满了创造力，但说句有点装腔作势的话，这些创造力和文明究竟是什么关系？中国就是一个文明，文明这个词是赶不走的，如果你还在乎文明这个词，你就给我回答这个问题，你对这个文明要负多少责任。你是负责成功了，负责挣钱了，负责盖楼了，还是这一切你都干了？如果你说我过一天是一天，没有明天，我跟文明没关系，我觉得也行，那咱们就各忙各的吧。但是如果你有点认真，挣了点钱以后还想博学，那咱们就坐下来论论，你跟文明有什么关系。

许知远：天暗了是吗？索性一直聊到天黑吧。

西川：聊到什么时候是天黑呀？有时候感觉，我怎么坐着坐着天就黑了。

许知远：你对时间的感受，发生很多变化吗？

西川：时间有好多种，经历时间，历史时间，有很多种时间。艺术家分为两种，一种是为永恒工作的艺术家，一种不为永恒工作的艺术家。我原来是为永恒工作的艺术家，现在已经不为永恒而工作了。或者换句话讲，不是你想永恒就能永恒的。能够永恒，那是老天爷对你的赏赐。实际上我们回头看过去的文学，比如《全唐诗》，也不是为了永远流传下去的，就是为了应景，吃饭、送别的时候胡诌一首。

许知远：取悦一个青楼女子。

西川：对，比如"去年今日此门中，人面桃花相映红，人面不知何处去，桃花依旧笑春风"，这首诗是永垂不朽了，可是当时他脑袋里没这个。对好多艺术家来讲，这是个槛儿，所有那些初学的诗人也好，作家也好，艺术家也好，第一个槛他要跳过去。开始时总说，我一定要像哪些人，但是你过了这个槛以后会发现，不必老是要当个优秀的艺术家。波拉尼奥是一个随时随地的诗人，只要跟他内心的诗歌观念一沟通，一首诗就产生了。

所有我们尊为不朽的艺术家都不是我们这个时代的，所有的艺术家都是萎缩成永垂不朽的人物的。"萎缩"这个词很有趣，叶芝在书里边说，我老了，现在我萎缩为真理。真理是怎么获得的？真理是我萎缩成的。我在文章里面也说到，米沃什活着的时候，是一个重要的诗人，但他不是大师嘛，米沃什跟他周围的生活有千丝万缕的联系，他的亲戚、朋友、喜欢的人、不喜欢的人、骂他的人和他内心称赞的人。后来他死了，隔了一些年了，米沃什就萎缩成一个经典了。但是产生他的时候，他不是经典。所以慢慢这个担子我就放下了。

许知远：那些幽灵的读者们，也把他们忘了吗？

西川：那些幽灵的读者，他们每一个人都曾抱着他们那个速朽的时代。当然他们那个时代，比现在朽得稍微慢一点，没有现在的淘汰这么快。在过去的农业社会，出门是走路，或者骑驴骑马，那个速度和现在坐火车坐飞机的速度没法比。

许知远：你说这些强力诗人，比如庞德、奥登，他们会以什么样的姿态活在此刻呢？

西川：有一本书就是写庞德那个时代的，《流放者归来》[1]，你看那本书说过庞德一句好话吗？作者在里面有一句话，他说庞德写过一句有价值的诗吗？

许知远：年轻一代都开始造反了，当时庞德是一座风干的纪念碑。对于庞德来讲，他就是一个老派的在诗刊写文章的人，突然出现一帮跟帖的人。

西川：对。我读庞德传记的时候觉得特别逗，说庞德不会坐着跟你说话，永远做出他要走的姿势，这个就是庞德。从庞德我想到李白，我在《唐诗的读法》里写到，庞德和李白在他们的时代，一定是不讨人喜欢的，就那么几个人喜欢。莎士比亚很伟大，但莎士比亚当时就是一个向上爬的人，一个商业作家。莎士比亚的写作里为什么有那么多噱头？就是因为他要把人吸引到舞台边上来。所以

---

[1] 《流放者归来》为马尔科姆·考利所著，是书写美国"迷惘一代"的文学批评经典。

宫廷趣味是拒绝莎士比亚的，他们认为莎士比亚是野蛮人。

许知远：但是每个时代都有很多不同的野蛮人，有的野蛮人非常速朽，有的野蛮人就成为新的宫廷趣味或者新的经典。

西川：对，但那就不是他们的责任了。他改变了时代，时代就接受他了，就好像嬉皮士改变了这个世界，改变了人们的生活方式，就是这么一个情况。

许知远：怎么保持这种生命力，新生命力的野蛮性和你说的那种盲目性？小时候可能是天然的，但当你经过这么多的训练以后，维持这种盲目性会变得很困难吗？

西川：尼采说，一个人只有每天发现二十四条真理才能睡得好觉。咱们不需要那么厉害，咱一周要是有一个发现，都会觉得没白活。保持对生活有所发现，这得有能力，同时还得有一个自由心态。当然了，我说这话的时候，也不是那么轻易，因为很有可能咱们保持不了这个自由心态，往往你在没有意识的情况下，就已经被一个东西捆住了。但是尽量吧，走出这些条条框框，不断地发现别人，也发现自己。

马尔克斯有一句话说得特别好，别人问他，你觉得写作对于一个作家的回报是什么？马尔克斯说，写作对于一个作家最大的回报，就是一个被写作训练的头脑能够一眼认出另一个被写作训练的头脑。除了认出你自己，你在这个世界上不论走到哪儿，忽然迎面走过来一个人，你能认出他来。凡是有认出另一个人的能力的人，对自己一定多少也有一个认识。

许知远：我特坦白，在我过去二十多年的阅读史里，我觉得你是我碰到的在内心深处有最强共鸣的一个人。我觉得我特别理解你谈的所有问题，而且把我想表达的都说出来了，对当代的看法，和对自己的看法，我像在听一个更高明的我在说话。

西川：我忽然有一个感觉是，这不是互相吹捧，我感觉咱俩是个复数，我们是四个人在聊天。

许知远：这种感觉真的是特别强。我觉得可能跟我们的经历相似有关系，纯阅读的传统，对经验的渴望，希望成为有道者的愿望，它们混在一起了。但是我可能没有像你那样，要有意放弃掉九十年代的这种规则，我觉得我还是处在渴望写出好东西的欲望，这种感觉还很强烈。

西川：这里面必须有一个过程，脱胎换骨的过程，我正好是1989年到1992年经历了这么一个过程，过去的那些东西我也知道好，但我不需要朝那儿走了，原来我想成圣，但后来我发现自己是一个牛魔王，就是那样一个感觉。它不是你的目的，但是你走到那儿了。这也挺好，一块坐在黑暗里，梅特林克有一个说法，我们相知不深，因为我们不曾同在静默之中。还是不说话了，我们坐在这儿挺好的。

许知远：这个多符合当代的生活呀，大家都这么躁，因为大家都不熟，都不处在静默之中。

西川：热热闹闹的，但是大家都是陌生人。

许知远：我七八年前出过一本书，叫《祖国的陌生人》，我们这回的题目要不叫《两个速朽的陌生人》？

西川：别用"速朽"这个词儿，两个不怕被淘汰的人。我不怕被淘汰，淘汰就淘汰了。今天真算是把天给坐黑了，一直黑下来了。

1963 年　出生于辽宁盖州
1984 年　毕业于山东大学历史系考古专业
1992 年　考入中国社会科学院研究生院考古系，师从徐苹芳，专攻城市考古学
1996 年　进入中国社会科学院考古研究所工作
1999 年　任二里头工作队队长
2009 年　出版《最早的中国》
2014 年　出版《何以中国：公元前 2000 年的中原图景》
　　　　现任中国社会科学院考古研究所夏商周研究室主任

扫码观看视频

许宏

考古首先是满足人类好奇心，
其次是安顿身心

Chapter 09

这是中国第一条十字路口吗？站在两条不起眼的黄土路的交叉口上，我心生疑惑，四周枯草丛生。

在一个冬日，我前往河南二里头，拜访许宏。他是社科院考古所的考古队长，也是此刻中国最著名的考古学家之一。在学术界，他以直率著称，对于扑朔迷离的中国历史，他总说，可考的年代只能有三千七百年左右；对于公众，他则是一个热忱的考古学推广者，参加各式论坛、开设微博、写作晓畅的读物，一心将冷僻的考古学带入更广泛的智识生活中。

他也试图回答困扰几代人的问题：最早的中国出现在哪儿，中国何以成为中国？中国考古学，产生于一个对西方倍感焦虑的时刻，学人们用西方的方法，来追溯自己的过去，也想证明中国的漫长历史。

许宏带我在挖掘现场参观，看被临时训练的村民熟练地挖掘，想象那个早已沉寂的昔日王国的日常生活。他酒量甚佳，记忆惊人，背诵滇池大观楼上的天下第一长联，一气呵成，一字不差。

考古是一个不断试错的过程，
它必须有想象力

许知远：最初看到这些器物的时候，会有新奇感吗？

许宏：说起来最初不是冲着考古专业来的，当年是想成为文学青年。

许知远：你应该是 1980 年上的大学吧，十七岁的许宏想成为什么样的文学青年，写什么样的文学作品，读什么样的书？

许宏：那是一个文学的时代，几大文学杂志都看。张贤亮、刘心武之类的，读了大量的闲书，现在真的已经舍不得花时间来读什么虚构作品了，即便是有点时间，更愿意读读非虚构的传记。现在看来文学还是属于青年。中学的时候跟几个同学还搞过一个文学小组，真是有作家梦。当年考试还考得挺好，所以有点狂妄，报志愿的时候，好多老师希望能报得务实一点，我的第一志愿居然报了北大中文系。复旦、南开、吉大让我从第二志愿到第五志愿都报上了，招生的时候只有山东大学给我打电话，说我们想要你，能不能去。当时管招生的老师说，你要来我们就给你考古专业，考古专业很抢手。后来我进去之后，山东大学历史系招生九十个人，报考古专业的竟然七八十人。

许知远：为什么当时考古会这么热？你为什么选考古？

许宏：真的没有考虑这个问题，可能是从众心理，本来不一定想去了，但是七八十人竞争二十个指标就想了。

许知远：最早在哪儿学习？

许宏：我是山东大学毕业，最早是山东，等最后毕业是在山西侯马，太好的一个地方了，冥冥中跟我今后的专攻密切相关。毕业实习是个分水岭，有的同学是彻底干伤了，有的就成为铁杆考古人，我就是属于后者。刚开始的是文学梦，被分的是历史系考古专业，也问过老师能不能改行，当时是不成的。

许知远：所以你是一个非常勉强的、意外的考古学家。

许宏：许多考古学家都是这样的。邹衡[1]先生以前是学法律的，我的导师徐苹芳[2]教授其实是学新闻的。当时我的考虑就是既然走不了，只能按照这个方向走，是金子总会闪光的，所以就逼着自己学，逼着自己钻。但是到了1983年侯马时期，我就已经成为一个铁杆考古人了，好多同学巴不得少干点，但是我又跟一个老师坐火车回到了侯马，在冰天雪地的时候，又接了一个探方[3]，每天骑着自行车就那么干下来了。是这么走向考古界的。

许知远：八十年代初的中国，尤其大学校园是一个非常活跃和开放的地方，整个中国社会好像从一个寒冬中突然复苏，到了春天的感觉。当时山大对于年轻人来讲是什么感觉？

许宏：非常活跃。当时学考古摄影，我们根本买不起相机，学校就发相机让我们出去拍照。我都记得很清楚，校园里面搞行为艺术，后来被学校保卫处勒令停止了。

许知远：什么行为艺术？

---

1 邹衡，中国历史学及考古学家，1956年起在北京大学历史系及考古系任教。
2 徐苹芳，著名考古学家，中国社会科学院考古研究所研究员。
3 探方为田野考古发掘的一种基本发掘单位。

许宏：大概是一个小树林里面，都是男生艺术家，大长头发半裸体那种造型，非常新奇。校园里面也比较活跃，学生会竞选这样的，整个食堂门口非常热闹。那个时候像我们著名歌唱家唱的，有种"在希望的田野上"的感觉，没有世纪末情绪。所以六零后还是幸运的，拥有严冬过去后的一个春天。说到考古这一块，当年最终选这个，也是因为我们圈内有一种说法，叫"上了贼船躲进避风港"——考古非常累，但因为是搞几千年之前的事，所以没有太多敏感的东西。我觉得自己现在还是受益于这个，一种看问题的大历史的视角。

许知远：八十年代初的考古学是一个什么状况呢？

许宏：这个非常有意思，现在我是中国考古学学科大转型的一个助推者，这个问题到现在还没有形成共识。有的学者认为，我们仍然生活在我们的大师所开创、建构的一个时代。我们当然还生活在《礼记》的时代，生活在张光直的时代，这后面还凭着一股惯性。我提出中国考古学现在处于大的转型期，就是基于这样的考虑，五零后的学者认为中国考古学就是谱系的，搞清楚一个地区的文化面貌，首先要通过这些瓶瓶罐罐，建构文化史的分期和谱系框架。没有现在大家公认的二里头一到四期这样一个框架的话，第三代根本不可能有什么大的发现。建构真正有中国特色的考古学体系，这是第一个阶段。我们一些学者提出或者认可，中国考古学科的这个变化发生在二十世纪九十年代前后。现在看来，从那个时候就开始解放思想，中国考古学已经开始从以文化史为主的考古学转向社会考古学。

从五十年代以来，我们一直强调中原中心论、单线进化论，到我上大学的八十年代初期，正好是从苏秉琦先生他们开始，各地的考古工作突飞猛进，一些比较重要的遗迹开始出现了，良渚文化[1]、红山文化[2]这些都开始发现了。在思考这些的前提下，苏秉琦先生提出了区系类型理论[3]，把整个广袤的东亚大陆分成六个大的区系，这些大的区系各自有其演变脉络。苏先生用了一个最通俗易懂的形容词叫"满天星斗"[4]，这给了当时的中国考古学界以震撼，转变了我们以前中原中心的认识，各地开始建立区系类型，这个工作的进展到了九十年代，开始逐渐转向社会考古学这个新的阶段。

许知远：对于十七八岁的年轻人来说，考古学的历史、《礼记》和苏秉琦先生都是同时涌现在你面前的，这其中还包括西方的传统，面对这样的复杂性，考古怎么就慢慢散发出它的魅力了呢？

许宏：这个说起来也是考古学史上比较有意思的一件事。当时我们可以读到第一代考古学大师的东西，张光直当时读得到，史语所[5]做的很多东西当时还差一点，后来逐渐就能看到。现在回顾起来，中国考古学的诞生应该就是应人们当时的一种内在需求。我说它是牵引性学科，为什么？我们都知道，顾颉刚先生、胡适先生从疑古派开始，胡适先生甚至说过"东周以上无史"，尽管有疑古过剩之嫌，但是他用科学理性的角度，扫清了考古学诞生的障碍。傅斯年先生说，我们就是一群不读书的人，我们是"上穷碧落下黄泉，

---

1 良渚文化为中国新石器文化之一，分布地点在长江下游的太湖地区，其中心在浙江省杭州市良渚遗址。

2 红山文化是中国北方地区较重要的新石器时期文化，因发现于热河省（今属内蒙古）的红山而得名。

3 区系类型学是考古学中的一个术语，是考古学研究的基础。苏秉琦在20世纪70—80年代提出区系类型观点时，将中国主要区域划分为六大区系。

4 苏秉琦提出新石器时期中国大地呈现古文明"满天星斗"的分布格局，从而对历史考古学界根深蒂固的古中原中心、汉族中心、王朝中心的传统观念提出了挑战。

5 指中央研究院历史语言研究所，中国近代著名的历史和语言学研究机构，1928年成立于广州。

动手动脚找东西"。那个时候考古学是象牙塔的学科，是要回答我是谁、中国是怎么来的、中国人是怎么来的这样一些大问题，中国最早的政府主导的系统发掘，是要解决这样的问题的。后来兵荒马乱，殷墟发掘了十几年，随着日本侵略就中断了，四十年代又打得一塌糊涂，移到首都，移到重庆，整个学科基本还谈不上往深了去。

从五十年代到七十年代这第一个三十年，我觉得基本上就是考古学者开始踏踏实实地从田野入手的时期，不管怎样的政治风潮，我们顶多是把语录印成黑体。我们的前辈花了大量的精力，要解读无字的书，就需要一套解读的语言符号系统，在这方面花的功夫是很大的。在大陆留下来的、真正正儿八经地留学海外且深得考古学精华的没有几位先生，全是五十年代文物培训班出来的。黄河水库发掘[1]，大规模会战，完全不懂，培训几天之后就开始挖，真是白手起家，不断探索。所以说前三十年我们跟公众的沟通和接触基本中断，我们是象牙塔学科。我从一个严谨、保守的考古学者逐渐变得愿意做一些公众考古的事，是跟整个社会风潮和学科发展紧密相关的。

许知远：你刚才说考古学在中国诞生的时候，那一代先驱实际上跟整个中国的危机意识有特别大的关系，包括对西方的焦虑感、对自己历史的焦虑感。在你八十年代上大学的时候，中国也有新一轮的危机意识吗？有呼应或者共鸣吗？

许宏：那个时候正好是一个节点，前三十年和后三十年。我们开始上大学的时候，没过两年就有国外的东西进来了，而前三十年的考古基本上是中国本土的问题，是孤立的，和国外学界基本脱节的。八十年代，伴随整个社会的躁动和活力，我们把新考古学、后

---

1 指对黄河小浪底水库淹没区内的文物古迹进行的考古发掘。

过程主义考古学[1]这些东西囫囵吞枣地往这边吸收。现在看来，不管懂与不懂，我觉得是极大的给养，有助于我以前和现在的发展。

许知远：说说你去侯马的感觉。那里变成分水岭了，有人逃离考古了，有人坚定地留下来了。你去了现场之后，是什么让你更坚定地做这件事情？一个很年轻的心灵，见到一个昔日的城池，一个两千多年前的世界，到底是什么感觉？

许宏：不喜欢的要问他们自己不喜欢的原因，多种多样。喜欢是为什么？在我个人来说，首先是发现之美，这种对未知的好奇心。考古学不是让你一看就到头的学科，而是得从上而下地寻觅，总会有惊喜。大家对考古感兴趣，很大程度上不就是满足我们人类的好奇心吗？

再一个就是思辨之美。我们一直自诩，别人也这样说，考古学是文科中的理工科。有人开玩笑说文学有一分材料说十分话，历史学有一分材料说五分话，考古学有一分材料说一分话。但考古学还必须有想象力，否则就是一个无为的学者。这是胡适先生说的，想去求证，想象力不丰富肯定不行。

许知远：你什么时候清晰意识到考古学需要很强的想象力？

许宏：我觉得还是比较晚的。那个时候这个观点还是有争议的，我们的前辈、老先生、资深学者和权威，还是谆谆教诲我们，考古学是实证的科学。但是现在我的博客、微博里面已经开始讲想象力了，有点冒天下之大不韪了。

考古学是一门解释的学问，是经验型学科，更多的是推论和假说，是验证不了的。我们能证明什么？能证明的是凭着经验得出的

---

[1] 也称为解释考古学，是考古学理论中强调主观解释的一种研究方法。

判断,这种判断实证起来问题不大,但也有误判的时候。考古学本身就是试错的一个过程,比如那个圆底罐是做什么用的,我们说是煮水的、熬粥的,可以根据内壁的残留物把它分析出来,但大量的东西是实证不出来的,二里头是夏还是商?没有像甲骨文那样的文书材料出来,我们能实证吗?都是属于推论和假说层面的。想象力应该是必须的吧,有一些通过科技手段就落实了,有一些永远都是个秘密,我觉得这恰恰是考古学的魅力所在。

我们只能是为年轻人铺路的过渡一代

许知远:1984年后你留校当辅导员、青年教师,是一种什么样的状态?从一个学生到一个青年教师,那时候的学术追求是什么?

许宏:这个很有意思。那个时候我带的学生一般比我小不了几岁,正常小两三岁,最大的比我还大一岁。我当时头发理得很短,很有朝气,完全混淆于学生,而且我住在校园内的筒子楼单身宿舍里,跟同学关系非常密切,经常一起聊天,开小型座谈会。当时的感觉是我们的考古学今后要拯救中国上古史,一派日新月异,经常一种发现就改写、颠覆我们以前的认知。我到现在还记得那种激情和使命感。但是成为一个考古学界老兵后,就会因为看到整个学科的不足而有痛感,意识到我们需要上升到大历史的层面上,逐渐建构考古学的框架。

许知远:作为那么一个朝气蓬勃的年轻教师,那时候你心中有没有一个特别理想的考古学的偶像或者范式人物?

许宏：当然有了，实际上当时的老师都是偶像，不超越老师，我存在的意义就谈不上。张光直先生，邹衡先生，我的导师徐苹芳先生，都非常人所能望其项背。他们是我非常尊敬的前辈，是学术史上重要的人物。有学者说得很好，每一代学者的研究都是后人的靶子，但是这恰恰彰显这一代学者的价值和意义。

许知远：作为杰出的考古学家，他们身上有什么特别的特质，是跟别的学科的研究者都不同的？

许宏：这个我也想过，但没想清楚。这些老师很多根本不是从一开始就学考古的，都是意外成为的。而现在看来，我们做的可能是一个事倍功半的事业。我们把这工夫花在学外语、法律、经济上，业绩可能不比这个差，但我们把大量的时间花在非学术上，花在跟地方领导官员、企业家、农民的交涉中，扯皮、拍桌子、交朋友、喝酒、处理危机公关，把我们练就得三头六臂、灰头土脸的。这种接地气的学科需要有更多的付出，不用说抛家舍业，不用说孩子特别小没有办法，要问我们是怎么过来的，就是三个字，习惯了。

许知远：有没有国外的考古学家是你当时的偶像？

许宏：说句实在话，还是语言的限制，我也没有长期在欧美留学的经历。但是学界应该是面向未来、面向世界的，我深切地意识到我们六零后就是给年轻人搭桥铺路，只能是过渡的一代。考古学本来就是舶来品，我们只能是做呼吁，至于如何进一步跟国际接轨，进一步把外面的东西本土化、中国化，这是需要我们思考的。刚才我说的学科转型，一方面是人家几十年之前已经这么做了，另一方面是中国考古学发展到这个阶段，大量吸收外面给养，在我们内部生发出的一种学术需求。

许知远：八十年代，在这个行业里面有没有特别标志性的人物，像诗歌界的北岛，或者说哲学界的李泽厚这样的人？

许宏：你一说北岛就能看出我们这个学科是研究古老的学科、尊老敬老的学科，我们的代表人物是苏秉琦先生。北岛成名的时候才三十岁出头，苏秉琦先生七十多岁还是中国考古学会的旗手。当时的中国考古学会相当于考古学的常委会，我三十多岁时根本就没有资格参加。

许知远：但是这个学科是由三十多岁的年轻人在中国奠定的。

许宏：可以这么说，思想是这样的。但是后来越发感觉不可能，你如果在那个时候有特别张狂之气，不可能在这个学科混了，真的是有这样一种感觉。现在年轻的学者有许多自己的独立思考，但是他们没有话语权，我们应该给他们开路，而不是有意无意地限制束缚他们。按我的归纳总结就是迎接学科断奶期。以前是不用年轻人自己想的，有一个领袖式的人物，是你尊敬的师长在引导你。现在我管它叫后大家时代，进入社会考古组建的阶段，相当于西周一统王朝变到春秋战国的分裂状态，领头羊没有了，但是这种学科发展方向的多元化不是一个非常好的趋势吗？不光是考古学科，整个学术界的学术权威都在丧失。

我自己想做到理想中的中立客观，但是公知和理中客都被污名化了，甚至连启蒙也被污名化了。如果启蒙是高高在上的话，我也不愿意接受，因为我从一个偏于保守、封闭的学者，转向面向公众的学者，不正是在做新时期的启蒙工作吗？我觉得其中能够彰显出我们的价值和意义。学界和社会的未来在年轻人，所以我不在意当代人怎么看。这个就是学者，立言应该是第一位的，这些东西都应该留给历史。今天又说多了。

许知远：你当了几年青年教师之后又重新去读研究生，这个选择是怎么发生的？

许宏：是自然而然的。那个时代，辅导员的全称叫政治辅导员，当时我的顶头上司是副书记，他说许宏留在党组织好好干吧，别回考古教研室了。我说对不起，我还是想回去教我的考古。四年下来，从二十一周岁到二十五周岁，我这样一边当着辅导员，一边读着在职硕士，没耽误工龄。辅导员刚当完，我马上申请去国家文物局考古培训班受训，两个季度后出来的时候都哭了，非常非常艰苦，但是也经受了当时国家最高水平的业务培训。

许知远：是怎么训练？

许宏：那个基地，他们开玩笑，晚上门一关，整个就像牢房一样。晚上上课，半天一个人，两个探方，教官非常严厉，你错了什么东西都及时指出，严格按照国家文物局颁发的田野考古操作规程，二十多个人，每届一定要有三个不及格的。山沟里到汽车站很远，中间不准回去。当时正好放着《红高粱》，十八里坡，我们几个年轻人学电影里面剃了光头，吼着"妹妹你大胆地往前走"，就是那样宣泄着自己的青春躁动。这种班肯定不会给你找好挖的地方挖，四米乘四米的一个探方，两米多深，到最后三十三个灰坑[1]、烂泥坑相互叠压。铁杆考古人必须经历过这个。

我们领队老师还比较年轻，他说许宏你来给同学讲田野考古。我给他们讲的是最新的田野考古操作规程，那时候没有科技手段，探方里边的东西，除了土什么都要。现在，"除了土什么都要"的观念已经被彻底抛弃了，植被怎么样，人们吃什么，都在土里边呢，土蕴含了很多的信息。你看考古学的发展一直在日新月异，所以没

---

1 灰坑是考古发掘中常见的遗迹，因坑中填满灰色土壤而得名。

谁敢说自己已经站在学科前列了。我们只能是做一个开放的人，知道学科和自身的不足，知道得出的结论具有相对性。

总体上看，政治，像意识形态、口号这些东西，是短期的，经济是一个中期甚至是长期的东西，是基础性的东西，但文化是超长期甚至是永久性的。所以文化是底蕴，而比较自我安慰的是我本人正是研究文化的。如果你用长时段的历史观察，你对有些东西就会很释然，不会把一些具体的、离得太近的东西看得太重了。

许知远：你 1992 年到中国社科院读书，当时的环境、气氛，不论是学术还是社会的，给你什么感觉？

许宏：这个太有益处了，还是环境造人。我要是在济南，就只敢写山东，因为其他地区的不太熟悉。那个时候，山东大学里的好多资料都不齐，但是在北京，眼界和视野进一步开阔了。大家都是五湖四海各行各业三六九等，让我有点海阔凭鱼跃、天高任鸟飞的感觉。我的导师徐苹芳先生是中国考古学的大家，我在他身上学了好多东西，精神上的大气，视野、历史观的融会贯通。他宽松平和，没有限制束缚我的思考。

许知远：我问一个庸俗的问题，怎么判定这些器物值多少钱呢？

许宏：从来没有类似的器物在潘家园市场出现过，这些东西按理说不怕偷，盗墓的只盗值钱的。说实话我真的不懂鉴宝，我只见过真的，没见过假的，只知道历史价值不知道市场价值。真是这样的，隔行如隔山。这种事说起来有意思，女儿上幼儿园的时候，老师让家长填表，一看是考古学家，说有一个朋友收藏的东西，能不能给看看？我说我真的不懂。人家就说，你怎么骑自行车来的，你挖掘的时候揣走两件，一套房子不就有了，这个世界上还有这样的人吗？他很敬佩，当然可能也是鄙夷。

在考古学界，监守自盗的事非常少，人活得纯净。考古界的老先生就是这样，从李济[1]先生他们开始就不自己收藏文物，有的话说不清楚，究竟是买的还是从队里拿的，干脆一件都没有。这确实是整个考古界一个不成文的规矩。

透物见人是考古学的最高境界

许知远：你第一次来二里头是1996年？

许宏：我1996年博士毕业，由于是搞城市考古的，就被分配到夏商周考古室。先是被分在离这儿几公里的偃师商城[2]，干了两年半，然后前任老队长退休，1999年我就被任命为二里头队队长。在那之前，我八十年代在山东大学当助教的时候来过，那时怎么也没想到我这一生居然能到这个地方来，而且二里头跟我的名字完全连在一起了。

许知远：第一次对它的印象是什么？

许宏：二里头在我们圈里是大名鼎鼎的考古圣地。毕竟是学考古的，当时看着这些器物，有一种朝圣的感觉。

---

1 李济，中国考古学史上首次正式进行考古发掘工作的学者，被认为是"中国考古学之父"。

2 偃师商城遗址位于河南省偃师市西，被认为是商朝早期都城西亳遗址。

许知远：1996 年是整个断代工程开始的时候？

许宏：对，就在那个时候。包括偃师商城的发掘，都是夏商周断代工程的一个组成部分。偃师商城我负责一千多平米的发掘面积，手下有两个技师，一二十个民工，现在等于是多年的媳妇熬成婆。

许知远：那个时候，这个工程的兴起跟时代的气氛、跟其他国家的发现有很直接的关系吧？

许宏：对。夏商周断代工程的起因是当时的一个国务委员到埃及的卢克索去，看到大量的石刻文字、文书材料，帝王的纪年非常清楚。他说埃及能搞得那么清楚，我们为什么不能？还是要争口气，想投入点人力物力，毕其功于一役。

许知远：那是什么样的心情？考古发现一个高潮接一个高潮。

许宏：真的是一个高潮接一个高潮。接手的时候我三十六岁，发现最早的宫城[1]那一年是"非典"，我四十岁，伴随着"非典"这种突如其来的、让整个国家措手不及的大事件，中国最早的宫城发掘出来了。那个时候我们要出去考古调查，只能把我们北京牌照的吉普跟我们兄弟队的换一下，换成河南牌照的，这样才能畅通无阻，否则的话进村都进不了。基本上就是这样的情况。

许知远：最早的应该是 2003 年发现宫殿的宫墙，那一刻的细节是怎么样的，场景是怎么样的？怎么意识到这是一个重大的发现？

许宏：这个太有意思了。《最早的中国》里面有一节叫《"想"

---

1 2003 年，二里头遗址发现了宫城城墙，进而发掘出目前为止年代最早的多院落大型宫室建筑遗址。

出来的宫城》,"想"加了一个引号。那个时候,我把上下三千年的中国古代城址一直到后来城市的发展都捋了一遍,提出了大都无城的提法——就是庞大的都邑往往都没有外围城。伴随着中国最早的广域王权国家和处于上升期的帝国发展,从二里头到东汉,整个中国古代历史属于上升阶段,外城圈可有可无,但是内城或者是宫城必须有。

这样一个信念使得我顺藤摸瓜,先在老先生留下的发黄的底册上,发现了他们已经探出的一百多米的宫殿区的东边有一条南北向的大道,然后又有老乡告诉我,他家那个地长得不好,我以为是发现宫殿建筑了,没想到发现的是一条南北向的路,这样一来,中国历史上第一条大十字路口被我们找到了。路的外边是中小型的建筑,路的里边是一号宫殿、二号宫殿这样的大院子。我们在老先生已经挖完的二号宫殿的东南角,再打开一个探方进来看,打开之后东南角、西北角都向两边延伸了,三百多米长的宫城东墙和宫城东北角被发现了。"想"出来的宫城,我就是这样想到的。

我曾经请苏秉琦先生给我们讲课,唯一记住的就是苏先生半闭着眼睛说,考古这个活就是你想到什么才能挖到什么。我当时想这不是唯心主义吗?当时这真的是一个学生接受不了的。但是后来自己的实践工作越来越增长,就痛感这句话的哲学意味太深刻了。你要对做的东西有预期,像我们手底下挖的那个房子,如果没有房子的概念,它就是一个坑,一个洞,一个木条,一个门槛。机遇属于有准备者,你得有一定的知识储备,带着这些问题,才能有所发现。二里头宫城的发现何尝不是这种见解的一个注脚呢?

许知远:二里头这个王朝延续的时间到底多长呢?

许宏：不长，以前认为四百年左右，随着碳十四[1]技术的精确化，二里头的年代越测越短，现在看来是两百多年，距今三千七百多年，存在于公元前一千七百多年到公元前一千五百多年。因为文献记载中的夏王朝是四五百年，所以如果把文献当中的夏跟这个比，它只能是夏的晚期。

许知远：可以推测出大概的人口数量吗？

许宏：好几位学者从不同角度来推，基本上是落实在二至三万人，至少可以说是二万人以上，而现在在二里头遗址上的这几个村的人口总数基本上是一万四千多人，就是说那时比现在的人口密度还要大一些，因为毕竟是都邑。

许知远：会有一天再做更深的挖掘，能显示、描述出二里头人的日常生活吗？

许宏：能。如果只是文献的话，那就是帝王将相、才子佳人这样的东西，即便进入文献非常丰富的历史时期，好多人民日常的生产、生活细节，也没有被写出来。考古学一出来，大大丰富了民间性的东西，类似于人类学。比如说二里头，现在我们在有限的人力和物力的前提下，尽可能做宫殿区，但是我们也开始做平民的生活了，《最早的中国》里面已经谈到，二里头人喜食烧烤，各种猪的骨头有被烧过的痕迹，这都是我们做出来的。

许知远：就是一群二里头人晚上坐在这儿撸串，是吗？

许宏：绝对是这样的。比如说煮菜、蒸菜应该有了，像蒸锅似

---

1 碳十四是碳的一种具放射性的同位素。由于碳元素在自然界的各个同位素的比例一直都很稳定，人们可透过一件古物的碳十四含量，来估计它的大概年龄。

的东西我们叫甗[1]，但是炒菜还没有呢。还有骨针、骨簪，骨簪是当时男人、女人用来梳头发的。在我们的这个大报告里面，这些东西的内容是比较丰富的。

许知远：做了那么长时间的研究，二里头文化里面的哪一个部分，你觉得非常难以理解？

许宏：作为一名考古学者，你肯定要透物见人，我们希望企及的最高境界是透过人的行为判断人的思想。但是人太复杂了，研究者是人，研究对象也是人，更加增大了复杂性。我们经常说，考古人最研究不透的是宗教行为，我们只知道这可能是一个祭祀遗存，但他祭祀谁，他的思想意识是什么，这个太难了。

许知远：二里头突然灭亡的原因是什么呢？

许宏：这个就太有意思了，因为据文献记载，是商把夏灭了，按理说灭国那应该一片狼藉，捣毁宫殿、墓葬什么的，但是现在在二里头，我们根本没有发现它的废弃是由于战乱或者是类似的暴力原因，反而感觉它像中国最早的国家高科技产业基地。二里头作坊一结束，郑州商城[2]那边一个新的作坊起来了，这种时间上的对应性，让人觉得它有一点战略转移的性质。可能商人一开始是土包子，像这种宫室建筑，这些动产、不动产，这些礼制，几乎全盘继承了二里头，可能就像是孔子说的"殷因于夏礼，所损益，可知也"。在中国古代史上，一个落后的文化、落后的族群占领中原，成为主人之后，在文化上被中原文化同化，这种事多的是。所以把这些东西串起来，感觉即便是王朝更替，也没有发生过暴力行为，或者是行

---

1 甗，中国古代的一种烹饪食器和礼器，一般为陶制或青铜制。
2 郑州商城遗址位于河南省郑州市，是商代都城的遗址，年代距今 3500 年左右。

为偏于平和。所以我说上古史和考古学领域,大量的东西是不可验证的,许多研究结论只能是推论和假说。这不是历史虚无主义,而是这样的考古应该是常识性的。

而像夏商分界这种争论,在二十世纪后半叶蔚然大观,形成了中国考古学上空前未有的文化景观,大家争过来打过去。夏商周断代工程极大地推动了相关问题的研究,除了稍微宽裕的经费使得我们可以多测数据,用国家之力把每个学科最好的学者召集到一起来,通过交锋争辩,最后给出一个最接近历史真实的东西,但是这个东西我觉得只能是最优解而非唯一解。

在应用上,中国国家博物馆古代中国陈列馆序厅里面,馆长在一篇序的开头说我们不采用夏商周断代工程的结果,还是用以前的说法,但是在对岸的宝岛台湾,那边的序厅里面用的是夏商周断代工程年表。这是很正常的事,定论根本谈不上,"疑则疑之,不疑则无当代之学问",书上是这么写的,我一直在这么说。

中国从来没有自外于世界

许知远:有没有一个清晰的夏的存在,真那么重要吗?

许宏:这是最大的问题。夏是中国人一个拂不去的梦,从司马迁开始就有这个情结。我们有丰富的文献以及浓厚的史学传统,我们把这个看得比较重,这个时代又正好是我们想提振民族自信心的时代,两者联系在一起了。二里头一定要有夏才重要,大墓一定要是曹操墓才重要,基本上就是这样一种心态。

我认为,中国考古学正面临着巨大的转型期,一个是从文化史转向社会考古学，再一个就是从民族主义考古学转向面向世界的考古学。对于夏的纠结和执着，感觉上升到学术上的政治正确与不正确了，但是作为二里头考古队的队长，从考古学本位上来讲，我认为二里头是最早的中国，但是夏还是商，暂时不知道。我是不敢言夏的，不是历史虚无主义，不是否定夏的存在，而是夏是否存在目前还根本无法证明，无法证真或证伪，在像甲骨文那样的东西出来之前，这个问题是不可能解决的。

要谈学术的话，我们就从材料、逻辑、学理甚至常识来说，信念或者情感，我觉得是另外一个问题了。夏代证实之前，我们可以先把它当成一个宝贵的非物质文化遗产，证明之后咱们再把那个"非"字去掉，不行吗？有损于我们的自信心和自豪感吗？

许知远：对，这里面有很多迷思。一方面我们中国人看起来充满了对历史的向往或者尊重，但是另一方面我们在生活中是毫不尊重历史的，你看我们的城市景观、我们的周围一切都是新的，我们看不到任何传统，看不到任何的延续性。

许宏：你说得太对了，真有同感啊。这三十年是我们获益的三十年，也是文物大破坏的一个时代，越有钱破坏力就可能越大，在这三十年里边，两千多座县级以上的城市被整得几乎一模一样。我前几年到广东东部的几个县城考察商文化因素的玉器，那些县城跟我老家辽南的县城几乎是一模一样的。什么是当地的文化名片呢？只能是传承更多的文化遗产才是富有个性的，这是全球化的一个损失。我们眼睁睁地看着好多东西在消亡，同时又耗资巨万来造一些假的，甚至恢复祭祖活动。但这是皮毛上的传承，这些东西我根本不参加，接受不了。

许知远：你1999年接任队长的时候已经是第三代，前面有一个很明显的传统,那个传统是什么样的?你要把考古队带到什么样的方向呢?

许宏:我一直说任何成果都是站在前人的肩膀上得到的。从某种意义来讲,《最早的中国》是一个集体成果,有半个多世纪的几代人默默无闻的工作。一代人有一代人的念想。我对我的前任两位先生的发掘是这样评价的:第一,他们建构起了为学界所公认的二里头的文化分期和谱系框架,这是基础性的,没有这些就没有以后我们的成就,这是他们最大的功绩;第二,他们通过自己的努力发现一号宫殿、二号宫殿以及那些出土玉器和青铜器,使得学界甚至公众认为二里头是一个大的遗址,这奠定了它重要的学术地位。

那么他们没做的是什么呢?就是从形态的角度对这个遗址做空间布局及其演变过程的研究工作。所以他们的发现给人一种大珠小珠落玉盘的感觉,它作为城市的规划何在?布局的特点何在?所以我接手之后,上任的第一个季度就领着几个探工,顺着这个遗址边缘,用洛阳铲整个打了一圈。加上以前的报告和记录里面披露出来的信息,我第一次在二里头的平面图上勾画出了二里头的现存面积的范围线,这对于聚落形态研究来说是最重要的。

我现在可以说,经过我们的实地勘察,二里头现存范围约三平方公里,从那儿开始中国最早的井字型大道,中国最早的宫城,中国最早的带有中轴线布局的宫殿建筑群,中国最早的车辙,中国最早的围垣作坊区,中国最早的铸造青铜礼器的作坊,这个又被一个大院墙围起来,就是中国最早的国家高科技产业基地。像这些东西,如果只做一项都已经足以引起学界的震动了,那几年简直是应接不暇。

许知远:你会觉得古代中国跟现在的中国之间有很强的连续感、映照感吗?会觉得历史的延续性太强,我们甚至都逃不出古人的布局吗?

许宏：没错，可以这么说。以前人们说中国是从秦汉开始的，居然还能最后到二里头，二里头前面还有它的众多基础，张光直先生所谓的松散的中国互动圈。这是共感，还真是一方水土养一方人，传统的惯性的存在，或许是因为像我们这样的大盆地，没有自然地理阻隔，几条大河以及支流四通八达，导致了人们类同的文化底蕴、生产和生活习惯、共同的思维方式，包括后来的汉字都有这种凝聚力。这个应该是何以中国、何为中国的一种思考。

我就说难为我们考古人了，我们这种形而下的研究，会逼着人思考这些问题，为什么这些酒器、这些最重要的东西放在了墓葬里面作为身份地位的象征物？为什么青铜这样的最新科技手段不是用来做最新的工具或者神像和面具，解决人与自然、人与神的关系，反而是用来做非常熟知的东西，来解决人与人之间的关系？这种一贯性是源远流长的。整个一部中国古代史，几乎可以说是一部胡化的历史，一波一波的人物，代表着最先进的科技，青铜潮，到后来的游牧，基本上就是这样的一个脉络，在这种情况下，大一统的中央集权一直延续到现在。从上时段来看，它何尝不具有历史合理性呢？贯通起来看，好多东西我觉得就不会太纠结了。

许知远：在这样的地理条件和历史传承下，个人自由会不会弱化？对于一个考古学家来讲，是不是个人意志的重要性会降低？

许宏：对，可以这么说。作为一个学者，我甚至都想用宿命这个词，尽管我不太愿意用，但是历史大势总体上的方向应该是可辨的，就是我说的政治是短期的，经济是中长期的，文化是偏于永恒的。大的态势相当于公转，小的还有自转，还有大量的偶然因素，可能导致它稍微脱离轨道，但不能对人的影响做过高的估计。所以从这个意义上讲，我们的心态要放平和，顺其自然吧。

许知远：如果再往前追溯，青铜潮到底是怎么开始、怎么进入中原系统，然后又怎么扩散到更多的地方的？

许宏：这也是整个国际学界一直在探讨的问题。青铜潮基本上是这样一个概念，石器时代演化之后，最早在地中海东岸，所谓的近东、西亚地区，甚至到中亚的一些区域，最初有所谓合金的发明，然后星火燎原，比东亚大陆的出现要早一两千年，以红铜冷锻为主。这之后就是从地中海东岸开始向外辐射，欧洲的天气得天独厚，而且已经玩了几十万年、上百万年的石头，完全可以驾驭住巨石。东亚大陆是青铜潮的接受端，从中亚通过欧亚一直向东来，大体上在距今四千年前后到了新疆，距今三千七百年前后在河西走廊，在甘青地区、内蒙中部、中原地区这几个点开始普遍化了。这些影响和刺激到了黄河中下游，那里有几千年的用泥巴做模子陶器的传统，青铜冶铸一来，跟我们几千年模子陶器的传统相碰撞，碰撞出屹立于全球青铜文明之林的、别具一格的中国青铜文明。

要探求这个源头太难了，因为它在复制的过程中产生了变异。文明的传播像病毒，不是像流水而是像病毒。有学者认为中国的青铜器有可能是本土起源的，还没有定论。但是越来越多的证据表明，我们既不是单纯土生土长的，也不是完全外来的，而是外来文化因素的刺激和本土传统的结合，从量变到质变，基本上就是这样一个脉络和发展过程。我个人倾向于这么来解释。

许知远：有趣的是，我们想象一下二里头这么一个王国，突然有一个高科技从外面进来，又正好用既有技术把它本土化，形成了一个非常兴盛的王国，四方都来，移民又增加了。

许宏：说得太对了，稍微订正一点，青铜冶铸技术来之前，我们看到的是满天星斗，是不是王国我不大清楚，我们一般叫邦国。

二里头之前没有超越一个小流域或者是一个小盆地这样的自然地理单位。那么谁是因谁是果呢？很有可能就是像张光直先生所推测的，青铜被作为关系到国家命脉的重器后，就要寻找制作青铜器的矿料，这成为王国向外扩张的动力。为了找这个东西，要到长江中游去，因为那边铜矿比较多，要到山西去，因为山西中条山有铜矿，除了铜之外还有铅和锡，一个网络开始形成，超越自然地理单元的广域王权国家开始出来了。

从这个意义上讲，可不可以说青铜催生了中国？像二里头这样在东亚大陆从来没有过的、驾驭管理大范围人群的政治架构，究竟是我们独立自主、自力更生、无中生有地发明出来的，还是受到了已经存在的其他区域文明的影响？

举一个相近的例子，我愿意把二里头和秦王朝作为中国古代文明史的两大历史节点，从二里头以前的，满天星斗的、邦国林立的时代，可以叫无中心的多元的时代，演变为从二里头一直到西周时期的有中心的多元时代，可以形容为月明星稀。一体一统化的广域王权国家是到了秦汉，中央集权的大帝国，可以形容为皓月凌空。青铜潮深刻地改变了东亚大陆的历史进程，正因为有这样的认识才有了我的那本《最早的中国》。

许知远：所以你很重要的一个感觉就是，整个人类历史是一个高度开放的历史，自我中心式的理解都是非常自我地造出来的东西？

许宏：太对了，中国从来没有自外于世界。我近年来开始读考古学以外的书籍，受了好多的启发。王明珂先生说世界上绝大部分地区已经不太做自己的数据源这样的工作了，而是从更广阔的视角来研究。

直言不讳地说，我们中华民族的探文明工程，包括我个人做的这种早期中国研究，是一种学术上的寻根问祖，是带着情感来做的。

有利的一面是,一旦进入民国大家的法眼,才能从此结束甲骨文在中药铺里被碾成中药那样一种命运[1]。不利的一面是,我们可能融进了过多的情感,在我们百年以来的探索过程中,救亡图存、民族主义这样的一种情怀和科学理性之间能不能和谐地契合起来,是一个很大的问题。

考古是一门贵重的学科,我希望以更超脱的心态来做学问

许知远:你讲到从更世界的方式看中国的考古,这是不是跟你1997年去日本,接着去很多国外的大学访问有直接的关系?

许宏:这个太有关系了。我没有在欧美留学过,但是深感出国和不出国不可同日而语。我现在做讲座、上课的时候也特别呼吁,如果能出去待几年感受一下再回来,肯定会有助于我们中国考古学的理解。

出过国的同事一回来就会比较严厉地抨击中国考古学的封闭,还有的甚至把话说到了这样的地步:如果没有理论支撑,那么我们大量的田野工作就是一种低层次的重复劳动。这样的提法引起了很多学界前辈的不适,反感海归派质疑传统系统。但我个人觉得,我们现在的学界越来越弥漫着表扬与自我表扬相结合的氛围,缺乏健康的学术批评、学术讨论,过多地考虑学术以外的因素,人际关系、

---

[1] 指清末民初时期,王懿荣、王国维等大家从中药药材甲骨上发现、缀合、辨识出甲骨文,使甲骨从此成为珍贵的研究资料,避免了人为的继续毁灭。

学门、师承。目前这是学界的一个常态，下一步该怎么扭转还不太清楚。刚才说了，当代人怎么看我不在意，我考虑的是两三百年之后大家怎么看许宏的言论和学术研究，还是留给历史评价吧。

许知远：第一代的李济先生也好，傅斯年也好，包括梁思永先生他们，其实在全球学界也是非常靠前的，属于全球考古界的浪潮。怎么看你这代和全球学术考古学浪潮之间的关系呢？

许宏：我们只能是处于转折期、过渡期的一代。我相信隔上一段时间一定会出现比较伟大的人物，但是我们这一代还谈不上。特别希望通过我们的努力，能够迎接或者是拥抱一个高峰的到来，真正在学术水平和学术视野上更多地跟国际接轨，融入那个系统。研究海外考古的据说有几百人，而我们中国学界研究海外考古的大概在个位数，而真正以外国考古为业的能不能到五个都是问题。

许知远：听你介绍关于墨西哥、埃及、希腊的考古，他们的研究方法对你研究二里头有非常直接的影响吗？

许宏：这太有必要了，我们以前只是通过书籍阅读和类似于教授讲学，还是浅层次的。从这个意义上讲，中国现在对外派出考古队，跟国外的同人接触，尤其大部分是青年人，我觉得这是一个极好的开端。但是无论从研究动机、欲求还是从语言上，我觉得还谈不上研究。如果那些参与发掘的年轻学者和学生从中学到了东西，以后他们做中国研究的话，肯定会上一个新台阶。我对学术的发展是持乐观态度的。

许知远：我们前面聊到考古学带有公共意识，对你这样一个考古学家来讲，当代人了解古代的世界，了解他们怎么生活、怎么统治、怎么战争、怎么祭司，这一切为什么那么重要？

许宏：为什么我们要学考古、学历史，为什么对考古和历史感兴趣？我觉得没有必要用高大上的词汇来褒扬我们的学科，首先就是满足人类的好奇心，其次就是安顿身心。所谓古今义理，不都是为了解决人类生存和发展的问题吗？顶多是换了时代，换了服装，人性的好多东西是没有变的。我们一直说鉴古知今，实际上人类的忘性是很大的，我们其实在不断地重复过失和错误。在这种情况下，作为一个文化人，如果你把那些大灾大难、大风大浪都了解了，会看淡个人的小波折，从这个意义上讲，是安顿身心。

再就是为了做一个有教养的人。人起码应该知道一点文化的东西，如果这个都不需求的话，那考古学真的是没什么用。考古学是一门贵重的学科，饥寒交迫用不着考古，考古是一种高层次的东西，是一种熏陶，一种升华，这有点老王卖瓜自卖自夸了。

许知远：另一个问题就是，对古代事迹的重新发现，一定会给当代的智力生活带来大的变革。比如古典希腊对歌德、对席勒，对整个十九世纪欧洲都有很大的影响，由此他们开始重新理解自我的生活。但在中国，比如二十年代的考古思潮发生在中国的战乱时候，好像没有掀起巨大的智力浪潮。对二里头或者因为对古代中国的某种发现，使得一代人忽然之间投身于一种对古典中国的追求之中，整个的审美、知识趣味都发生了很大的改变，也许一定的量变之后会有一个质变，那么由考古学领导智识浪潮的时代会到来吗？

许宏：这方面我是很乐观的。二三十年之前的考古学是一个非常冷的绝学，现在有了考古热，《何以中国》还能卖上几万册，这就是时代和社会的进步。我的这本书不是学术书，属于大众类甚至科普，所以我一直说我是公众考古的践行者，通过这样的方式，我认为是可能产生影响的。

许知远：你的使命感是什么？

许宏：使命感是有的，但是对我来说，我现在处于一种更为超脱的玩学问的心态，不是说我是为了启蒙教化一代新人，真的就是已经脱离了那种爬坡阶段，不是为了稿费、为了职称、为了什么位置，这样可以让我以更加从容的心态来做学问。

所以我希望自己考虑的是，什么是最值得追求的，什么是最值得珍重的。作为中国社会科学院的研究员，我可以申请不坐班，有时间和精力上的相对自由；我做我的远古、上古的学问，有学术思想的相对自由。我现在特别想走郑也夫、李零他们那样的路，不以个人名义申请任何项目，不受过多的限制和束缚。美国做过这样的采访，问那些老年人，最愿意回到人生的哪个阶段。大部分人的回答是回到五十岁前后，人生已经脱离了爬坡阶段，但身体还没有衰弱到不能自理。我现在就是这样的心态，我正在享受我的人生。

1972 年　生于浙江温州
1990 年　从温州中学毕业保送北京大学
1992 年　对"浙江村"进行第一次田野调查，形成硕士论文《跨越边界的社区：北京"浙江村"的生活史》，并于 2000 年出版
1998 年　获北大硕士学位，同年受邀免试英国牛津大学博士
2003 年　获牛津大学博士学位
2008 年　博士论文《全球"猎身"：世界信息产业和印度技术劳工》获美国人类学协会安东尼利兹奖
2020 年　出版《把自己作为方法：与项飙谈话》
　　　　现为牛津大学社会人类学教授、德国马克斯·普朗克社会人类学研究所所长

扫码观看视频

项飚

理想的知识分子,
神经一定要跟着时代跳动

Chapter 10

我入读北大时,项飙已是一个传奇。我记得他的消瘦面孔以及他研究的课题,关于北京的"浙江村"。至于这研究到底为何重要,我毫无概念,只记得费孝通也对此颇为肯定。十四年之后,我在牛津大学第一次跟他会面,我们在一处草坪上谈了一整个下午。具体的内容,我大多忘却,印象尤深的是他刚到牛津时的失语,前往印度及澳大利亚的考察,以及他惊人的坦诚与开放。

　　我们相约温州时,又十年过去了。我们重访了他当年在"浙江村"结识的几个朋友。我看着人群中的项飙,被各种申诉、抱怨所包围,那些温州话令人费解,像是来自一个完全不同的世界。他温柔、耐心,深知自己无法解决具体问题,却觉得倾听或许也能缓解他们的愤懑与委屈。

　　自"浙江村"之后,他又完成了印度IT工人的状况调查,如今正在调查东北移民群落,他着迷于流动性的身份。他是这个时代少见的知识分子,具有一种充分的现实感,同时有着精确的解释力。性格上的温暖与智识上的勇气,在他身上结合得如此恰当。

做人类学调查，
经常会感到心痛和无奈

许知远：你在非常年轻的时候出了这本《跨越边界的社区：北京"浙江村"的生活史》（以下简称《浙江村》），某种意义上立即成为经典，现在你怎么看这本书在你人生中扮演的角色？

项飙：我很早就获得认可，而且认可来得比较容易，不经意间大家就都觉得我做得比较好。得到认可带来的好与不好是同时存在的。我变得勤奋了，觉得一定要做些事情。不好的地方是有了被认可所绑架的危险，做事情就希望得到认可，而且希望得到相当高的认可，所以后来选择课题就会有点投机性。可能我余生都得为此挣扎，没有解决的方案。

这本书可能确实是我人生中非常重要、不能超越的一个东西。不能超越并不是指思想深度，而是因为这个研究是在一个相当特殊的人生阶段，用一种非常特殊的方式去做的。那时我很年轻，还在读本科，对世界有立足于知识基础的批判的冲动。而且我也不是为了发表而做的研究，完全放开，是一次拥抱式的、自己投入进去的调查。

许知远："浙江村"的人对自己被写进这本书有强烈的感觉吗？还是并没有那么在乎？

项飙：开始的时候我比较担心，因为用的是谐音的化名，一看就知道谁是谁，所以不太敢告诉"浙江村"的朋友。后来回去看他们的时候才知道，其实他们非常重视这本书。有一个人还买了二十多本。我觉得有些奇怪，里面写的东西完全不是赞扬性的，一些所谓的不太光彩的东西也写在里面。但是他们好像并不太在乎，他们重视的是自己能够被书写，奋斗的经历能够被记录下来，成为历史的一部分。

许知远：早上我们一见到"浙江村"的人，他们就向你表达和抱怨他们的困难与不满。这个场景你之前就很熟悉吗？

项飙：这次激烈一点。那时候他们还年轻，而且那时候经济总量是上升的，人就总觉得最重要的事情是下一步，下一个投资。以前的问题当然要解决，但更重要的首先是下一步怎么做。而今天他们已经六十岁以上了，也没有养老保障，面对困难的心境很不一样。那时候有希望，还能再赌一把，现在不可能这么想了。

做人类学调查，经常会感到心痛和无奈，因为你明明知道你做不了什么，没有办法应对。那你听他说话，究竟在听什么？他告诉你他的困难，是想让你帮他找一个解决办法，可是你听他说话的时候，是希望听出一些理论含义来的。这其实是很不负责任的一种做法。

许知远：这应该是你从最初想成为一个社会学家或人类学家开始就必然要面临的问题？

项飙：当时完全没有意识到。我做调查的时候还很年轻，怎样面对你的调查对象所经历的不公和苦难，这是在我做调查的中期才出现的问题。而且当时的情况也不太一样。当时"浙江村"的人对自己的定位是非常边缘的，他们觉得我来自南方的农村，能够到北京做生意就已经是很不错的事了，面临种种问题时，只会想着怎样咬着牙克服。像我1994年去东莞做调查，问题也很多、很明显，但农民工并没有说"请你帮助我们解决一个问题"。现在他们有了一种权利主体的意识，这是一个很大的进步，所以他们一定要诉求一个比较正式的力量来解决问题。对正式力量的依赖越来越大，这说明他们作为公民的意识在增强。

许知远：'浙江村'是温州精神中非常重要的一部分，温州经验、温州精神在当代语境里被极大地缩减了，它被简化成一个简单的经济故事。如果更公正地描述这种精神，会是什么样呢？

项飙：对于温州的经验，确实还是没有很好的总结。比方说像一些电视剧，只是总结为吃苦耐劳之类。而且我们要赋予其外在意义的冲动太强，总要去歌颂，或者要去批评它的落后，但事实肯定是比较复杂的。其实各个地方都有自己的精神，为什么温州精神在中国改革开放以后受到特别大的关注呢？因为它给外人的印象是，在体制之外，在没有被赋予正式资源的条件下，自己可以发展起来。"浙江村"就是它空间上的放大。《浙江村》的核心是，市场交易可以把原来紧紧附着在土地上的村子里的亲属关系、社区关系放大为一个很大的社会网络，通过这个社会网络，大家能够在不同的地方互相呼应，在不同的地方跟不同的地方政府互动，从而形成一个相对自主的空间——在资源调配上，甚至在应对政府政策上。

现在温州精神确实遇到了危机，因为完全靠自己的乡土关系，从不同侧面对正式制度进行打洞的办法已经不灵了。所以其实并没有一个所谓的"温州精神"可以永远带你从胜利走向胜利。不会是这样的。我一般不太用这个概念去思考，我就是去思考它的具体运作模式，它怎么利用乡土关系处理经济利益关系，在多大程度上可以容忍这种模糊性，在多大程度上又需要精确性。

许知远：如果让你写"浙江村"的续曲，你会写什么？

项飙：可能更多地是去思考，原来那种乡土的放大现在是不是被打断了？原来的逻辑是不是还在继续？我们看到一个现象，就是正式体制变得越来越重要。原来做的"浙江村"研究也不是说这些人都在正式体制之外，而是说它和正式体制有不同侧面的互动。正式体制有的时候内部是很分裂的，但在"浙江村"里人的网络其实是联合的，所以通过互动，反而塑造了更大的空间。现在有点倒过来，正式体制的自我整合性已经渗透到日常生活中了，自发形成的民间网络其实反倒有点破碎。民间网络这一块也应该正规化，要有自我组织性，要变得更有效。这一块还没有探索出来，我觉得这个是很重要的。所以要写续曲的话，可能会思考这个问题。

许知远：费孝通也是很年轻的时候写出《江村经济》，你第一次读到它是什么感觉？

项飙：我高中时读的其实都是"文化热"催生的那些报告文学，喜欢用宏大的话语。在我被"文化热"烫了一下后，读到费老的书，一下子给我一种清凉感。他的书是落地的，都是非常具体的描述，近乎白描，用很小的词，说的也是小道理，但是希望用小道理叠出一个大的图景。后来我才理解，对生活做那样的白描是很不容易的。这是引导我工作的一个基本方式，到现在为止，我还很珍惜。

许知远：1990年你进北大的时候，学校当时的气氛是什么样的？

项飙：非常静寂。北大被资源化是1992年之后，我记得应该是邓小平"南方讲话"之后。原来意识形态工作是最重要的，但一夜之间被资源的运营工作所取代，学校也在讲赚钱，黑猫白猫的说法又重新回来。你在实践上可以很大胆地去说去做。有些争论又重新兴起，比如姓"资"还是姓"社"。这造成了一种思想很开放的感觉，反而没有很强的学术气氛。

所以我觉得我占了便宜，如果在一个太学术的气氛下，我可能会被迫去回答一些问题，比如这个或那个有什么理论/学术意义，那我就没有野生的机会了。在当时那种宽松的、开放的、比较混乱的氛围下，我可以野蛮地自己去探索一番。

要真正发现知识上的美感，
需要有距离感

许知远：对一个外行，怎么简单解释什么是民族志？

项飙：这是一个相对新的词，我自己也是这两年才在中文里使用。民族志当然是对一个人的行为及其理解的一种书写，它和社会学的调查不一样，它不是通过数据，不是通过借用外在给予的一些标准对你的生活进行分类，比如把你的经济体系、宗教体系分开来。

第一，它是调查人本身在干什么，没有经济、政治或者宗教的分化，特别在底层，很多事情都是混杂在一块儿的，所以体现出混杂性，这个是很重要的。第二，它强调一种完整性，注意到生活是一个整体，不同侧面的生活是紧密联系在一起的，民族志是要把这种联系呈现出来，但是很难把它浓缩成理论。所以民族志更像是织布，把经纬度织出来，还要有一定厚度，并且织出来的布是可触摸的，质地感很强。

许知远：这种观察世界的方法是什么时候兴起的呢？

项飙：作为一种观察，应该很久远就存在了，比方说游记、笔记。当然它们不会展开对生活体系的描写，但是对某一种风俗的记录会有这种观察的意味在里头。

许知远：某种意义上，小说是最好的民族志。

项飙：对呀，某种意义上。至于说什么时候这种观察的方式被固定为一种专业的方式，一般认为和殖民主义有直接联系。西方的殖民者到了被殖民地，觉得文化差别太大了，没办法套用已经被限定的概念去理解，需要系统地描述整体的生活。所以后来有了马林诺夫斯基[1]以实地调查为基础的民族志。当然早先也有一些这样的做法，通过当时的传教士或者记者的笔记凑出来。

刚才没有讲到，现代学术应用上的民族志很重要的一点是，必须以实地调查为基础。一般认为，一个人类学家要写这个地方的民族志，就应该到这个地方去生活一段时间，这是一个不成文的规定。西方的大学规定最少是八个月，因为至少要这么长的时间才能开始建立信任关系。原来是十二个月，因为以前是农耕社会，四季很重要。

这种实地调查反复强调的是，一定要理解被研究者怎么理解世界，一定要有当地人的眼光，这是民族志很重要的一个原则。最开始是十九世纪末期到二十世纪初期兴起的"去殖民运动"，后来有1968年西方对西方文明的整体性反思，在八十年代又有这种后现代的反思——这么写真的能代表被研究者们吗？如此等等。民族志也就成为一个敏感的话题。

许知远：你什么时候意识到这种观察方法和你个人的性格是特别契合的？

项飙：可能很早很早了，远在我知道民族志这个词之前。还是高中的时候，我就去乐清柳市镇的一家民营企业做过社会实践，当时观察到的一些细节很好玩。我们住的招待所的前台一直在接电路板，一大摞电路板。我问她是招待所电线有问题吗。原来不是，是她的一个亲戚的工厂在加工电路板，就把这种简单的搭接工作发包到各个亲戚家。这是一个很小的细节，但是让我关注到一个很有意思的事情，温州地区乡镇企业是怎么发展的。与其说是一个经济组织，不如说是一个社会网络，比如这个电路板的加工工厂，它主要

---

[1] 马林诺夫斯基，波兰裔英国人类学家。他提出了通过实地参与聚落生活来书写民族志的新方法，并开创最早的社会人类学课程，故有人称他为民族志之父。

是通过亲戚网络来组织的。

这对我影响很大,和我后来在"浙江村"调查以及现在对平台经济的兴趣都是有关系的。一个公司要做大,当然得有它的内部结构,但更重要的是它的触角一定要伸展到社会上去。怎样把社会上的人——不管是作为消费者,还是贡献者——笼络起来,这个问题很重要,这不是简单的经济分配的关系。

许知远:真是很敏锐啊。

项飙:就是一种好奇吧,还有好问。如果把学术讨论作为一种工作方式的话,好像我们都觉得敏锐是一种智识上的能力,需要培养,但如果当时我有这样一个学生,我倒觉得他最可贵的不一定是敏锐,而是他的好问。

许知远:你的好问是怎么来的?跟家里的环境有关系,还是你自己的性格带来的?

项飙:我其实觉得自己有一点非常轻微的自闭症,和人交流不是我的长项,所以很奇怪地,我做了人类学。但我的确很好奇背后是怎么回事,比如线路板从哪里来,这么做能赚多少钱,怎么样还回去。好问的意思,不是说我问一个问题,我真正的兴趣是它们之间的联系,我有一个问题链。这就回到民族志了,问题链要展现什么?就是要展现不同现象之间的关系。所以如果说我的工作还有能做贡献的地方,不是说做一些论断性的因果关系的检测,而是发现普遍联系的丰富性。

许知远:你的整个青春期正好是八十年代"文化热"的时候,而"文化热"中很多东西是文本性的,但是你好像对实践的知识兴趣更强烈,是不是跟温州这个地方有关系?

项飙：我对文字的距离感会让很多人都表示惊讶，其实我的阅读是很差的。知识分子一般都会说，阅读不仅带来智识上的愉悦，还带来一种心灵的平静，但我很少有这种感觉，因为文字都是成型的，已经把事情讲得很清楚了，对我来说就不够有魅力了。

为什么实践的知识反而对我更有吸引力，确实跟温州的文化有一点关系。我们成长的时候，有些国有企业都要倒闭了，大家都在想办法谋生路，实践非常多样。温州人坐下来聊天，都在讲自己怎么做生意，讲得非常具体。而且他们的考虑都是很务实的，赔了是什么原因，赚了是什么原因，里头有很多丰富的材料，有很多逻辑链。人们不断摸索，要找出一种办法，要解决一个问题，这种过程对我来说很有意思。这种实践的、未成形的、不确定的东西，让我体验到实践当中知识的美感。

许知远：那就很有趣了！你的生活中充满了实践技能的谈论，但你的外公又是一个有点疏离的人，有点格格不入，这两者交杂在一起是什么样的感觉？

项飙：我外公是一个比较疏离的人，因为他的父亲比较特殊。他是最早一批清末新政时公派到日本学习的学生，回来以后抛弃了在乐清的妻儿，后来又抽鸦片，等解放之后就成了反动分子，所以后来其实整个家庭是沉沦了的。当时他从日本带回很多日本海军的教科书、铜的纽扣，结果这些在家里都很有用。小孩的衣服小小的，但有一副大大的日本海军铜扣，穿着它在街上走过，可能给我外公造成了一种超越现实的感觉，他总觉得外面有一个很大的世界。这种超越身在的小世界的感觉很重要，因为它提供了一种意义，具体是什么意义，不知道，反正提供了一种意义空间。

我不知道我外公接受的正式教育是多少年，但不是很高。他住在温州一个相当底层的城市社区，在那样的环境下，他好像与现实很有距离感——他以一种自己的礼仪来待人,对别人的事情他也愿意做评论,但是非常客气,所以他有点格格不入。我从小就是他的听众,这个对我有蛮重要的影响,因为对实践的知识感兴趣,也一定要有距离感,有点距离感之后才能产生美感。要是完全被卷入,那我就想着怎么赶快去赚钱了。

许知远:坐在我面前的,本来应该是个年轻的温州商人。

项飙:是,那概率确实是更大的。大部分人是走那条路,转到实践中去了。所以要真正发现一种知识上的美感,需要有距离感。这种距离感和超越感,至少在我外公那里是一体的——在物质条件上没有什么优越,这种优越来自一种精神,比如对家庭历史的回忆,等等。"优越感"听起来是个不好的词,但不一定是坏事,它其实是给你一种感觉,你能够控制你生活的世界,不是生活的世界完全主宰你。虽然你可能要为钱挣扎,但至少在精神上,你可以从上往下地去看,你感到自己超出了生活,是在一个更大的平台上看这个世界。如果没有这种所谓优越感的话,距离感也很难产生。

许知远:温州是一个充满实践的地方,你现在也做东北的课题,东北人没有那么多实践,你和他们谈话是什么感觉?

项飙:我做的课题是东北人出国打工,你知道劳务人员要交很多钱给中介的,所以我的课题出发点其实很朴素,为什么劳务工人即便要付那么多钱还是要出去工作?

你问东北人和温州人是不是有很大的不一样,如果刻意比较的话,东北的模糊性是很重要的,他也在实践,也想出国打工,但如果事先把一切风险都计算好,第一步就迈不出去了。所以需要一定的模糊性,他就凭着一种感觉,说我信任你。这样就衍生出新的问题,信任是怎么样落实的。最后我发现,它的秩序是靠大中介小中介这种等级分层来控制的。这和温州不太一样，温州有经济上的分化，但它的发展是非常平面的。它有这种文化，愿意把事情讲得很清楚，即使是亲戚之间也会讲得非常清楚。亲兄弟明算账，这是温州人挂在嘴边的一句话。它不太需要一种比较正式的等级化的东西来控制交易过程和秩序。但现在温州人之间也越来越靠一些比较正式的制度来运转，方式逐渐趋同了。

许知远：东北实际上是从昔日的荣光突然衰落的，从一个被佩服的工人老大哥的形象，变成了一个被调侃的小品式的形象。我很好奇，作为一个旁观者，你在观察过去十年的东北时，怎么理解他们的精神世界或者他们的心理、行为？如果用民族志的方式做一种全盘式的描述，怎么描述他们？

项飙：可能会让你有点惊讶的是，东北和温州有很多共同点。温州人非常强调实践，但在调查过程中，我发现他们其实有一种很强烈的名头上的不自信，有一种被正式体制认可的愿望，这个超出我的想象。"浙江村"的第二代，除非企业做得特别大，会选择子承父业，不然父母对子女寄望的首选职业是什么？你可能很难猜到——是公务员，第二是去国企，第三是去外企，他觉得那样的工作才安稳，体面，受尊重。实在不行了，那就回来在我厂里工作，接我的班。温州人很实惠，但实际上温州人也很爱面子，花很多钱办婚礼等，充满很多非理性的行为。

而东北在经济衰落过程中，它对原来那一套象征体系的迷恋也超出我的想象。当然我对东北的了解是比较有限的，就是通过出国打工的案例来研究。比如他们对上一层的中介会有那么高的兴致，理所当然地认为最后一定要经过在沈阳注册或在北京注册的更大更正式的中介出国，但又跟那些中介挂不上钩，所以要通过乡镇的中介，就是下一层的代理来完成出国的过程。因为那些更大的中介好像更接近于正式的体制，更接近于国家意志。那些从北京来的中介下到地方时，的确会被当作从上面来的重要人物，中介和工人说话也都喜欢带着国字头，总是国家说国家说，这样大家就更相信。这种奇怪的信任，和整个代理出国的组织运作是绕在一起的。

所以总的来讲，不管是东北的上升期还是下降期，这种体制的象征非常重要。象征从哪里来？象征是历史形成的，所以历史仍然很重要；并不是历史本身重要，而是在当今的实践中被调动起来的历史因素很重要。

许知远：过去一个多世纪，广东人、福建人、温州人一拨拨移民，怎么理解这一轮东北人的移民，在更长的中国移民史中，他们意味着什么？

项飙：这对我是个新问题，我没有把它放到一个移民史的角度下看。刚才讲到历史的重要性正在于历史是动态的，看温州看福建，大家都说移民有很长的历史，而东北给我们一个很好的反例，说明历史可以变化得很快。

过去有闯关东，东北过去就是个移民社会，被开关之后，很快日本人入侵，然后苏俄的工业化进入，到1949年重工业发展，也就几十年的时间，东北好像一下子从一个移民社会变成一个最不流动的社会。大家现在一说东北，好像就觉得它没有流动的传统，虽然很多人都是来自东北，而且改革开放后，早期发展深圳的时候，就有很多东北人过去。到了这些年，东北出现移民潮，产业空心化是一个非常直接的原因，就是为了找出路。

要跟中国移民史比较的话，东北移民的一个比较重要的特色是民间网络不成熟，扮演的作用比较小或者相对小，这也是为什么我要去调查中介，因为他们大都是通过中介来移民，这是一种非常专业化的流动方式。移民的地方是日本、韩国、新加坡这些亚洲国家，离东北近是一部分原因，但主要原因是这些国家和中国政府有劳务输出的双边协定，所以就有中介来组织这些工作。现在东北的中介不仅是组织东北的劳务输出，在全国的劳务输出里也扮演很重要的角色——东北劳务输出的一个特色是它的中介能力很强。这也和原来的体制有关系，很多中介就是原来的国有企业演化而来的，所以办手续的能力很强。

许知远：这和温州、福建形成鲜明的对比。

项飙：是，它对 paper works 没有概念，而是基于对行政系统的理解。但我倒觉得把这看成东北变化的一部分可能更有意思，而不是看成移民史变化的一部分。

许知远：广东、福建、温州的早期移民对家乡是一种宗族亲缘的感觉，东北没有那些宗族系统，我很好奇它和家乡是什么关系？

项飙：第一，东北原来没有这套宗族关系；第二，它的流出不是亲戚带亲戚地流出，而是通过这种正式中介独立地流出；第三，务工者都是签了临时劳动合同的，也就是说两三年之后必然要回来，所以不会觉得和家乡的关系是一个很大的问题，不会形成东南移民的格局。

东南移民是什么格局呢？在海外形成自己的小世界，因为他们是通过所谓链式流动被一个一个带出去的，像是家族的复制。要维持这种家族的海外复制，就要对中国的家乡不断进行再投入，不管是金融投资，还是精神上的反哺。海外的关系要撑着，海外家族要互相认同，一定要拿国内当参照系，这两个是很重要的互补关系。也就是说，原来东南沿海那种流动的秩序，主要是通过家族关系来维系，但东北这种流动的秩序主要是通过中介维系，它的整个组织方式被正式化了。

许知远：这也挺有趣的，过去这些移民要在海外复制一个小福州、小温州，因为很遥远，他们有那种乡愁的想象。但像现在，东北移民本来就没有类似于小温州、小福州这样的概念，又生活在一个即时通讯的时代，情感可以立刻表达出去，这种想象空间是消失了的。你觉得这种想象的消失会带来什么？

项飙：这个很有意思，当然人类学没办法完全回答这个问题，但这是非常有意思的一个问题，就是说想象是需要障碍的。

但更大的问题是，空间障碍消失之后，意义系统如何构建？人和人的关系怎样组织？我的一个非常粗略的感觉是，因为人越来越原子化、个体化，具体而微的人和人的关系会变得比较松散；但是同时，意义系统极度集中化，我不太信任你，但咱们都信任阿里的支付体系，对抽象系统高度信任。因为假如不信任，你就不可能有这种方便性，而对具体的人和人叠加出来的信任会慢慢消失。再就是，可能那些最原生的社会关系会本质化，就是说家庭关系又重新被认为是一个很重要的事，生物学的关系又变得越来越重要了。

我是边想边说，总结一下的话，就是有这样三层影响：一般的人际关系的松散，对抽象系统的信任，生物性关系重新绝对化。

要重新关注附近，
培养看自己生活的这双眼睛很重要

许知远：做调查的时候，会跟东北人喝酒吗？

项飙：跟东北人不敢喝酒，不能起这个头，所以一开始就划清界限,说自己不喝酒。有很多这类刻板印象,和东北人做调查一定要喝酒,一定要抽烟,其实不是的。保持这种边界,让我更放松,也让他们更放松。他们知道你和他们不一样,如果完全打成一片,反而比较奇怪。

许知远:而且大家也习惯对陌生人表达。

项飙:这种和陌生人谈话的愉悦是普遍的,当然也不是每个人都这样,但有的人会特别愿。所以做调查非常重要的是——这是每个人类学家都同意的——要找出几个关键的被调查者,这种人通常叙述能力好,他对自己的世界很好奇,他在不断地观察。这样的人碰见我们,其实也很高兴,他愿意敞开。

许知远:一个有意思的社会是很多普通人可以清晰地描述自己生活的世界。有次我去苏格兰玩,要找一个公园,就找到一个当地人问路,他特别有趣,对自己周围的环境有清晰的认识,会告诉我周围那些地方的历史,好像很有意愿启蒙你。但我们在这方面普遍挺弱的,你去问路的话,会发现他对周围的世界几乎一无所知,尽管他在那儿可能待了很久了。

项飙:我不知道是不是中国特别弱,我倒觉得不一定,因为中国的历史叙述是很强的,当然,它一般被象征化了,习惯用宏大的历史叙述,显然是很有选择的。但是你刚才讲到一个很重要的问题,就是对自己周边世界没有形成一个叙述的愿望和能力。

让我感兴趣的是这种能力和之前讲到的超越生活的关系。今天中国的年轻学生,你要问他,你父母当时买这个房子是怎么考虑的?这个小区在你居住的城市里,在社会意义上处于什么样的位置?他描述不清楚,他会觉得这个有点无聊,不重要,因为他觉得重要的是要超越这个。所以他对怎么样考大学,对世界大学的排名非常清楚。前面我觉得这种超越感很重要，因为没有超越感，你不会对实践的东西发生兴趣。但现在又出现另外一种矛盾了，他只超越，却没有通过超越来回看自己身边的世界，所以这种超越其实是一种没有回观能力的超越。超越有两种，一种是让你觉得自己在从上往下看自己的生活，所以有一种底气，另外一种是让你赶快逃离现在的生活。

许知远：有时候不仅要逃离自己的生活环境，自己的小区，还要完全逃离自我，而且喜欢对大的事情发言。这变成一个很有趣的矛盾，一方面每个人都非常强调自我，年轻一代认为自我非常重要，但同时那个自我又是一个集体性的自我。你怎么看这种矛盾？

项飙：与其说是矛盾，不如说是分裂。人是有很多层次的，一个是纯粹的自我，再有一个是作为集体的载体。多个层次的个体当然是有紧张关系的，是有矛盾关系的，可大部分时间应该是整合在一起的，但现在出现了断裂。有的时候他一下子跳出来，对一个宏大的事件做很宏大的评论，但对附近没有兴趣。他只对家里头感兴趣，要不就是全世界。

许知远：两个极端。

项飙：是，附近的消失是一个问题，原因当然有很多，我觉得市场是其中一个很重要的原因。因为市场是让一切都被平均化，它认为附近是一个障碍，它要让距离对交易不产生任何影响，交易应该是没有摩擦的。

我很想推动的一个事情是让人类学修养变得比较大众化，让普通人对附近发生兴趣，不管是空间上的附近，还是时间上的附近。我觉得这个对社会很重要。

许知远：这个太有意思了。

项飙：有一次在日本一家小店吃天妇罗，我和厨师聊天，他说，这个海胆是从濑户内海的一个长期联络的渔民那儿买来的。他会告诉你，那个渔民捞海胆时是很冷或是有点危险的，所以他对渔民在海胆里付出的劳动有一种敬畏，然后他就会用心去做。他把他世界附近的这些事情讲得非常清楚，而且对这些来源有一种尊重。这种感觉很微妙，你听他说到这些，坐在那里吃的时候，你也会用心去吃。

许知远：吃的是整个意义系统。

项飙：对呀，而且你本来就是笼罩在一个意义系统下面。当你看到这些，你就和你世界的附近也建立起一种关系了。一方面你看到一些被隐蔽的关系，另外一方面你还看到了你自己，因为你的生活就是靠他们的劳动构造出来的。这个很重要。要写一个民族志的话，很重要的是让读者认得这个东西，什么叫认得？认得就是说读者和它之间发生了一种很实质性的联系，而且这种联系最好是他原来没有认识到的，这会搅动他很多思绪，让他有新的认识。所以认得非常重要。民族志在现代意义上的一个魅力就是，它让你看到这种你想象不到的联系。

当然这么说也可能不公平了，但的确我们读的很多东西好像觉得懂了，但其实我们不认得的，都是和周边的生活没有关系的。今天的电视也是这样，它要塑造一个遥不可及的东西，然后让你去追求，其实你并不真正认得它。这和之前谈到的超越性有关系。它提供给你一种超越感，这个当然也有意义，但更重要的是，你从附近，从周边，一下子能够认得，原来我的处境是这样的，我跟这些人有这样的关系。

许知远：所以你看我们现在生活的世界，微信的世界、阿里巴巴的世界、美团外卖、各种APP，没有任何距离，全部都成了附近，那种层次感消失了，心理上的附近就消失了。

项飙：对，这可能是很需要去做的一个工作，因为一切都好像被抽象化了。高科技确实带来很多好的事情，但高科技平台经济把很多东西变得不可认得了，很模糊，所以培养看自己生活的这双眼睛就变得很重要。

如果要了解附近到哪儿去了，你可以去问美团平台的设计师，对他来讲，附近太重要了，他得要精准地掌握所有附近的大数据。这说明附近其实是生活和社会构造过程中的一个必不可少的环节，因为大数据其实是靠这种附近叠加出来的。第二个意思，就是你讲的，肉体直接感知的附近转化为数据化的附近。这个转化背后有资本的力量，它是一个技术过程，是很多利益的重新组合，会带来一种新的方便感——我要什么，马上就能来，所以会带来很多我们看不见的劳动。附近是靠人的活动编织出来的，现在你的活动消失了，但别人在付出劳动，快递小哥在争分夺秒，数据化的附近是靠他们这种非常物理的劳动编织出来的。

许知远：温州也是一个快递中心。他们是看不见的劳动力，而且很大程度是被忽略的群体。他们要平滑过渡中间所有的摩擦，如果做一个观察，应该怎么描述他们呢？

项飙：怎么去看这个新群体的浮现，我不能给你一个非常明确的答案。总的来讲，一是内部的，比如，快递小哥是怎么被组织起来的，他们的生活状态是什么样的；二是要注意到，快递小哥的兴起，平台经济和城市中产阶级的兴起，以及我们对这种方便的需求、对拖延的极度不耐烦的这种新的心态，这些都是联系在一起的。

许知远：是的，经常快递小哥晚到五分钟就要被吼，时间突然变得如此重要,你怎么理解这种时间感的变化?

项飙:这个就很复杂了,时间是一个很大的哲学命题,但是从人类学的角度来讲,总体的趋势是,时间征服空间。原来描述远近是通过人的行动,比方说,我和你的距离是一袋烟的工夫能够走得到,这是靠人的行动来描述空间。

后来时间变得越来越抽象,所以工业化时代,大家认为最重要的象征就是时钟。钟表的行程非常明确。这时,不是靠人的行为来描述时间,而是倒过来,通过时间来规范你的行为。1994年我在东莞调查民工的时候,他们上厕所是要看着时间的,因为是流水线作业,要等到下一个空档的时候你才能去上厕所,上厕所超过规定时间,是要被扣钱的。用机械化的标准时间控制人的行为,这是非常线性的时间。所以马克思认为,在资本主义条件下,时间变得越来越重要,资本运行都是靠时间来计算的,空间变得不太重要,这是时间对空间的消除。当然,这不完全对。

到了现在这种社交时代,一个很大的变化就是,时间不再是线性的了,时间变得比较碎片化,我们的时间感非常强烈,但这种时间感和工业时代的那种线性的、单向的时间感不一样,现在的时间感追求的是一种即时性,一个即刻、平滑、无摩擦的交易,所以他会对这几分钟很计较。技术越来越发达,5G 网络建立起来之后,交易时间的摩擦会越来越短,对即时性的要求会越来越高,即刻的兴起会是一个巨大的问题。

许知远:这种即刻性对人本身或者人类社会的组织方式会带来什么改变?

项飙:很难下断论,因为这是一种新的现象,但现在能够看到的似乎是一种反思能力的下降,因为好像一切都没有距离了,变成即刻的了。你被即刻裹挟了,很舒服地被裹挟了。在这样一个巨大的方便下,咕噜咕噜,就是一个即刻到下一个即刻,你也不再去思考你和附近的人的关系,因为它已经变成一种非常规的、即刻性的关系。

许知远:会不会出现一种新的野蛮化或者本能化?因为道德感是在相对更长期的关系中形成的。

项飙:我们还有其他社会生活,家庭生活、学校教育也很重要,不都是即刻性的。但在这种被即刻、方便所裹挟的趋势下,有可能道德变得非常情绪化、极端化。

许知远:情绪化已经发生了,整个社会已经高度情绪化。

项飙:所以说会不会野蛮化倒值得观察,但会让一些遥远的道德问题变得高度情绪化。好像道德上被伤害了,但是这种情绪也很快会下去。

许知远:对于附近,你不是一个纯粹的旁观者。

项飙:今天很重要的一点是,要重新关注附近,想一想附近的社会究竟怎么能够完善。

前面我们谈的可能会给大家一个印象,附近是存在的,只是被我们忽视了,没有看到。不是的,附近不是天然给予的,附近是构造出来的,要通过人有意识地参与。

重建个人的意义和尊严，
真正的出路在于重新建构"关系"

许知远：刚刚也提到，生物学意义上的关系又变得重新重要起来，这一点我印象挺深的。其实我们这代人，本来以为整个社会会朝向越来越个人主义的方式运转，不是说原子化，而是更依赖自己的努力，人和人会有更平等的关系，血缘的方式会减弱，但过去几年反而有剧烈的回潮，我们都不可能想到年轻一代竟还需要父母来帮他们决定婚姻。

项飙：绝对想不到，我们那个时候，让父母给你介绍对象，那太掉价了。现在人民广场的相亲角从早上五六点开始就有活动，父母一起上阵。

许知远：而且那个时候"拼爹"是很丢人、很耻辱的一件事儿。现在这种生物学的关系又重新变得重要，你怎么看待这种趋势？

项飙：我觉得好像是我们丧失了一种自信，不再觉得能够构造出一种互相信任的关系，所以就越来越拿这种超社会的生物关系作为意义的基础。

许知远：这种自信的消失，你觉得是什么导致的？是因为整个资源重新高度集中化，个人空间变少吗？还是默认为社会的失败，是制度安排使得个人无法获得更多的可能性？

项飙：我倒不认为是因为社会对个人的压制，拿相亲来说，它还是非常个人主义的，父母为子女操心，不是为了家族的利益，这跟当年的门当户对是完全不一样的。当年的门当户对，为了家族能够再生产，确实要牺牲个人利益。今天是为了子女的最大利益，所以它是非常考虑个人的。

为什么会有这种自信的消失？这个问题很有意思，自信的消失是相当晚近的事情。我大概觉得，贫富分化绝对是一个原因，再就是，和刚刚说的即刻性也是有关系的。听起来很奇怪，时间感的变化怎么会导致婚姻观的变化，但人的行为就是这样的，他对总体生活的感知发生变化，就会对婚姻、对家庭有新的理解。最近有一个有意思的假设，说房地产业是剩女话语的最大赢家，因为对不结婚的剩女的高度恐惧，就逼着大家赶快结婚吧，而结婚最大的事情就是买房子。

许知远：从而创造了某种意义上的"贱民"。

项飙：是啊，如果要脱离"贱民"，你就得买房子，未来的丈母娘是房地产最大的推动者。那么最大的输家是谁？首先是女性本身，特别是受过高等教育的女性。但我认为，在精神意义上，所有人都是输家。它的伤害性确实太大了，不结婚好像成了一个道德问题。

许知远：而且是一种被羞辱的感觉，在道德上对不起父母，在价值上被社会羞辱。

项飙：所有人对生活的理解变得非常单一，所有人在这个话语面前都变得非常脆弱。

许知远：我们怎么抵抗？在这样的状况下怎么重建个人的意义和尊严？

项飙：个人的意义和尊严不在于个人，一定在于关系。我们对世界的理解是从一个整体出发的。近现代社会以后，我们才觉得个人是独一无二的，只有通过对独一无二性的追求，才能够得到自己的尊严和自由。这是一个相当新的想法。但我个人觉得这不是出路。

许知远：但这是北大教育最重要的基石。

项飙：我觉得这有点跑偏了，真正的出路是要重新去构建"关系"。

许知远：为什么觉得这是跑偏了？为什么会觉得个人的独一无二性没有那么重要？

项飙：这是在哲学或者说认识论上，我选择的一个位置，这个问题很难去实证。但我选择的视角有一个很重要的基础，这个基础是实证的，就是人类在已过去的几千年中，怎么看这个事情。大部分的人类学家认为，在大部分的时间里，大部分人并不是在强调个人的独一无二性，大部分人都在想"关系"，像儒教就在讲关系，怎么样去协调关系。

许知远：所以很有可能咱们这代人是一个历史的意外，是一个偶然，包括"五四"时代对个人的寻求，也可能是个偶然。

项飙："五四"时代对个人独特性的关注，一定要把它看成斗争的一部分。它是在一个非常具体的历史条件下的反应，这是非常可贵的。"五四"时候讲到爱是一种情欲的东西，这是儒教之外的，它给你一种很强大的自主性。这种爱的出现是"五四"的一个重要贡献。在僵化的伦理关系下，看不到具体的行动的人，它要通过情感的个人去突破这种沉闷的迂腐的状态。所以个人的概念在"五四"是一个非常强大的思想武器。

"五四"精神不能够轻易否定，但历史条件不一样，就有不一样的继承。上海青年为什么去延安呢？追求个人解放，和个人主义有很强的关系。五十年代的知识青年"上山下乡"，和冲破原来的家庭、父母的权威都是有关系的，但是它转移成了一个革命的理想。再到后来改革开放的个人主义，也都有一种辩证关系在里面：个人和超越个人的理想。

许知远：在我们身上还有挺强的集体主义痕迹和对那种集体理想的渴望。

项飙：但在我们之后，确实到了一个转换的时代，个人变得非常原子化，而且跟即刻结合在一起，就变得比较极端了。所以我觉得是不是应该有个新的回潮。从这个角度，也可以理解为什么有那么多人要搞新儒家，还要祭孔。虽然我也觉得很奇怪，但从中可以理解那种焦虑背后的原因。它不一定是解决方法，但是他们也在试。

许知远：但当年的"新青年"也好，"新文化运动"也好，是对这种回潮的一个巨大的逆反。共和之后重新祭孔，连陈独秀都愤怒过。其实我对近代的回潮有相似的感觉。

项飙：就看怎么样去把握它。我个人的观点是，我不会轻易去否定它，它的出现肯定有合理的原因。所以重要的是怎么能够跟它结合，引导其中合理的因素。这个回潮大部分是自发形成的，是一些人在比较真诚地探索。

许知远：但是对抗回潮的力量如今是被压制的，自由主义话语被压制了。

项飙：对，但我觉得个人自由也不是一个有效的对抗，大众对它有焦虑。

许知远：对我来说这是最大的核心，对你来说可能不是。

项飙：我觉得这是要警惕的。看看现在的年轻人，你不觉得吗？

许知远：关键是，我觉得他们似乎并没有获得真正意义上的尊严和自由。

项飙：你怎么定义你的自由和现在他们感受到的自由的差别？

许知远：他们的这种自由，等于是把责任那一面给切掉了，认为自由就是一个自我的膨胀。

项飙：你觉得责任和尊重这些东西是怎么来的？你要告诉他们。

许知远：这么说起来，就像是一枚硬币的两面，自由也是处在关系里面的，自我和他人的关系，因为你不可能独立存在的。

项飙：是，没有一个天然的个人尊严在那里，它一定是需要构建的，所以你的出发点不能是你个人的自由和尊严，必须是你和别人、你和周围、你和世界的关系，然后从中找到自己的自由和尊严。

许知远：如果费孝通在这个时代去腾讯做调研，你觉得他会怎么写？

项飙：我没办法回答，但这个说法很有意思。费老在《江村经济》里，通过很多细节整合出当时农村经济的情况，指出在农村经济里，农业其实不是全部，甚至不是很重要的一部分；重要的是它的私业，是它的贸易关系，是它的金融关系，但这种金融关系跟农业跟家族又是紧密联系在一起的。所以如果费老今天去腾讯做调研，他所看到的，我估计也是这样一种联系性，以及这个系统是怎么构造的，怎么形成的，腾讯的象征体系是什么，等等。

许知远：他会听到产品经理对下面程序员的骂声吗？

项飙：他有可能会讲到这一层关系，因为人类学关注的是人的具体的行动、感情，以及人和人之间的关系。但在今天的大数据平台经济下，这些已经变成后台了，我们看到的是非人化的东西，大数据技术、金融的交易，等等。所以现在面临的一个重大而具体的挑战是，你能不能有一种穿越的眼光和分析上的自信，从人的角度重新把这些很抽象的技术系统做一个解释。

许知远：说到人，现在程序员也是个巨大的群体，他们隐藏在平滑的表面背后，某种新的时代的产业工人。看起来他们仿佛是去情感化的，所谓"码农"嘛。

项飙：我们会有一种总体的印象，觉得人力的投入越来越不重要，一切都自动化了，数据化了。其实IT产业最是劳动密集型的，程序的设计本身很难被自动化，你必须通过大量的试错才能试出来。所以这个产业讲"996"，因为它实际靠的是人。人的劳动是最终的价值来源。当然这点很难用纯粹的实证科学去证明，特别是古典经济学，它不太愿意承认这一点。

这就出现你说的悖论了，一方面人是这么重要，但一方面又好像是被隐藏的。我们感觉"码农"好像去情感化了，甚至有点非人化了，本身像是变成一个机器在系统里工作。原来的产业工人在工厂里面，那时的车间是一个巨大的熔炉，是一个核反应堆，在车间里，工人们讨论自己的梦想，讨论自己的家庭，讨论自己的性压抑，讨论为什么不公……你看小林多喜二《蟹工船》里讲的，有的是非常生理性的描述，但是得靠那种东西，你才有革命性的东西出来。

现在这些都没了，车间、编程已不再是核反应堆，他的工作场所的社会性意义已经很弱了。问题是，替代的社会场所在哪儿？在哪里它会形成一种新的连接？这个我们不知道，这是需要调查才能发现的。就直观的观察，这是我们需要面对的一个挑战。

从政治经济学的意义上分析，可以认为"码农"是新的产业工人，因为他创造价值。但是作为一个社会政治历史主体，他又不完全是一个产业工人，因为他是很被动的、被裹挟的，是很有代表性的人口。所以，作为一个历史、政治和社会主体，他可能和原来的产业工人很不一样，很难想象他们会有工会，会有一种新的意识形态。

许知远：现在的好多连接是靠消费，或者B站、二次元的方式，他们也在创造自己的意义系统，但这是一种很弱的连接。好像弱连接已经变得很普遍了。再不然就退回到前面说的生物学关系了。

项飙：对，你这个说得很好，就是缺失中间这个层次。中间就是你虽然加入进去，但是你可以去协调，去动员构建出来，对吧。

许知远：晚清的时候，像你外公的父亲这种留学生就是中间社会；到"五四"的时候，知识分子是这种中间社会；到九十年代有所谓中产阶级神话，我们一直以为自己致力于创造一个中间社会、中间层……

项飙：你说的中间是在国家和民间之间的。

许知远：到我们四十多岁的时候，突然发现中间社会的形成是不可能的，或者说本来形成的一些又消失了，重新变成两个极端：一端是码农的世界，一端是马化腾的世界。

项飙：对，你说得很有意思。这个中间的消失，就是附近的消失。"五四"那个时候，可能大家倒不是想构造一个中间，因为它是革命型的，它要成为先锋队。而中间这个意识出现之后，相对"五四"传统来讲，是比较保守的一个概念。

中间这个概念的出现，孙立平老师挺重要的，从八九十年代起他就在寻找中间社会，因为当时没有社会。中间是群众和国家之间的，跟市民社会的概念是相关的。所以你前面讲到的中间这一层，从经济指标上看，从把社会理解为一种消费行为上看，好像是很繁华了，崛起了。但是从社会政治和精神的层面看，这个中间是很弱的。

而且这不仅是中国的问题，很大程度上它是一个全球性的问题。这在西方表现得非常明显，而且比中国还要明显。即使在非洲，在印度，在南亚，这个问题也是明显的。所以才会出现各种民粹主义。民粹主义一定是与精英主义结合的，民粹主义的背后都是精英主义。民粹主义就是精英分子直接代表民众，否则是没有纯粹的民粹主义的。民粹主义的对立面是什么？是中间。民粹主义，就是因为中间消失之后，这两极直接结合在一起形成的。

我希望进入历史本身的过程中去，而且是以非常具体的方式

许知远：这种新的强烈的系统化的倾向，会让你焦虑吗？这个系统不管是指原来既有的体制也好，还是新生的平台也好，它们变得如此强大，怎么办？

项飙：要说焦虑一下子倒说不上，但对我来说是一个巨大的困惑。我估计现在没有人知道答案，因为太新了。

许知远：全世界都不知道怎么面对，Facebook、Google 都不知道。

项飙：而且我们的系统化倾向还要比 Facebook、Google 强大得多，对吧？这个系统对你的生活世界是全方面覆盖的，你的支付，你的社交……全部被覆盖。

许知远：现在还要人脸识别。

项飙：中国的特殊性在这里又体现得非常明显。平台经济在中国、在亚洲的兴起，和全球经济、政治的变化，甚至军事力量的变化都紧密地结合在一起。中国现在是平台公司最多的地方，美国是巨头多，中国是仗着人多。

许知远：因为我们的数据足够多。

项飙：所以这会造成一系列非常实际的问题，需要一些跨学科的研究，而且很需要大众的参与。大众的声音非常重要，他们一定要成为研究主体，所以我们也许需要创造一个新的平台把这些主体组织起来。这也是一个没有讨论过的事情，因为现在知识生产的方式还是很传统的。

许知远：在这么一个时刻，你觉得一个理想的知识分子是什么样子的？

项飙：要很在地，要有非常强的敏感性，对古典的东西当然也要熟悉，但是一定要参与到现在的实践当中去，神经一定要跟着时代跳动。这就回到了葛兰西的所谓传统知识分子有机质，就是说，你的出发点必须是现在的困惑，必须是大众的困惑，必须是最新的变化。你的出发点不能是孔子说了什么，亚里士多德说了什么，马克思说了什么。

许知远：这些古典学的意义何在？

项飙：是一种训练。你要回到那个时代去看，看看孔子跑来跑去到处观察，说了怎样的话来应对当时的世界，但你不能问，孔子当时说的话对我们今天有什么用，不能这么问。你要问的是，如果孔子活在今天，掌握了所有这些信息，像他这样一个思考者，他问的问题会是什么。

许知远：你现在四十几岁，回头看，到底是什么热情驱动你不断地提问，不断地做这些调查？

项飙：每个阶段都不太一样，当然有一点和所有搞研究的人都一样，就是我有对知识的好奇。

许知远：好奇世界是怎么运转的？

项飙：对，但和人文科学不一样的是，我不太愿意给予它意义，或者诠释它，我更接近于自然科学，探寻它究竟怎么工作。毕竟你是以一种非常具体的方式、在一个非常具体的历史环境中活着，你希望对自己生存的环境能够有一些说法，如果没有这样的说法，好像就不能够自我实现，好像就真的和历史、和周边擦肩而过了，所以我希望介入。换句话说，如果我不把这件事情说清楚，我就总觉得自己在历史之外。

许知远：要进入历史或者成为历史的一部分，这种诱惑是什么时候开始变得明确的？

项飙：最早去做"浙江村"调查的时候，就有这种感觉。我书写的不是一个平面的所谓人性的问题，或者说要书写一个温州文化。我要书写的其实是一个变化的过程，是人怎么把原来的一种关系转化为另外一种能量，并且做出一些完全想象不到的事情，以及他们在这个动态过程里是怎么去计算的。我觉得在描述这些的时候，我就是在进入历史。

当然后来出国也很重要，但出国就面临一个巨大的危险，要被抛到历史外面去。因为已经有一套很成熟的学术体系，别人预期你会接受这些，然后进行学术工作。所以那个时候很迷茫、很孤独，就会提醒自己要进入到历史本身的过程中去，而且以非常具体的方式进入。

许知远：九十年代，我们都对西方理论充满了渴望，一提到牛津人类学，都会有他们是中心的想法。你是什么时候开始对他们的系统产生某种怀疑的？

项飙：其实我从来没有对它的系统产生过怀疑。英国的实证主义思想对我来讲是非常契合的，它不太愿意讲大的话，特别是在牛津，一定要用小词，用大词会被认作一种很不好的品味。所以无论聊天还是写作，用词越具体越好，然后讲出的道理要比较大，要有张力。这对我来讲都是很契合的，所以我觉得它本身的系统不是问题。

那它的问题在哪儿？它的问题是，一些在特定历史和政治条件下生产出来的看法，一旦被认作普遍的看法后，他们就认为全世界都是那么运作的。所以不是它本身有问题，而是某些因素在应用的过程中不合用，可能对英国或者西欧，或者某些亚洲国家——比如日本——是比较合用的，但对中国、对印度很不合用。但另外一些因素有可能又是合用的，所以得自己去把握它。这个系统本身是值得学习的，批判它绝对不是我的任务。

许知远：你在2000年左右就去了牛津，一个忧郁的中国年轻人，刚刚完成一本这么重要的书，但在牛津又找不到自己的方向。现在回想起来，那段挣扎的时光对你的意义是什么？是不是变得更加自信了？

项飙：2000年的时候不是忧郁，而是比较焦虑。但回想起来也是蛮幸福的，因为我在专心做一件事情，虽然做得比较难。现在最大的问题就是事情太多，方向太多。当时的挣扎会不会使我有更多的自信？也不见得，后来的自信也是上上下下的，不稳定。

许知远：现在的自信属于上还是下？

项飙：下，现在属于比较下，但是希望去接受它。

许知远：为什么会是下呢？是不是跟关于东北的书没写出来有关系？

项飙：绝对是有关系的。另外就是不知道怎么找到一种合适自己表达的话语。原来你发声，是因为你不太知道这个世界有多大，现在，一方面你知道世界有多大，但另一方面你也知道每个个体都应该有自己的声音，哪怕再渺小，但问题是，你要怎么做才能发出一个很渺小，但有意义又独特的声音呢？我一直在寻找。我还没有找到我自己的声音。

1976 年　出生于以色列海法
2002 年　获得牛津大学博士学位，现任教于希伯来大学历史系
2011 年　因在军事史方面的杰出文章获得了军事历史学会的蒙卡多奖
2014 年　出版《人类简史：从动物到上帝》英文版
2016 年　出版《未来简史：从智人到智神》英文版
2018 年　出版《今日简史：人类命运大议题》英文版
2019 年　就"社会和人工智能的未来"与 Facebook 首席执行官扎克伯格进行讨论

扫码观看视频

尤瓦尔·赫拉利

我不预测未来,
我只想让人们有能力讨论
人类的未来

Chapter 11

人人都在谈论尤瓦尔·赫拉利。这位希伯来大学的年轻教授，曾是一名边缘的中世纪军事史专家，当他在2012年出版《人类简史》后，他的命运戏剧性地改变了。这本以希伯来文写作的通俗历史书，在以色列的畅销榜上盘桓了三年之久，接着被翻译成几十种语言行销于世界各地，几乎登上每地的销售排行榜。

这种流行令人意外又可以理解。他将七千年人类历史，浓缩于几百页的书页里，给予它一种无比简化的划分，贴上了"认知革命""科学革命"这些标签。比起归纳历史，预测未来更有吸引力，他接着写作了《未来简史》。

他的行文与论调，符合时代情绪。人人都感到时代的巨变，一场新技术革命正摧毁既有的政治、经济、文化、道德秩序，一切坚固的事物都烟消云散了。也因此，人人都想抓住一些更确定的东西，渴望用一种简明的方式来了解所处的时代。它还有一种显著的紧迫感，一切都在加速，倘若不抓住新潮流，就会被迅速抛弃。

这也是支配近代中国的情绪，经历一连串的屈辱后，人们将世界当作一个"物竞天择，适者生存"的角逐场。强烈的现实焦灼，激发起一种速成的幻觉，一种理念、一个主义、一种技术、某种组织形态，突然将整个国家带入一个新阶段。

倘若社会达尔文主义原本就已弥漫于中国社会，这场数字革命又为它增加了新强度。它形成了一种有趣的矛盾：一方面，人们遵从高度的实用主义，只想寻求有用的知识，另一方面则陷入一种高度幻想，认定自己可以迅速理解人类历史的进化，能沉浸于浩瀚的星空之美，能进入另一种思考维度，陡然获得一种认知提升，然后降维打击自己的竞争对手。

赫拉利为这类狂欢增加了新燃料。在餐桌上、在分享会上，在投资人与创业者的口中，他的名字是一种硬通货，你可以未读过任何人类学、历史学，没听过列维-斯特劳斯与汤因比，但仍能大谈人类文明的转折时刻,它令一个原本简单的创业项目,陡然有了宏大的意义。

他被当作一个智者与预言家。"不不,我只是个历史学家,不是预言家",他为自己辩解。他不是认为进步不可避免,而是觉得总有人要思考技术变革导致的政治、文化后果。我倒是对他中世纪研究的过往更感兴趣,想知道中世纪的训练,怎样塑造他观察未来的眼光。我也想了解他的个人经验,比如同性恋的身份,是否会影响他的思考。

我们的谈话从达芬奇到赫胥黎,他的言谈比他的行文开放得多,也更富个人色彩。就在我们感到彼此的兴奋时,时间到了,他必须奔赴另一场演讲。我们约定,或许可以在耶路撒冷一见。

十个月后,我们在特拉维夫继续谈话。早晨明媚的阳光以及身在家乡,令他有一种与在上海截然不同的放松感,他变成了希伯来大学的年轻教授,抱怨学生们的藐视权威,而非那个无所不知的预言家。

我对赫拉利的好奇心减弱了,对以色列兴趣浓郁。耶路撒冷老城像是一本被浓缩的历史教科书,一位普通的心理医生也能和你讲述"更高意识"的重要,宗教、历史、政治冲突飘浮在空气中;特拉维夫则洋溢着现代风格,一种逃脱历史的轻快感。在某种意义上,赫拉利正是这片土地的最佳产物。

耶路撒冷对我来说是一座失效的庙宇

许知远：你这学期还开设课程吗？

赫拉利：是的，我每年教一个学期。今年教的是第二个学期，就在几个星期前，课程已经结束了。

许知远：一节课有多少名学生？

赫拉利：我有两个大班，是两门介绍性的课程，一门课介绍人与动物关系的历史，另一门介绍中世纪历史。我还为一个十五人的小团体开设研讨会，讨论世界历史的同一性。

许知远：我听说很多学生想上你的课，在学校里感觉如何？

赫拉利：你知道的，在课堂上名声并不重要。

许知远：教师经历如何塑造你的思想呢？教学过程如何影响你的思考或写作？

赫拉利：与学生进行互动是非常重要的，你可以在聪明的年轻人群体里尝试一些新想法，有更多的时间去探索不同的东西，这与参加电视访谈或者会议有很大的不同，在那些场合中你不能做尝试，你必须确切地知道自己在说什么。而且，我发现教别人能够真正证明你是否理解了这些东西。当你尝试向别人解释一件事而别人不能理解时，这通常意味着其实你也不理解。

许知远：听起来像一种考验。

赫拉利：做老师确实有点像一种考验。有时候，人们试图通过使用一些非常复杂的词汇或理论来掩盖自己的不确定和无知，这往往表明这个人并不真正理解自己正在谈论的历史事物，否则就应该能够用非常简单的语言来解释。但其他学科不是这样的，比如物理学，如果你教核物理时没有人理解你在说什么，这也许是听众的错，因为他们需要运用高水平的数学。但在历史学中，如果你试图解释一些重要的历史学观点，而你的听众、学生不能理解，这往往意味着你并没有真正理解你想要教的东西。

许知远：你自己的学生对你的书籍和想法有什么反馈吗？他们与普通读者有什么不同？

赫拉利：要视情况而定。学生们有一个很明显的特征就是，他们对权威完全不尊重。

许知远：这对你来说是好事吗？

赫拉利：是的，这很好。比如你给学生布置家庭作业他们从来不做，你让他们阅读一篇文章，并告诉他们将会进行讨论，然而到下一堂课上课，他们并没有读这篇文章，但他们仍然会批判文章的内容。这是一个很好的特点，因为课堂讨论会非常生动，没有人畏惧表达自己的观点。我去过世界上好几个国家，他们的学生有种很强的畏缩感，不仅仅是害羞，而是过度尊敬权威人士和老师，以至于他们永远不会和老师争论，即使他们认为老师说的和他们想的不一致。所以以色列大学好的一点就是大学里的讨论几乎总是很活跃，当然这也会产生一些问题，比如有时会变得太激动，太嘈杂，你也可以在公开场合看到这种特点走向极端，这可能是很有害的，因为几乎不可能产生严肃讨论，人们对专家的看法几乎零尊重，在公共领域，这种不尊重的态度会造成很多问题。

许知远：我刚刚去了耶路撒冷旅行，看了旧城，看到了不同的文化、不同的情感。耶路撒冷有着混合文化，还有很多历史负担。在以色列这个国家中存在某种形式的历史心理吗？

赫拉利：当然，不同的人有不同的性格，来自不同的背景，如果你公正地观察大众就会发现，人们有一个共同的特点就是大家很少尊重任何一种权威。

许知远：这是好事还是坏事呢？它让以色列更强还是更弱？你们有超过一百个政党，有许多的辩论，许多的争吵。

赫拉利：有好有坏。并不是辩论，更像是每个人都大吵大闹，不听别人说话。所以这不是一种辩论，而只是争吵。当很少有人对国家现存的事物进行认真地、长期地思考时，这个国家会处于一种危险的境地，就像你总是生活在各种危机之中。

许知远：是的，这是一个危机驱动的国家。它对你的影响是怎样的？

赫拉利：这种特点肯定有它的问题，环境显然对我有影响。假如我在旧金山、澳大利亚或中国这样的地方出生和长大，我看这个世界的方式当然会不同。我的研究中有很大一部分就是关于虚构和现实、神话和科学之间的矛盾，我认为如果你生活在中东，你就无法摆脱这种矛盾，你周围的人会因为对虚构故事的信仰不同而互相残杀，所以你很清楚虚构的故事是一种极其强大的东西，你无法摆脱神话和虚构故事的巨大力量。但如果你生活在像硅谷这样的地方，也许你会有一种世界是由科学和理性统治的乌托邦式的观点。

我住在特拉维夫和耶路撒冷正中间的一个村庄里，这是一个很好的隐喻，一方面，我与特拉维夫的现代高科技联系在一起，另一方面，我也与耶路撒冷的宗教和神话紧密联系。宗教可以是一个美妙的事物，作为游客，你也许会觉得这是一个非常有趣的地方，你可以看到各种古代建筑,看到耶稣出生的地方,等等。但是如果你住在耶路撒冷,你会发现宗教可能是一个可怕的事物,其中有着多少仇恨和愤怒。理论上,你去寺庙和宗教场所本来是为了体验平静与和谐,但却体验到了仇恨和愤怒,那就证明这个寺庙失效了,不起作用了,就好比你去医院却得了更多的病。所以,耶路撒冷对我来说是一座失效的庙宇。它就像一个仇恨的核反应堆,辐射出的宗教仇恨污染了方圆数百公里的环境。我住在离这个反应堆很近的地方,没有住在其中,但仍能深深感受到这一点。这就是为什么我认为我写作和探索的大部分内容都是关于现代世界、二十一世纪、人工智能,等等,但另一方面也关于神话、虚构故事、宗教的巨大影响。

许知远:你是什么时候注意到这种宗教仇恨的?

赫拉利:当我离开以色列去牛津攻读博士学位的时候。如果你出生在那里,你会认为这个世界就是这样的,只有当你离开时,你才会意识到,不,世界并不是这样。

人们对过去总有着美好幻想,但历史学家的工作是揭露这些幻想

许知远:讲讲你在牛津时的自我探索吧。在成为中世纪历史学家前,你的生活、你的思想、你在牛津的心理、你的祖国和你的写作是怎样的?改变是如何发生的?

赫拉利:当时我去牛津大学攻读中世纪历史的博士学位,我的主要研究领域是中世纪和近现代时期士兵的自传文本。在我完成博

士学位之后的很长一段时间,我都在研究这一领域的问题,我一直对生活中的宏观问题很感兴趣,我们在这个世界做什么,生活的意义是什么,为什么世界上有这么多的苦难,等等类似的问题。但我意识到在学术界,你无法真正地研究这些问题。

学术界似乎一直在强迫你研究更狭隘、更专业化的问题。这种现象不仅仅出现在物理学、化学和计算机科学这样的学科中,甚至也出现在历史和哲学这样的人文学科里。在这种学科中我本应该对宏观问题以及人类的生活状况更感兴趣,但我还是得集中于非常狭隘的问题。所以我的学术生活分成了两条轨道,在官方层面、专业层面上,我研究军事历史、战争文化、战争的影响、政治和艺术此类问题;然后在另一条平行的轨道上,我个人对于这些伟大的哲学问题非常感兴趣。并且,在牛津大学攻读博士学位时,我接触到了冥想,开始练习内观禅修。我去了英国的一个冥想中心,从葛印卡[1]老师那里学会了冥想。从那以后,十八年来我每天都做两个小时的冥想练习,而且每年会进行一次长时间的静修。十年来,这些研究就像两条轨道,我本来以为永远不会相遇的两条轨道。

许知远: 对你来讲是一种很大的矛盾。

赫拉利: 是的,它们之间存在矛盾,也可以说是一种分离状态,互相没有沟通。部分出于非常实际的原因,我在大学拿到终身教职后,我感觉"好的,现在我比较安全了",你知道当你拿到终身教职后,除非你犯了可怕的罪,否则没人能碰你。当时我正在教授世界历史这门课,我感到足够安全了,所以试图把这两条轨道重新连接起来。而在学术工作中,我也开始试着将有关人性和生命的这些

---

[1] 葛印卡,一位遵照缅甸已故大师乌巴庆长者所传授的内观静坐老师。现在世界上很多国家都有教授葛印卡内观静坐课程的中心。

重大问题联系起来，可能是因为幸运，我做的一些相关工作非常成功。所以我发现，作为一名呼吁者和科学家，你真的可以重新把这些问题联系起来，你的写作和讨论可以不仅仅关于一些小的主题，而是关于苦难、幸福以及人类历史的宏观问题。

许知远：二十世纪还有一些历史学家也讨论宏观问题，比如阿诺德·汤因比，比如赫伯特·威尔斯，这种传统对你有影响吗？

赫拉利：我认为对我来说最大的影响来自贾雷德·戴蒙德。我知道汤因比和威尔斯，但我实际上从来没有读过他们的著作，我在学习历史的时候，一些非常陈旧而且无关紧要的实验完全失败了。我对世界历史和宏观历史的理解部分来自一位希伯来大学的教授——本杰明·凯达，他是我的导师，他对于我从宏观角度做研究非常感兴趣，也非常支持。另外，当我在牛津大学攻读博士时，我读到了《枪炮、病菌与钢铁》，它给我展示了一个非常实用的例子，让我知道如何完成一本讨论人类历史中一些最宏观的问题的学术书籍。这本书甚至不是专业的历史学家写的，贾雷德·戴蒙德其实是一位鸟类专家。我认为这不是巧合，专门研究鸟类的科学家来给历史学家展示——"看！你可以用鸟的视角来看人类。"

许知远：如果和贾雷德·戴蒙德做对比的话，你的书有哪些优点和缺点呢？

赫拉利：贾雷德·戴蒙德的研究领域是生命科学、生物学和动物学，我认为这一点是非常重要的，而且或许正是这一点改变了我的观点——你无法真正了解人类，了解人类的历史，除非你首先认识到人类是动物。这是一个极其重要的贡献。在我对人类进行思考和写作的过程中，影响最大的两个人实际上都是研究过动物的人，首先是鸟类学者贾雷德·戴蒙德，其次是弗朗斯·德瓦尔，他是一名灵长类动物学家,主要研究黑猩猩、倭黑猩猩和大猩猩,他有一本书叫《黑猩猩的政治》,这是一本非常精彩的有关黑猩猩族群政治的书,也让我大开眼界。因此,他们比我强的一点是,我没有任何生物学背景,我所知道的关于生物学的一切,都来自对其他人研究的二手阅读,所以他们在这方面与我相比有很大的优势。

但我的优势是,我仍然能看到人类和其他动物之间的巨大差异。是的,人类是动物,没有生物学就无法理解历史,但如果你只懂生物学、进化论、遗传学和脑科学,了解一切关于人类所需要知道的东西,就认为可以解释人类历史了,我不认为你能够成功。因为人类历史中还有一个非常重要的成分——文化、思想、故事、小说。探索和理解虚构故事和神话故事,以及它们对人类历史的巨大影响,这是我的专长。因为人类,包括战争、国家、经济,它们确实是由物理和生物过程塑造的,受气候、地质、基因的影响,但也深受人们心中假想故事的影响。如果你不认真对待虚构故事,你就无法理解人类,无法理解第二次世界大战、法国大革命或者基督教这类问题。基督教的兴起没有任何生物或地理解释,为什么基督教能在西亚美尼亚地区[1]取得成功?为什么佛教能在东南亚地区取得成功?这些问题用生物学无法解释。

许知远:在你试图解释世界历史的过程中,存在的主要缺陷是什么?你在书中的语气如此自信,你会有什么担心吗?比如你谈了很多变化、进程,但实际上却对这些问题不够了解。

赫拉利:是的,在我谈论的很多领域中,我都没有第一手经验,

---

1 亚美尼亚是世界上第一个将基督教视为官方宗教的国家。1805—1828年,东亚美尼亚地区并入俄国,西亚美尼亚地区依然被土耳其人控制。信仰基督教(东正教)的亚美尼亚人长期沦为二等公民,遭到奥斯曼帝国当局的迫害和屠杀。

只是依赖该领域专家的观点，我不能为自己辩护，说自己所说的是真的。

比如人工智能，我完全不会写代码，我只有二手知识。在他们解释 AlphaGo 如何战胜围棋世界冠军李世石，机器学习背后的原理和程序是什么时，我选择相信他们所说的。我希望他们没有犯下一个巨大的错误，并且错误地引导了整个世界，但我不能为自己辩护。你在写一本主题非常大的书时，这是不可避免的。有些部分我自己做了研究，我会觉得非常安全，但我讨论的百分之九十的领域里，我仅仅依赖别人的研究，所以我总是会有点怀疑。

许知远：你的写作语气怎么做到如此自信和平静，这种写作风格是怎样形成的？

赫拉利：这种风格来自很多年的教学以及与学生互动的经历。在后来的几年中，我与公众互动，与媒体互动，在广播和电视中发表讲话，在这些情况中，你必须用一种非常清晰简单的语言说话，否则你就会失去听众，这也意味着没有太多的变通空间。

但当你和专家讨论时，情况非常不一样，你必须要更加细致入微。所以我认为我的服务就是在科学界和普通大众之间建立一座桥梁，我写的大部分内容都不是我的观点，而是不同领域的学者和科学家的结论、理论、模型，这些成果很多公众完全不了解。

因为这些科学家的论文通常是写给彼此看的，写作语言非常复杂，大多数人都无法理解。这是非常重要的，必须有人这样做，如果每个人都做我做的事，那么就没有科学了。但是也有像我一样的人，也许我不知道怎样写代码，但我至少可以阅读关于人工智能的科学论文并理解它，然后再将它翻译成一种清晰简单的、普通人可以理解的语言，现在这项工作已成为我的专业。

许知远：能跟我们谈谈你的工作习惯吗，如何完成一本新书？你在两年内写完了一本新书，你写这本书的过程是怎样的？

赫拉利：首先我不强迫自己写书，我让这本书自行完成。

许知远：真的吗？

赫拉利：是的。在很多情况下，特别是在学术界，人们生活在不发表文章就会失败的压力之下。你必须一直发表东西，才能找到工作、获得终身教职、获得晋升，等等，因此他们强迫自己进入可能并不是很有趣或者在他们自己看来不是很重要的项目。但这是非常困难的，因为这是一种你必须要做的工作，但这份工作中没有真正的激情和兴趣。在写完《人类简史》之后，我想应该结束了，我已经完成了我该做的了，但是新的问题又出现了，而且它很有趣，我发现自己沉迷进去了。我并不是想写一本关于它的书，我真的只是想知道答案，所以我开始读与它有关的资料，开始和人们谈论它，然后在某个时刻我意识到，实际上我已经有足够的材料来写一本新书了，《未来简史》就是这么来的，《今日简史》也是这么来的。

写这两本书前我并没有预先计划过，它们是我对真正感兴趣的问题的研究成果。我会跟着问题走，这些问题把我带到了作为一名中世纪历史研究者意想不到的地方。当我写《人类简史》时，我扩展了视野，但我仍然是历史学家，我从没想过自己会成为人工智能方面的专家，但是突然间许多来自谷歌、Facebook的人问我有关计算机的问题，这是怎么回事？我认为这就是因为我让问题引导我，而没有提出任何预先计划。这就是写作的过程。

我认为另一件影响很大或者说非常有用的事情，就是我的冥想练习。世界上有数百种不同的冥想，我练习的是内观禅修，它让我始终只专注于现实，哪怕思想时而脱离现实，从当前的现实到数以百万计的故事、虚构和毁灭，最后都会随着指令返回现实。我几乎练习了二十年，它带给我很多，将我的头脑训练得非常敏锐和专注，没有这种训练，我可能就没有足够的专注度、清晰度以及实时性来写这些书。因为当你试图讨论一个庞大的主题时，最大的危险是分心，如果你想在五百页内写完世界历史，你就不能让自己分心。我不认为我可以在没有冥想练习的情况下做到这些事。

许知远：对你来说，新书背后的主要驱动力是什么？

赫拉利：我希望能让更多人清楚地了解世界上正在发生的事情，使人们有能力加入关于人类未来的讨论。因为伴随着创造能力的提高、生物学和人工智能的发展，这些都带给我们有史以来最大的问题，我们正处于探究结果的过程中。我们该做什么，该怎样生活，该创造怎样的世界，绝大多数人并不了解现在世界上正在发生的事情。我是幸运的，我是一名教授，我有很多钱，我给自己阅读和思考的时间，而大多数人太忙了，他们必须去上班，必须照顾孩子和年迈的父母，他们没有时间。虽然我无法给所有人金钱、食物、衣服和住房，但作为一名学者，我可以试着给他们提供清晰的视野，使他们能够明白如今真正重要的事情，使他们知道什么是致其无法看清这个世界的幻想和骚扰。

很多人因为害怕恐怖主义而分心，实际上恐怖主义只是一个非常小的问题。他们没有意识到人工智能这样的东西非常重要，所以我试图告诉人们忘记恐怖主义，应该更专注于人工智能。同样地，全世界很多地方都有政治家向人们兜售关于过去的美好幻想，而不是为未来做好准备，他们告诉人们，我有一个永恒不变的真理，关于我们的宗教或者我们伟大国家的真理，它是世界上最重要的事。人们都非常买账，沉迷于此，因为改变是非常可怕的，人们更喜欢永恒不变的真理，但这些关于过去的幻想使他们无法看到二十一世纪的真正挑战。

作为一名历史学家，我工作的一部分，就是揭露这些幻想。你不能回到过去，所有这些故事不是永恒的真理，只是故事而已。比如犹太教、犹太国家的故事，人类已经在地球上存在超过两百万年，犹太教是地球上最古老的宗教之一，但也只存在了三千年，即使在这三千年中，它也进行了许多次改变，它不是永恒真理，不是事实，只是人类的创造。所以，民族主义和宗教不会向你提供永恒的真理，所有国家和所有宗教都是如此，不只是以色列，不只是日本，不只是希腊，不只是埃及，这些国家在五千年前都不存在。二十一世纪的人类面临着巨大的挑战，我理解人们在永恒真理中寻求稳定的心理需求，但是这种稳定在民族主义和宗教中是找不到的。所以再说一次，这就是我作为一名历史学家的工作的一部分——提出警告。

故事只是工具，不是终极真理

许知远：今天与中世纪有相似之处吗？比如从古希腊和古罗马时期，从理性时代到黑暗时代，我们面临着类似的事情吗？或者可以说在过去的一个世纪里，我们处在理性时代，而现在变得更加非理性了，可以这样说吗？

赫拉利：科学和理性仍然非常强大。虽然在过去的几年中，我们看到了一小股反智、反科学浪潮的兴起，但这与中世纪的情况完全不同。即使如今最反对科学机构、反对大学的政治家，当他们想制造炸弹时，也会去找核物理学家。对我来说，他们仍然相信科学远超过宗教。

在古代，最初的宗教自称垄断了技术、农业、医学、战争问题，

比如像耶稣这样的伟大人物,在他一半的生命里,都在扮演医生的角色,帮盲人找回光明,帮瘸腿的人重新行走,很多这样的事情。最近的几个世纪发生了什么呢?科学在解决农业问题、克服疾病、赢得战争等各个方面都打败了宗教,人们忘记了这些是宗教最初的任务,即使是对宗教最虔诚的人。所以,虽然现在宗教还非常重要,但它起作用的方式和中世纪时期完全不同了。它不再为我们提供技术问题的答案,它的重要性只表现在一个领域里,也就是如何定义我是谁、我们是谁、他们是谁。如何生产炸弹是物理学家的工作,是否用炸弹袭击这些或那些人才是宗教的工作,至少在某些情况下是这样的。

许知远:在你的书中,你还提到了全球范围内的意义危机,人们不知道他们是谁,他们失去了身份认知。从你的角度讲,该如何解决这一问题呢?我们不能回到过去?如果我们必须创造新的事物,什么是新的?新的意义是什么?

赫拉利:我认为最关键的是要更好地了解自己。当人们问起生命的意义时,他们通常期待一些关于宇宙的故事,他们在这个故事中能发挥一些作用。比如犹太教的故事、基督教的故事、国家的故事、自由主义的故事,人们通常期待怎样的答案?他们期待一个故事,可是所有这些故事都是假的,因为宇宙不是一个故事,所以我认为真正的答案是将所有的故事放在一边,故事的工具价值是建立起一个有效的社会。

拿足球比赛举例,除非二十二名球员都同意同一个故事,同意同一个我们发明的虚拟规则,否则足球比赛就无法进行。在整个国家和宗教中也是一样,你无法将数百万人组织在一起,除非你能使人们相信一些基本的故事和规律。但它们只是工具,不是终极真理。如果你把虚构的故事误认为终极真理,那么你永远不会知道关于自己的真相,你会为了虚构的故事而牺牲人的生命,就像中东一直在发生的事情一样。

所以我想说的是,如果你真的想知道"生命的意义是什么"这种终极真理,就应该抛开虚构的故事,去真正理解关于你自己的真相。有许多工具可以帮助你理解,从冥想到科学工具,它们都能帮你了解身体是什么、大脑是什么以及内心发生了什么。

许知远:但是你提到整个历史都是关于虚构的故事,那怎么定义现实呢?人们永远不会生活在那种真实的现实中的。

赫拉利:是的,正如我所说的,为了生活在社会中,为了建立起有效的社会秩序,我们必须有故事。比如金钱,每个人都应该明白,金钱只是人类的创造,它属于故事,是我们协商一致同意的关于货币的故事,它并不是现实。当然我们仍然需要它,如果每个人都说好了我不再需要货币了,那么世界经济将会崩溃。所以我们需要找到某种平衡,既能用故事来组织人们,又能不使人们混淆,以为这就是终极真理。因为如果你认为生命的终极真理就是金钱,那么你今生所做的事就是为了赚很多钱,这就是生命的意义,那么你就会为了这个虚构的东西开始牺牲人的生命。与国家和宗教相关的故事也是如此。

许知远:很有意思,或者说很矛盾的一点是,你一直在回溯历史,但人们却把你看作一个预言家。你怎么看待这一点?

赫拉利:我认为历史不是过去的,历史总处在变化之中。历史学家要研究世界上的事物如何发生变化,技术变革如何影响经济,经济变化如何影响政治体系,政治变化如何影响文化观念。大多数的历史观点是通过观察过去事物的变化而得来的,但是你一旦掌握了变化的机制,就可以尝试用这些观点来谈论未来的事情。当然,我一直试图澄清一点，我不是预言家，我无法预测未来一定会发生的事情，但是人们并不总是想听。

作为一个历史学家，我要做的首先是提出相关问题，观察过去的变化中发生了什么事，存在哪些问题，当我们关注未来时，应该警惕什么危险。我是说，大多数从事技术开发相关行业的人，比如工程师、计算机科学家，他们关注的主要是技术方面，而与他们合作，资助和组织所有这些研究与开发的人，往往视野也比较狭窄，因为他们对牟利更感兴趣，这正是资本主义制度的运作方式。如果我们往前看，如果听一听工业从业者的想法，他们自然而然地对新发明可能产生的积极影响更感兴趣，更关注新发明有限的经济影响力，比如无人驾驶汽车，或者人工智能，等等，但是不会对新发明潜在的、大量的负面影响给予足够的重视。

我认为历史学家、哲学家和社会学家有责任去考虑工业革命可能带来的社会、文化、政治影响。如果我们往回看十九世纪的工业革命，蒸汽机、电力或收音机这些新发明大大造福了一些国家，但也完全摧毁了另一些国家；它们造福了一些阶层，也给其他阶级带来了可怕的痛苦。像英国、德国这样的国家成为强大的帝国，因为它们首先完成了工业化，但中国或韩国这样的国家却惨遭工业大国的占领和剥削。

当我们看向未来，我不知道二十年后哪个国家会在人工智能领域引领世界潮流，但作为历史学家，我可以提出一个警告：人工智能这种新动力不可能在所有国家之间平等分配，更有可能的是，一些国家会领导这场新革命，它们将以比十九世纪更加极端的方式来统治、征服和剥削其他国家。所以，如果要谈二十一世纪人工智能将会对世界产生的影响，这就是我作为一名历史学家所提出的见解。

许知远：那么，如何打击数字恐怖主义呢？

赫拉利：这是一个很大的问题。我们正面临着数字独裁兴起的危险，因为有史以来第一次，随着人工智能和生物技术革命的兴起，外部系统可以比你更了解你自己，它可以控制和操纵你。我认为，想要避免数字独裁的话，我们需要回答两个关键问题，首先是谁拥有数据，其次是如何处理数据。

从第一个问题开始，谁拥有数据？我们生活在黑客攻击的时代，如果你有足够的数据和计算机能力，你可以攻击一个人，可以控制、操纵甚至取代那个人，控制能力取决于你是否拥有大量数据。

在古代，世界上最重要的资产是土地，政治是控制土地的斗争。如果过多的土地集中在一个人的手中，那么独裁统治就诞生了。后来，机器变得比土地更加重要，政治成为控制机器的斗争，如果太多机器集中在少数人的手中，那么独裁就产生了。如今，最重要的资产是数据，政治斗争围绕着数据展开。如果我们找不到管理数据所有权的方法，那么所有的数据都将由亚马逊或阿里巴巴等少数公司或政府持有，不论谁持有，都会导致数字独裁的产生。所以一个关键问题是，如何规范数据的所有权，防止所有数据集中在极少数人手中。另一个大问题是如何平衡集中式和分散式数据处理方式。

在二十世纪，将所有信息和权力集中在一个地方是没有效率的，没有人能够足够快地处理信息并做出正确的决定，这就是美国在冷战中击败苏联的原因。但这种情况只能发生在二十世纪的技术条件下，现在这种情况正在发生变化，人工智能和机器学习正在使决策变得越来越高效，人们能够将所有数据集中在一个地方并做出所有决策。如果这种情况持续下去，那么很快，集中式系统将比分散式系统更有效，无论你通过了什么法律，组建了怎样的政党，技术效率的力量将使越来越多的社会朝着独裁的极权主义政权方向发展。

我认为唯一有效的对抗手段是创新技术。比如像区块链这种技术可以使分散式数据处理更有效率，进一步促进平衡。我不知道区块链是否就是答案,但可以说,如果你是一名工程师,你害怕世界变成极权主义的反乌托邦,你能为这个世界做的贡献,就是找到使分散式数据处理更有效的方法。

许知远:所以新的解决方案还是技术?

赫拉利:是的,技术可以向各个方向发展,我们对技术的发展方向有很大影响,比如你是工程师,你有选择,是否应该投入时间和知识使集中式数据处理更高效?或使分散式数据处理更高效?我不认为技术本身会驱动我们更集中或更分散地处理数据,它可以同时向两个方向发展。

许知远:今天耶稣的工作会是什么?他曾经是一名医生,现在他会是一名程序员吗?

赫拉利:这是一个很好的问题,我需要考虑一下。有人知道耶稣今天会做什么吗?我想他知道过去两千年来人们以他的名义所做的事情以后,会非常震惊。

新技术在做的事,
就是把我们从自己的身体里赶出来

许知远:你是一名研究中世纪历史的历史学家,曾写过五本关于中世纪历史的书。从十五世纪到十六世纪,不断有新人涌现,比如说达芬奇、米开朗琪罗,他们在意大利这样的文艺复兴的城邦里重构了人类对于社会、民主以及其他事物的想象。所以,如果将

十五、十六世纪的人和今天的史蒂夫·乔布斯、埃隆·马斯克以及其他同样重塑了人们对未来想象的人相比，作为中世纪历史学家，你怎样看待现如今的世界？

赫拉利：中世纪历史学的训练使我在看当前和未来的发展问题时有了更多角度，使我可以看到现在这个时代的历史和以前发生过很多次的事情有什么不同，当然这二者也有很多相似之处。就像我给出的例子一样，每一个发明、每一点发现，都会产生新的不平等；新发明越重要，所造成的差距就越大。所以我们也看到，十六世纪出现了这样一个现象，极少数人利用手中的新发明和新动力，压榨、征服、剥削了大量的人，比如欧洲人去美洲剥削和压榨当地的阿兹特克人、印加人、玛雅人，等等。类似的事情不断重演，但有些东西是不一样的。身为中世纪历史学家的经验使我更容易看到二十一世纪革命中真正全新的东西。

最重要的区别就是，过去几乎所有的人类发明和发现，给人控制外部世界的力量，我们学会了如何控制其他动物、森林、河流，我们学会了如何建设堤坝、桥梁、城墙和城市，等等。但是我们未曾拥有过控制人体内部世界的力量，因为我们不了解身体、大脑、心灵的结构，而这正是二十一世纪即将发生的重大变化。我们这个时代的莱昂纳多·达芬奇们解开了人体内部世界的秘密，我们正在获得控制人体内部世界的新力量。这种新力量让我们可以重新设计和制作身体、大脑和心灵。这将根本性地改变一切。一百年以后，我认为地球将被另一种人主宰，他们与我们有很大的区别，这种区别将比我们和尼安德特人、黑猩猩之间的差异还要大，因为他们会有与我们不同的身体和大脑。

许知远：你有没有觉得你低估了人类精神的力量？从十九世纪后期甚至更早以前，人们开始研究心理学。不过，就像你说过的那样，人的精神完全改变了，是真的改变了吗？还是你也担心你低估了人类精神的力量？

赫拉利：我认为你说的两点都是肯定的。我们对于心灵和人类精神的心理学知之甚少，不光知道得少，我们也很少愿意投入精力去研究它。同时，这种无知并没有阻止人类获得控制自己的天生力量，这是一个风险。正如我之前讲过的，我们获得了控制外部世界的力量，但我们并不了解外部世界，这就是现在人类面临着生态灾难的原因。同样的事情也可能发生在人体内部世界，我们正在掌握操纵我们的身体和大脑的力量，但正如你所说，我们还远远不了解人的精神和人的心灵，所以结果可能就是我们将面临精神崩溃，类似于我们现在看到的生态崩溃。

许知远：有没有可能人类的精神比我们想象中的更有适应性？

赫拉利：人类的精神确实非常有适应性，并且这种适应力还升级了。要知道我们仍然在使用石器时代的身体和大脑，但现在我们会乘飞机出行、在大城市生活，等等，这证明我们拥有极好的适应能力。我们看到的是人类被环境驯化的过程，但是我们忽视了适应力升级带来的其他潜在的风险，这就是发生在其他被驯化的动物身上的事情。我们驯养出了可以生产大量牛奶的奶牛，但是它们的生存能力远远比不上野牛，同样的事情正发生在人类身上。

现在我们的经济体系需要我们不间断地连接到通信系统，所以你看到世界各地的人们都随身带着智能手机和电脑。这种趋势发展得很快，但许多其他对个人可能更重要的能力被忽视掉了，比如说感官能力、专注能力，这种情况造成了许多压力感和疏离感。你也许听到过一种观点，认为现代人逐渐与世界脱轨的原因是传统宗教和社区越来越少了。这种观点可能有一定的道理，但我的观点是，疏离感和压力感产生的首要原因，是我们正在失去与自己身体的联系,而不是与宗教、社区、国家或类似东西的联系。

如果你感觉不到你主宰着自己的身体,那么你就永远也感觉不到你主宰着这个世界。所有新技术在做的事,就是把我们从自己的身体里赶出来,把我们与网络空间连接到一起。这些新技术能带来巨大的经济效益,但人类要付出很大的精神代价。

许知远:谈及疏离感,你曾说你在很小的时候就觉得与外部世界有些疏离。当你谈及对世界以及整个历史的看法时,也有很强的疏离感吗?

赫拉利:是的,我认为一定程度的疏离感几乎是必要的,这样才能对世界上发生的事情进行批判性思考。

许知远:你的国家以及你的同性恋作家身份,是否是这种疏离感产生的部分原因?

赫拉利:我想是的。比如说,对于同性恋身份的自我认识从小就让我明白,不能完全相信大众或社会的认知。我还很小的时候,每个人都说男孩应该喜欢女孩,女孩应该喜欢男孩,这就是规律,这就是世界。你可能会认为他们一定对此十分了解,因为他们又年长又充满智慧。但很多年后我才意识到,不,情况并非如此,我虽是一个男孩,但我被其他男孩吸引,而不是女孩,这就是现实。最终我得出结论,人们必须切合现实,而不是做社会告诉你应做的事,社会往往非常具有误导性。因此,你需要提高辨别虚幻故事与现实的能力。作为一名学者或科学家,我的大部分工作就是研究如何辨别人类编造的故事和现实。在性取向这个问题上,人类编造了许多故事和神话,但生物学上的现实是,人们永远不能违背自然规律。一切存在的事物都是符合自然规律的,如果一个男人可以被另一个男人吸引,那就证明这符合自然规律,自然允许这一切发生。

许知远：你谈到十九世纪的人也有一种全球性的焦虑感，是关于种族问题的，而如今的焦点是机器和技术，那该如何描述如今的全球性焦虑感？

赫拉利：我认为在谈及人类的深层恐惧时，你需要接触人们，与他们产生共鸣。因为对人们来说，公开讨论他们的恐惧和焦虑很重要，即使没有得到解决方案，公开讨论也能缓解情绪。

许知远：你很喜爱阿道司·赫胥黎，曾说过他是你的知识偶像。

赫拉利：是的，他是我最喜欢的作家之一，我认为《美丽新世界》是最好的科幻小说。

许知远：你有没有感到你现在是二十一世纪潮流的一部分？我的意思是，从赫胥黎到现在，形成了一种科幻历史小说的写作潮流。

赫拉利：是的，我认为我与赫胥黎有很强的联系，我认为我们都属于有趣的科幻历史作家。有两种科幻历史作家，一种是很有趣的科幻历史作家，比如我。乔治·奥威尔就属于无趣的科幻历史作家，他的《1984》是无趣的，因为你能很明显地看出来它刻画的是一个很糟的地方，是我们不想变成的情况。这种作品能引发人们思考的唯一问题就是如何阻止坏事发生，所以从脑力上讲不是很有趣。

阿道司·赫胥黎写的历史科幻小说就有趣得多，因为你不清楚里面描写的情况到底是好是坏。《美丽新世界》里的人一直很开心，所有的疾病都被攻克了，没有战争，没有集中营，没有人被扔进监狱。从知识角度来说，这本书包含了更复杂的想象，你能感受到这个美丽新世界是有问题的，但是究竟有什么问题？我认为就是这一点使他的书非常精彩，并且随着时间的推移，读起来感觉越来越好。

因为在三十年代赫胥黎写这本书时，每个人都能很容易地理解，他写的是一部可怕的历史科幻小说，但是到今天，我认为很多人读了这本书会觉得——这个好棒，我们要怎样才能实现书中描写的这种情况？事实上这就是我们正在做的事。今天我们用消费主义、资本主义以及生物工程等新技术构建起来的社会，实际上非常接近赫胥黎所描绘的社会。当然，从科技的角度来看，这本书非常原始，但是当你越过表面的科技去看书中的观点时，我认为这本书有着非常复杂和深刻的见解，它谈论了生活、幸福、自由，以及人类生活和人类社会的真正目标等问题。

许知远：你如何评估自己的预见力呢？

赫拉利：我希望我的预见力不错，不过我想再次澄清，我不预测未来，我只想指出一些不同的可能性。我希望我的书像赫胥黎的书一样，能为人们提供有趣的，而非无聊的预见。我希望能为人们展示人工智能、生物工程的魅力，人们可能会沿着这个方向走下去。

1865年　生于北京宣武城南孅眠胡同邸第,后迁居湖南浏阳
1895年　中日《马关条约》签订,谭嗣同异常不满,即提倡新学,呼号变法
1896年　入京结交梁启超、翁同龢等人
1897年　写成维新派的第一部哲学著作《仁学》
1898年　创建南学会、主办《湘报》,积极宣传变法,成为维新运动的激进派
　　　　被征入京擢四品卿衔军机章京,与林旭、杨锐等人参与新政,时号"军机四卿"
　　　　9月28日,在北京宣武门外的菜市口刑场就义,被称为"戊戌六君子"之一

扫码观看视频

寻找谭嗣同

他是个生命典范,他的死是哲学家对理念的致敬

Chapter 12

在横滨的中华街，我试着去寻找山下町139番地。1898年末，梁启超在此创办了《清议报》，也是借由这份刊物，谭嗣同的神话开始出现。在异国的纸张上，梁启超发泄自己的悲愤，书写六君子的命运，并创造新的神话。

几代中国人都是在这个神话中成长的，谭嗣同是一个不容置疑的烈士，为了变革中国，他果决地献出生命，代表着令人赞叹的悲剧精神、明知后果如此仍要展开行动的勇气。

现实的谭嗣同，当然远比此复杂。从浏阳、长沙到上海、北京，我在此刻的中国游荡，追问此刻的青年人，怎样看待谭嗣同。也很好奇，倘若他还活着，会怎样看待这个时代。

在我个人以及之后这两代青年人身上，行动的勇气已极度稀缺，你甚至很难想象，这种勇气从何而来。他也是极致矛盾的人物，办报、开矿、参与湖南维新，他参与的每一件事都以失败告终，在豪迈言辞与现实困境之间，有着显著的分裂。或许，死亡的意义对他亦是一种解脱，是他逃离这种困境的方式。

我自横刀向天笑 去留肝胆两昆仑

谭嗣同

知识分子要守住自己的边界，
政治家要有宽容心

马勇，中国社会科学院研究员
北京南海会馆[1]

　　许知远：1898 年八月初九他（谭嗣同）被抓走那天，就在南海会馆吗？

　　马勇：是在这儿被抓走的，他非常坦然。来了？跟你走。就是这样。

　　许知远：为什么他那么坦然？

　　马勇：我觉得他就是认识到这个事情的严重性，和自己应该承担的责任，因此很坦然。日本使馆要保护他，大刀王五当时一再跟他讲，任何情况下，我都可以保护你离开北京。但谭嗣同哪儿都不去，就在这儿等着。

　　这些年透过晚清史，特别是对"戊戌变法"的研究，我们已经看得很明白，它就是谭嗣同、康有为这几个人策动的政变。我们同情他们的爱国和改革精神，但这个政变本身肯定是有问题的。

　　许知远：这个政变最初真的是谭嗣同提出来的吗？

　　马勇：我觉得应该是。他是一个情绪很焦躁的人。就在他死前一年多，1897 年"胶州湾事件"[2]之后，他写下了"四万万人齐下泪，

1　南海会馆是康有为的北京居所，他常在此与梁启超、谭嗣同等人共商变法。
2　1897 年 11 月 13 日，三艘德国军舰突然驶进胶州湾，在不到二十四小时的时间里登陆并占领了青岛。

天涯何处是神州",他感到中国被列强完全瓜分,内心对国家有一种很急迫的责任和担当。"胶州湾事件"后,梁启超和谭嗣同都有一种亡国的毁灭感。另外从当时的史料可以看出,在策动政变上,谭嗣同是很重要的人物,毕竟他有资源。大刀王五是跟着他过来的;和军方交涉,也是谭嗣同提出的。没有谭嗣同,谁能够跟军方交涉?梁启超大概跟袁世凯还搭不上话。

许知远:你最早研究晚清的时候,谭嗣同给你的印象是什么?

马勇:一个唯物主义哲学家、思想家、改革者。我读大学的时候就接触了谭嗣同的东西,看他的《仁学》,分析他的一些哲学概念。《仁学》其实是个读书笔记,是思想的碎片汇聚而成的。

许知远:年轻时候读他的东西,他的性格吸引你吗?

马勇:我对他的想法有一个质的变化。我做晚清史的研究,没有受到革命叙事的影响,现代化叙事就一下把晚清的这些问题都摆平了。从现代化的发展来看,晚清不是一个沉沦的过程,而是一个向上的过程,比如重工业从无到有,城市也开始发展。我对晚清史的认识不断丰富,对谭嗣同的判断也发生了变化。在过去几十年,谭嗣同的形象在整个中国知识界有很大的变化。但是今天谁也没敢讲到极端,因为它涉及道义问题。

温和地来讲,实际上谭嗣同缺少一种整体观和大局观,被康有为的想象所迷惑。我们今天可以判断,谭嗣同一开始是有自己的看法的,他不认为两宫有矛盾。但是突然他就这么觉得了,受康有为、梁启超这几个人的影响越来越大,逐渐变得缺少定见。

许知远:就他的个人能力而言,你怎么评估?

马勇:我觉得从某种意义上来讲,在选拔体制上,他还是占了他父亲的便宜。清朝的推荐体制是实名推荐,谭嗣同没有行政历练,但是他背景很好,他父亲谭继洵是湖北巡抚,而且和张之洞关系不错。谭嗣同被推荐,和这个背景有关。另外,谭嗣同在被任命为军机章京之前的十年间,在国内知识界是小有名气的。

许知远:为什么谭这么镇定,等着被逮捕?

马勇:因为谭嗣同是黑白两道上的,死不要紧,江湖上的名声非常重要。他知道这件事情一定会付出生命的代价,当然也可以逃走,但逃走了,实际上就是行尸走肉,没意义了。这一点他和梁启超完全不一样,梁启超是"我要为未来的新中国活着",谭嗣同说"我要为新中国死掉"。当时大刀王五他们出于江湖朋友的立场,每天自愿接送他上下班,在生命的最后,谭嗣同应该是很风光的。

许知远:如果他当时没有死,你觉得他会是什么样的状况?

马勇:我们今天觉得他好像是改革者,为国家献身,但在当时的语境下,不死的话,唾沫星子就可以淹死他。另外,谭家也会很麻烦。他被抓起来之后,和他父亲之间有几次通信,谭嗣同撇清他父亲和这件事情的关系,用来保护他的家人,不让他们都卷进去。谭嗣同的问题在于,以非和平的手段,解决和平变革的问题。这也是"戊戌变法"所有问题的症结。

许知远:经过这么多年,你再回看谭嗣同,他身上还有什么东西,是让你特别赞叹或者费解的?

马勇:我觉得谭嗣同不应该轻易地做假设性的判断,认为两宫之间有矛盾。他是有阅历的人,黑白两道都能够玩得转,以他的知识、他的经历,不应该预设立场的,但事实他就是这样判断了。这是一个让我费解的地方。

再就是,他和袁世凯的沟通,应该是很成功的,应该达成了某种共识。但是谭嗣同回来之后,没有能够把这个场景和判断分析转达给康有为、梁启超几个人，没有能够说服他们。

比较佩服的是，谭嗣同真的认为人固有一死，他讲我为未来的中国而死，因为没有人死，未来的中国不能来。所以谭嗣同有我们很佩服的地方。他死了，我们永远都觉得很厉害，但是他真的活下来，大家很容易就会认为，他还是不行。

许知远：他主动选择死，你不觉得有什么困惑？

马勇：我觉得这是他的身份必须要的。他的死对自己的家庭是一种解脱，对这个国家也是一种解脱。从某种意义上来讲，这一点谭嗣同还是敢做敢当的，没有推脱，我们也没看到他有什么反悔式的交待。可能他的生命太短了，已经过得这么辉煌，所以没有什么更多好困惑的了。

许知远：谭当时说我眼看着中国被瓜分了，我活不下去，你觉得这话可信吗？

马勇：可信。他死前半年发生的胶州湾的租借，是中国近代史上的一件大事，不仅德国租借了胶州湾，而且俄国租借了旅顺、大连湾，法国租借了广州湾，英国租借了威海和香港。从南海到东海到辽东半岛，中国整个沿海地区全部被租借出去了。

1842年，清政府割让了香港，在当时的朝廷看来，不过是英国人求我们割一块荒岛给他。但是1842年之后，中国政府再也没有同意过任何土地割让，因为农业文明的国家就这样，对土地很看重。于是从1897年12月开始谈，一直谈到来年的三月份，不知是谁出的主意，说还有一个办法，租借。德国人当时就同意付租金。某种意义上来讲，清政府以租借的方式，解决了这些外国投资在过去几十年来想解决而没能解决的土地利用问题。但是中国的知识分子，没有得到这种准确的信息，所以包括谭嗣同在内的一代知识分子，都认为这是国家要灭亡了。

许知远：我们现在谈论他，你觉得价值和意义所在是什么？

马勇：从"戊戌变法"的教训当中我们可能看到，一个好的社会应该是一个分工合作的社会，每个人只做自己应该做的事情。我认为1898年所有问题的症结，就是知识分子超越了自己的专业知识指引，做了很多自己没有能力去把握和做成的事情。

康有为的上书里有很多建议，币制改革、国际贸易平衡，等等，但是这些东西在张荫桓、李鸿章眼里，太小儿科了。这些体制内的大臣，比知识分子得到的信息要多、要全面、要更重要，他们要么是已经做了，要么是知道而没能做。所以我讲，知识分子要守住自己的边界。

当然，政治家也要检讨，政治家能不能有宽容心？如果不是这样一个流血的结局，而是通过充分的审判、充分的辩护，这个事情今天还要这样讨论吗？不要讨论了。

谭嗣同是清末的一颗彗星，耀眼但快速划过

李天纲，复旦大学教授
上海福州路

李天纲：上海作为一个新的知识中心，福州路这一片是顶重要的。墨海书馆[1]，最早的《申报》《新闻报》，都在这一片。福州

1　墨海书馆是上海最早的一个现代出版社，于1843年由英国伦敦会传教士创建。

路整个一条街,全都是花街柳巷。花街柳巷边上就是新闻出版书局、报社书局。

许知远:所以知识一定和感官要在一起,缺一不可。

李天纲:对。这些公子哥都在这儿混,从谭嗣同到袁克文[1]。上海把这边叫作文化街,其实文化就是和这些风月在一起。

许知远:风月和风云。《时务报》报馆也在这一片?

李天纲:也在这块,它在山东路,现在叫山东中路。当时中文报刊发行量最大的是《申报》和《新闻报》,但它们比较商业,是中产阶级的趣味。后来对"戊戌变法""辛亥革命"都有影响的是《时务报》。在运动高潮时,《民呼日报》《民吁日报》《民立报》的发行量也一下子膨胀起来,不过都是昙花一现。运动过去以后,这里又慢慢恢复常态,吃饭的吃饭,听戏的听戏,出版的出版。

许知远:所有激进诉求,总会慢慢消融在消费主义的潮流之中。

李天纲:对,在上海特别如此,但是个变种,因为上海后来变成全国的舆论中心、新知识的传播中心。福州路以前有一家书店叫别发书局(Kelly & Walsh Limited),出版英文书。上海出版的英文书,在整个英文出版界都是有地位的。1949年以前,上海可能是伦敦、纽约之外,和孟买一样重要的英文出版基地。1897年,商务印书馆创办,发行了一大批英文教材,像"戊戌变法"的那些人物,当然也支持商务印书馆,变法失败以后,一大批人士就加盟其中。后来胡适他们这些北大人也到了沪上,他们在亚东书局(亚东图书馆)。每个学术派别都会找一家书局作为阵地,书局也依靠出版这些思潮做生意。

---

1 袁克文,袁世凯次子,一生诗酒风流,"民国四公子"之一。

许知远：所以这里基本是知识界的硅谷。

李天纲：最重要的就是福州路。福州路全都是华人，它是租界，可是里边所有的事业都是华人在做，而且为中国做。租界不是殖民地，但它实行的是类殖民地制度。

许知远：某种意义上，这个地方其实给了他们一种自由。

李天纲：对，有治外法权。所以这是一个很复杂的问题。

许知远：像谭嗣同这样的年轻人，一般是怎么进入这个地界的？

李天纲：谭嗣同那个时候是从轮船招商局的码头，我们现在称为南外滩的起点下轮船，进福州路买书，进墨海书馆参观。十九世纪七十年代以后，京剧开始传入上海，谭鑫培[1]等人开始在上海走穴。福州路这边都是戏园、茶馆、妓院，所以谭嗣同在这里也不觉得陌生，可以听京剧、喝花酒。

许知远：像梁启超、谭嗣同，他们的新世界都是从这儿打开的。上海出的那些新书是在哪里买的？

李天纲：就在山东路附近。每个书局都有自己的门市部，在摊头上卖自己的书。康有为自定的年谱里就记载了，在上海吃喝玩乐以后，大购西书以归。

许知远：他们的生活还是好。当时作为一个内地的年轻人，突然来到这个地方，对他们会是一个特别的冲击。

---

[1] 谭鑫培，著名京剧表演艺术家，出演了中国第一部电影《定军山》。

李天纲：一个人在一种文化里待久了，换到另外一种文化当中，会有一种解放感。谭嗣同是"清末四公子"之一，意气风发跑到这来，很受冲击。上海整个租界实施的是十九世纪后期英国式的市政制度，甚至实施得比香港更完整。所以他在上海看到了一个西方模型，对自己的身份有一种焦虑、失落。而且1880年代以后，上海的科举考试加了很多声光化电的新知识，这些知识对谭嗣同、康有为、章太炎这一代人的冲击是很大的，他们在上海会变得激进，觉得以前的整个知识体系是不行的。他们也观察到了西方文化中道德、宗教信仰的层面，对这些也有思考，都意识到要进行文化改造。

许知远：其实这些知识对他们来讲很陌生，他们是一团混沌地过来，全都是稀里糊涂的感觉吧？

李天纲：谭嗣同他们是稀里糊涂的，因为传统的知识结构不一样。但是谭嗣同还是蛮有远见卓识的，他抓住了一个信仰的问题、人心的问题，所以他不是提出"以心挽劫"吗？他弄佛学，弄西学，想把西学当中的所有东西都融会，所以搅成一锅粥。我觉得这也是中国人一个本质主义的思维方式导致的，老认为有一个东西是一破即破，全盘皆赢的。

许知远：上海这个地方，汇聚了一代代变革者，像马氏兄弟[1]、王韬他们算是第一代，到谭嗣同、梁启超，他们是不是已经算三代变革者了？

李天纲：以前的划分也不是没有道理的。马建忠、马相伯、王韬、郑观应他们是早期的改良派。你会发现，他们都有在沿海生活

---

[1] 马氏兄弟指马相伯、马建忠。马相伯为著名教育家，震旦大学的创办人；马建忠为维新思想家、语言学家。

的经历,像郑观应,长期在通商口岸居住,所以他们的了解更扎实具体,充满了细节和感受。后来的改良派,包括谭嗣同、康有为、梁启超、章太炎,对于这些通商口岸地区而言,都是外来者,当然他们的声音更大。

许知远:第一代变革者是有很多苦涩的,到谭嗣同他们这一代,又有了新的心理焦虑,你怎么看待这种变化?

李天纲:像王韬那一代人,眼看中国不变不行,但他们提出的想法没人听,所以有一种先见者的孤独。到谭嗣同那一代就是慷慨激昂了,因为那个时候大家都知道不变不行了,但是怎么变,该往哪里变?

许知远:谭嗣同跟这些人又不太一样,你是怎么看他的?

李天纲:我觉得无论是谭嗣同,还是康有为、梁启超,都是热情有余,而才干不够。才干不是指他们个人的智慧、能力、知识,而是知识结构有问题。他们对整个中国的未来走向并不是太清楚。这一代人在才干上是不及上一代的。像王韬,在苏格兰待过,在法国见过儒莲[1],在日本也待过,日本人还请他讲变法,他身边的麦都思、理雅各[2]都是一流的知华派。如果"戊戌变法"的时候,把年轻人的精力、才干、热情,和上一代人的远见卓识、办事能力、熟门熟路结合在一起,这个变法说不定还可以搞搞。

许知远:谭嗣同、梁启超他们在上海混的时候,周围也有一帮朋友,包括宗方小太郎等,上海就像一个魔都,是一个多元汇聚之地。

---

[1] 儒莲,原名斯塔尼斯拉斯·朱利安,法国汉学家、法兰西学院院士。
[2] 麦都思,英国传教士,自号墨海老人,汉学家;理雅各,近代英国著名汉学家,第一个系统研究、翻译中国古代经典的人。

李天纲：上海招商局以及很多洋行的码头开通以后，整个南洋航线都通了，所以当时很多日本人在上海活动。中国的整体改革当然不及明治维新，但是上海的变化反而使日本感到很惊讶，因为日本缺少这样一个真正的大规模的实验区，横滨很小的，长崎太老了。所以当时日本在上海开了很多社会科学、人文科学，甚至自然科学的研究机构。日本和上海之间是这样一种盘根错节的关系。

许知远：某种意义上，上海迅速政治化，跟1895年的《马关条约》有关系。

李天纲：非常有关系。对于《马关条约》的签订，上海反应最强烈。其实当时中国很富的，1914年做过一个统计，当时中国的财富总量排在大英帝国之后、美国之前的。但是政治怎么往前走，怎么适应这个环境，众说纷纭。上海是做得比较好的，不单单是租界，华界也跟着租界一起发展，建学会，兴报馆，造铁路，行自治。所以大家都来上海看，各省、各县都想模仿。这使得上海的地位在后来"戊戌变法"的时候非常重要。

许知远：上海还有一种自由感。因为上海是一个崭新的城市，没有过去的束缚。像谭嗣同他们，那么想打破三纲五常这种伦理的罗网，上海给了他们这样一种自由。

李天纲：对，上海就是这样。上海当时的文化结构是，西方的制度，中国的文化。毫无疑问，租界体系是现代制度，但是，百分之八十至九十的居民都是中国人，这边通行的也都是中国文化。所以当时还没那么绝望，还没有到像"五四"这样要和中国文化决裂的地步，他们认为中国文化是可以支撑现代发展的，只要制度有变。当然对儒家的纲常伦理已经开始批判了，但并不是全面的否定，他们对中国的宗教还是抱有希望。康有为的说法叫保国保种保教，这是一种保守主义的说法。保什么呢？用什么方法保呢？我觉得谭嗣同的意见更好一点，虽然激进——他觉得很多东西要丢掉。他年轻嘛，胆子大，当然也是刚刚接触西学，有热情，所以要让西学融进来，把佛学也带进来，想在儒家以外，寻找中国变革的思想资源。

许知远：你研究这段历史时，对他们那一代年轻人是什么感觉？

李天纲：那一代的年轻人想法多，热情可嘉，因为中国忽然展现出一个很大的可能性，想象空间很大的。他们的政治主张，我觉得已经开始有激进主义的倾向。所以李鸿章批评他们少年新进，不是不同意君主立宪，而是觉得他们的做法不够谨慎。但那一代年轻人国学和西学都还算平衡，所以整体上中国还是处于一个有希望的阶段。

许知远：你希望生活在那个时代吗？

李天纲：我蛮希望的。其实我最希望生活在三十年代，整个通商口岸地区比较欣欣向荣。我认为市民社会在辛亥革命以后，已经慢慢地成熟，经过几十年的运作更加成熟了。

许知远：在现当代，从你的角度，怎么去重新想象、理解谭嗣同呢？

李天纲：我没有从这个角度多想过。我觉得谭嗣同给中国的"戊戌变法"留下了一块纪念碑，他很明确，他必须做一个牺牲，来确立这样一个纪念碑。

许知远：你觉得这样的烈士精神真的很必要吗？

李天纲：我觉得不必要，但我们没有办法阻挡他。我们研究中国近代思想史的人，会认为中国的激进主义基本上是从康梁开始的。你看马相伯、郑观应这批人，包括伍廷芳，他们其实是想通过改良慢慢把中国带出困境，整个社会需要一个渐进的改革过程。当然，你不能责怪谭嗣同，某种意义上，我们也不能说后来章太炎主张的革命就是错的，因为你没得选择，是历史在选择。我们花了一百年的时间认识到，那个中央集权制度是需要改革的，然而1927年以后，我们又重建了这样一套集权制度。这是很遗憾的事情。梁启超说谭嗣同是清末的一颗彗星，很亮，很耀眼，一下子就划过去了。其实我们不希望有这样一个人物，对个人是一个悲剧，对时代是一种浪费。

那一代人里，
渡众生表现得最彻底的就是谭嗣同

成庆，上海大学历史系教师
上海龙华寺

许知远：1897年时，谭嗣同偶尔会来龙华寺，那个时候龙华寺是怎样的？

成庆：那个时候，龙华寺和居士佛教的关系比较弱。近代士大夫和佛教寺庙的关系非常有趣，他们不大进入具体的寺庙，一般都是通过士大夫居士的关系网络来互相交流佛法。

许知远：回到那个时候，康、梁、谭二三十岁左右，面临着时代的巨大变化,就你的体会,他们的心境到底是什么样的?

成庆: 谭嗣同是 1865 年生的,他受到的最大刺激就是光绪二十一年的甲午战争和《马关条约》的签订。他在 1896 年来到南京,遇到杨文会[1]。杨文会是从士大夫转为佛教徒的,属于曾国藩幕僚一系,这一系里面有不少精通佛学的士大夫。处在当时那样一个社会里,如果没有强大的内心世界,你是很难支撑的。所以我觉得他们不仅仅是知识上的兴趣,也是因为当时的世道对他们的生命有一个很大的冲击力。

对谭嗣同来说,可能也和他从小的生命遭遇有关系。他十来岁的时候,母亲和兄弟纷纷去世。他是世家子,但科举不顺,仕途不顺,所以他性格中桀骜不驯的一面就特别突出。翁同龢对他有评价:"通洋务,高视阔步,世家子弟中桀傲者也。"从这个角度来说,他和晚清另外一个很有名的人物龚自珍很像。

当谭嗣同在南京见到杨文会之后,马上投靠他的门下,而且非常精进。他想把他当时所接触到的所有学说,包括自然科学,包括过去接受的张载、王夫之的学说,通过佛学做一个整合。他特别提倡大乘佛教,强调大乘佛教的勇敢无畏,也就是说,他经世的一面是靠佛教的思想去促进的。晚清士大夫受佛教的影响比较深,我们后来有一种说法是,影响晚清士大夫的一股很大的力量就是菩萨道的精神,一是要利益众生,二是不畏生死。

谭嗣同在接到光绪帝北京变法的御令之后,对他的妻子李闰讲,此乃佛菩萨慈悲,后来又讲,佛门格局就是要勇敢无畏,可以看出他对佛教的青睐。一方面他能够用它来整合自己这么多的知识,但最重要的是,他把佛教融化到自己的生命里去实践。谭嗣同是个对生死问题比较敏感的人,而佛教告诉他,生死其实不是断灭的,生

---

[1] 杨文会,字仁山,中国近代著名佛学家。

命可以生生世世不停地循环,只要有这样大的愿力就可以渡尽众生。所以他面对死亡的态度就不像康、梁,他是很洒脱地去接受。

许知远:当时在上海,他们在四马路上聚会,一面谈格物致知、谈物理、数学,一面又谈佛学。对谭嗣同来说,佛学有什么样的知识上或信仰上的能力,能把其他思想都包容进来?你能理解吗?

成庆:按照梁启超的回忆,谭嗣同最感兴趣的是华严思想。所谓的华严,出自《华严经》,是佛教里一部很重要的经典。《华严经》所呈现的就是,我们生活的世界是一个重重叠叠的华藏世界,这个世界互相映射。用最基本的比喻来讲,一根蜡烛放到四面都是镜子的地方,你从镜子里看,镜中的世界是互相映射、层层相叠的。《华严经》说我们的宇宙就是这样的。这样的一种世界观,其实非常符合晚清当时的自然科学,尤其是宇宙理论。佛学和儒家相比,有个很大的优势,就是它的宇宙观很完备。因此,他们会拿自然科学和佛学做比拟,在宇宙观上,佛学可以弥补人的精神需要。

另外,传统儒家对生死这个问题是置而不谈的,但是在一个社会变动时期,生命随时都受到很大的威胁,而佛教提供了对生死的根本看法,它说人的生命其实就像宇宙当中一个巨大的能量场,是不灭的。我们这一世的形体只是能量的暂时显现,到下一世可能以另外一种能量显现。谭嗣同最后用了一个科学的概念——"以太",他的生命不灭的想法非常强烈。

所以那时候他们一边谈科学,一边谈佛学,其实是希望对根本的宇宙观做出一种新的解释。当时西洋的自然科学是主流,他们把这套科学拿来用,弥补佛学在实物研究上的不足。

许知远:你怎么评价《仁学》呢?它是谭嗣同一个巨大的努力。

成庆:《仁学》的整个成书时间非常短,它有很多洞见,但是它的拼凑性也很强。我个人认为，谭嗣同是那一代知识分子里面，比较深度地、没有任何负担地、抛开儒家正统去探究的人。他接受的儒家训练不是太强，面对一个所有思想资源全部集中的时代背景，他能够抛开整个儒学道统的负担，把中国人的生命问题、宇宙观问题、人生观问题，重新暴露出来。谭嗣同这样的性格在中国人当中很少见到。后来中国人的主流思想，包括后来复兴的"新儒家"，其实都没有在根本上重新探究中国人的生命观。如果按我的解读，谭嗣同是把中国人的精神问题重新暴露出来，去做根本探索的一个代表，而不仅仅是为了革命流血。

许知远：所以你觉得谭嗣同的思想遗产，某种意义上被遗忘或者低估了？

成庆：对。后来对谭嗣同所有的界定，都侧重于他为革命流血，这样的说法把他狭窄化了。我觉得谭嗣同是中国晚清时代，传统精神开始瓦解，新的主流秩序还没有产生的时候出现的一个承前启后的人物。所以看他的《仁学》，就不能用知识去看，要看他问什么问题，为什么要强调这个。他赴北京前与李闰告别的时候，基本上相当于一次诀别，他有时刻赴死的决心，这样的心态，在传统儒家士大夫中间是不太有的。

许知远：你认为在前往北京之前，他就已经做好这个准备了？

成庆：我觉得他是。因为他知道这是他唯一的机会，有光绪帝的认可。另外一点，他也知道这条路可能会非常艰难。

许知远：怎么看他这种矛盾性呢？在《仁学》里对君主制剧烈地批判，但是他又期待光绪的接见，或者光绪能够做出改变，你觉得矛盾吗？

成庆：我觉得他们那一代人都有这样的倾向。按照今天的人的思维，我们对体制有不满的话，有两条路径，一条路是从社会开始，一条路是从上层开始，这两条路都是可行的。但是你发觉，那个时代，无论是康还是谭，其实都指望以一人之力来改变，光绪帝大概是唯一的机会。因此，他承认光绪帝并不意味着他承认君主制，而是他认为这是改革的唯一动力，他深知从底部运作是多么困难。我想他接到光绪帝的任命之后，心里一定想的是，我有机会通过上面来改变这个国家。我觉得是不矛盾的。

许知远：他在《仁学》里面也表达了对传统纲常伦理的唾弃和厌恶，但是他在死前，又尽力为他的父亲着想，包括他曾写信，非常欣喜地告诉李闰，他和父亲的关系和缓了。这种矛盾是那代人普遍的矛盾吗？

成庆：他跟他父亲之间，要做非常深的分析。他的确讨厌功名，但是在他的成长过程中，他的父亲帮他捐候补道员，他还是接受的。所以，他仍然没有脱离这样一个大的秩序，他没有走得那么彻底，我觉得这是他入世性的体现。入世性是什么？他只有依附在这样一层关系当中，依赖这样一个身份网络，才能够推行很多东西。他没有表现出后来革命年代走出家庭、走向完全不可知的社会的革命性。我想那一代人是无法摆脱这种矛盾的。

许知远：他在被砍头之前是很镇定的，这和你说的他做好准备了，已经完成自我说服的过程，有巨大的关系吗？

成庆：有一点不确定。一般来讲，对佛教生死问题的彻底看法，其实需要一定的实践性，就是我们讲的修行。但是谭嗣同到底有多少真正的修行，这一点不确定。佛教讲，对生死的看法是靠智慧，但是还有一类人可能是靠意志力，就是决然地相信，以至于他的信仰成为他的力量。谭嗣同到底是以什么样的力量呢？我觉得他个人的意志力很坚韧。他以意志力来说服自己，生命其实是不会断灭的，但是他对佛教智慧的真正理解，我觉得是不够的。他的慷慨就义和佛教故事里高僧的自在赴死不一样。比如在南宋时，有一个禅僧叫无学祖元，元军杀到雁荡山的时候，他讲了一句偈子，"珍重大元三尺剑，电光影里斩春风"。这种临终偈子和谭嗣同写的"有心杀贼，无力回天"是很不一样的情绪。所以谭嗣同更像一个烈士。他在佛教里找到了一种说法和力量，一要有菩萨道的渡化精神，二是生命不灭，但是我觉得不能够完全把他抬高到高僧的水平。

许知远：我们想象一下，如果他没死，按照他的性格、知识结构，他会怎样呢？

成庆：我觉得按照他的知识结构，如果去日本，他会更激进，他肯定会不断地发声，直到有一天，当他失去所有的听众、所有的影响，当他完全失去力量，他就会自然地消失。他一定是这样的性格，他不大会是像梁启超这样容易变化的身段。

许知远：他死了一百二十年了，现在的人想去理解他的话，有没有什么特别好的方式？或者说，在这个时代理解他的重要性在哪里呢？

成庆：对我来讲，是要从谭嗣同那里重新挖掘一个现在中国人仍然面临的问题：当你面对一个时代以及个人生命大的变动的时候，你该拿哪些观念去应对？传统的儒家有没有这股力量？科学有没有？佛教、道教、基督教呢？

所以我想，如果今天的年轻人要重新理解谭嗣同的话，就是他在那种极端的环境里面，如何应对他生命当中一些重要的关口，尽管不是每个人都会面临那么激烈的选择，但是同样面临生老病死这样一些普遍性的问题。中国人对死亡，其实在不断地遭遇，又不断地回避。谭嗣同没有,他是主动去面对这个问题,他有点像生命典范,他的生命很短促,但是有光彩。

许知远:你觉得理解谭嗣同最难的部分是什么?

成庆:最难的部分还是他思想的混杂性,互相冲撞,又互相配合。这也是理解晚清思想当中最难的部分,也是晚清思想有趣的部分。你无法用一套学说去界定它,你只能从它内部的冲突与和谐中,去找到它的动态,你无法给出一个最终的解答。

许知远:他们那代人在一起聚会,可能一边喝着葡萄酒,一边谈各种国家危亡,谈新的知识。你觉得他们的内心是什么样的呢?

成庆:这个问题蛮难回答的。他们有一个普遍的共同性,就是充分感受到中西之间的冲突。比如对现在这个社会发生的变化,我们基本的态度就是回避,与我何干?但是那代人有很不一样的看法,这个世界是跟我相干的。这种态度使得当时这批接受佛学的人有两种倾向,一种是相对保守,在遭遇时势变化的挫折后,回到佛门信仰,因为需要佛教提供生命的解答。他们会做一些文化普及工作,但是比较积极的其实不多。而谭嗣同虽然对佛学有那么强的信仰,但是他的人世性明显比这部分人强,他需要佛教给予他力量,又想不离传统士大夫的入世。那一代人里,我觉得渡众生表现得最彻底的就是谭嗣同。

许知远:你觉得咱们这一两代人怎么样?

成庆:我们这代人,客观讲是悲观的,因为这代人经受了八十年代、九十年代的挫败,回归宗教,其实都有一点内向化,这种内向化造成一个很大的问题,就是他们更多地停留在关于佛教的种种想象当中,茶、禅、修生的层面,回归到自我的精神世界,而没有看到菩萨道里更加积极介入社会的这一面。

许知远：当你听到网络上传"佛系青年"的时候，你是什么感觉？

成庆：我觉得跟佛教没太大关系，但是它反映了这个社会普遍的挫败感。我在接触大学生的第一线，大学生那种对生命的挣扎和追逐，背后隐藏了一个非常大的空洞，这个空洞就是我不成功就必定会被抛弃。这种挫败感才形成"佛系"。这些讲"佛系"的人，常常都是拿"佛系"来自我消解和调侃，但是他们的追逐心绝对不"佛系"。我常常和学生们讲，你一定要找到自己生命的方向，而不是追逐主流的社会方向。

我觉得谭嗣同挺有朋克精神的

谭伯牛，近代史学者
任大猛，长沙民俗研究者
彭晓玲，作家、文史工作者
湖南长沙、浏阳

许知远：其实我挺好奇的，在当地，在长沙、在浏阳这个地方，你们是怎么看待谭嗣同的？

任大猛：谭嗣同其实是我少年时期的偶像，我曾经就想成为一个像谭嗣同一样的人，那种青春和热血。现在已经完全不可能了，发现生活不是那么一回事。

许知远：或者说，一个生活在现在的二十多岁的年轻人，如果想理解谭嗣同,应该怎么办呢?

谭伯牛:估计比较难。首先,谭嗣同不是一般人,用我们今天的话讲,他是高干子弟,"晚清四公子"之一。另外他有湘军的背景。因为湘军的崛起,在晚清,百分之十五到六十以上的中央高官都来自湖南,湖南录取举人的名额因此增长。所以湖南年轻一辈多了很多特权。但他同时也是当时批评湘军最严厉的年轻人。

从实际的社会能量来讲,谭嗣同的力量要比康有为大;他的个性又比梁启超要强。他本来就跟一般的年轻人不太一样。我对谭嗣同有一个理解,我觉得他挺有朋克精神的。他要追求一个真理,坚持一种他认为的原则和审美,这一点他做到了。严格地说,谭嗣同年轻时候的才学,比不上老乡谭延闿[1],也比不上江西的陈三立[2],但是他和他们关系非常好。包括梁启超那样的人,为什么和他有交往呢?就是他的精神和个人魅力吸引人。你看他临死写的"万古变法流血,请自嗣同始",那不是爱国那么小的概念,也不是古代的忠君思想,那就是自己内心充满了一种摇滚朋克的审美和精神。

许知远:特别浪漫的一个人。

谭伯牛:他跟大多数人不太一样,所以我觉得我们今天理解他,最重要的就是要理解那种真正摇滚朋克的精神,这已经不仅仅是政治或者学问所能够涵括的了。

许知远:谭嗣同是一个看起来很自由,实际上内心很紧张的人。他的科举连续受挫,你觉得这种受挫对他的影响是什么?

谭伯牛:科举受挫所产生的影响巨大,因为那个时代不通过科

---

[1] 谭延闿,著名政治家、书法家,与陈三立、谭嗣同并称"湖湘三公子"。
[2] 陈三立,近代同光体诗派重要代表人物,历史学家陈寅恪、著名画家陈衡恪之父。

举就进入不了主流社会，做不了官。而且以前官学是一体的，我们讲纱帽底下好题诗，就是说这个人官做得大，学问也大。通过不了科举考试，表示你的学问也有问题，你学问有问题，你这个人可能也有问题，做不了事儿。你说压力是不是很大？这对你的人生都是一个否定啊！谭嗣同后来是捐官的。光绪末年捐官多，康、梁俩师徒曾经也为此惆怅过。

许知远：你觉得这种接连的挫败感，对他思想的激烈化，有直接的影响吗？

谭伯牛：肯定会有一点的。他会很尴尬，尴尬了之后会不会恼羞成怒，郁积胸中？我觉得还是会的。

许知远：或者至少日后强烈的愤懑跟这有很大的关系。

谭伯牛：但我觉得他后来在北京的经历很重要，那会儿各种因缘际会，在北京又认识皇帝，皇帝还对他印象好，那么年轻就到了军机处。那个时候，可能真正的忧国忧民、保君、忠君的心就来了，他确实想干一番大事业。我觉得谭嗣同每天都精力旺盛，有句话讲，权力是春药，他不需要别的，天天已经很亢奋了，可以令他暂时忘掉那些愤懑。

许知远：但那段时间很短，只有不到一个月吧？

谭伯牛：虽然很短，但最后一个月真的是非常刺激的一个月。

许知远：从左宗棠、曾国藩那一代，到谭嗣同这一代，湖南这个地方有一种什么样的性格？

谭伯牛：湖湘文化应该要从湘军讲起。湖南是一个爆发的省份，而且确实那一百年也爆发得太厉害了。那个时代的湖南，富有朝气，经常能看到政治、经济、文化、学术、思想，包括革命和反革命的各界人才。

许知远：所以湖南所有知识的兴起也完全是随着军事而来的？

谭伯牛：军事的爆发就意味着有钱，有钱就可以办教育。那个年代，他们有一个很清醒的认识，认为国民教育是一个大问题，所以当时忙着成立各种馆，兴办教育。第一当然便于联络，要有个组织；第二，古代读书人和做官的人有一种思想，今人可能不太理解，他们认为一个县官就可以改变这个县，一个巡抚就可以改变一省的风气。欧阳中鹄[1]在浏阳创立算学馆，我们今天可能也很难理解，浏阳这么偏远的县城，做这个能有什么影响？但是确实就有影响。那个时代是真正由精英发出声音的时代，是可以做实事的。所以谭嗣同这些人，虽然当时没有担任实际的官职，但都是这种思路，做事情都是很扎实的。他们都很自觉的，不是为学术而学术。

许知远：算学馆等于是一个地方精英对这个全国性危机的反应。

谭伯牛：差不多，欧阳中鹄是典型的地方精英。那个时候湖南的确出了不少人才，文的武的都有，像曾国藩的小儿子曾纪鸿就是数学家。

许知远：整个那一代年轻人因为甲午战争发生了非常大的改变，在遇到那样一个巨大震荡的时候，你想象谭嗣同当时内心的感觉是什么样的？

任大猛：当甲午海战失败，尤其是签订《马关条约》的消息传到长沙的时候，谭嗣同非常悲愤，他当时在报纸上写，害中国的就

---

[1] 欧阳中鹄，地方教育家，谭嗣同的老师，欧阳予倩的祖父。

是湘军。因为在甲午战争中,吴大澂带兵出征,以为湘军所向无敌,结果在营口大败而归。所以谭嗣同深怀内疚,他认为湖南人是有罪在身的,所以中国要救亡,变法就要从湖南开始。

许知远:所以湖南人有这种维新的欲望,觉得要承担起变革中国的责任,把湖南变成一个先锋之地。到1897年底,因为"胶州湾事件",情绪越来越悲愤,越来越紧张,某种意义上,他们当时想在湖南搞独立。

任大猛:对,当时他们觉得中国会被瓜分,所以认为湖南应该谋求自立。

许知远:儒家传统对谭嗣同的影响到底有多大?尽管他以一个激烈的反传统态度出现,但实际上是深受其塑造的。

谭伯牛:首先我认为,我们中国人在日常生活中用的并不是儒家的东西,如果按孔子说的去做人,那你就是一个很刚正的人,每天不都得头破血流嘛,简直活不下去。我们真正运用的入世这一套,是道家的东西,齐物、逍遥、无可无不可;而用来统治的,又是法家那一套。儒家只是用来背书,是一种理想。臣子也是一样,偶尔出现一两个特别坚持儒家传统的人,那就会成为海瑞这样的人。谭嗣同虽然反对的是儒家,但其实他的行为更像一个儒家的烈士,有孟子说的那种"虽千万人吾往矣"的精神。他反对的可能是道家那一套,但是他又把佛、道引进来批评儒,这就是他比较混乱的地方。谭嗣同的问题是,他很反感传统的一套,可是他的才学也不足以让他创造一套新的理论。

许知远:你觉得他是不是挺迷恋痛苦的?

谭伯牛:应该是。当然,我们现在很难讲清楚谭嗣同有什么信仰，但是他最终选择死，肯定不仅仅是为了变法而死，还有更隐秘的东西，那些东西他可能也说不出来，他就是用死亡去选择。

许知远：菜市口就义之后，他的棺材是怎么运回家乡的？

彭晓玲：他们的老佣人带着自己的儿子把遗体搬回会馆，请人把头缝上了。七月的时候，灵柩差不多就回到浏阳了，走水运回来的。

许知远：他算是朝廷的罪臣，当地人第一反应应该是非常恐惧吧？

谭伯牛：浏阳本地人不会太恐惧。如果慈禧真要将康党赶尽杀绝的话，全国要抓多少人？这个是大逆不道之罪，有核心，有后援，还有外围。我觉得慈禧这一点其实挺明智，每一次不管是政变还是镇压，她都没有株连。

许知远：当时他的父亲已经被贬，他们家也被彻底地孤立吧？

彭晓玲：对，过去是那么荣耀的一个家族，现在门庭冷落。谭嗣同的灵柩被运回浏阳之后，还是办了简单的葬礼，但来的人很少。

许知远：你觉得谭继洵是怎么看待谭嗣同的死亡，或者怎么看待这个儿子的？

彭晓玲：谭继洵的侧室娄氏很能干，又生了几个儿子、女儿，所以谭继洵是比较宠爱她的。娄氏有点离间谭嗣同和他父亲的关系，所以谭继洵对这个儿子训斥比较多，但他还是很用心栽培他的，只是对他前程很伤心，给他拿钱捐官，然后老是迫使他去参加考试。

许知远：我看文史资料上有一个说法，说谭继洵知道谭嗣同去世之后，安慰李闰说，谭嗣同的名声会比他长久得多，这是真的吗？

彭晓玲：这是他的家人口口相传的，他的后代在回忆录里都写到这句话。我想他应该有说过类似的话：你不要伤心嘛，将来复生的名声应该在我之上。谭继洵并不完全是那种保守的人，他不是也写过要改革科举嘛，只是他的步伐更慢一点，更拘谨一点。

许知远：就你的理解，你觉得谭嗣同的性格中最不可琢磨的是什么？

彭晓玲：他在旁人的眼里，说话是很高声大气的，皮肤有点黑，个子比较高，而且他习武，武术练得很好。但是他性格里有柔弱的一面，有很多愁善感的一面，他很重情。他有诗人的气质，你看他十八岁写的诗，是有一点点自恋的。而且他很注重生活细节，他关进狱中之后，要求仆人带手巾、脸盆，还特别写要铜脸盆。

许知远：还是贵公子。

彭晓玲：确实是贵公子的做派。但是他的性格特别倔强，很有主见。从伦理道德上讲，他必须听从父亲，但是他会保持自己的个性。所以我觉得他是一个矛盾体。

许知远：你觉得他和李闰的爱情是什么样的？

彭晓玲：他们的感情非常好。李闰的家教很好，懂礼，又会写诗，谭嗣同很敬重她。他到北京去时，写了一首诗，其中有"养亲抚侄赖君贤"，特别感谢她。我看很多回忆录里写，谭嗣同被杀头后，每到初一、十五，李闰都会去祭奠，而且每次都要写一首诗，把诗写在钱纸上，然后包着自己头上的竹簪，在他坟前烧掉。

任大猛：李闰没有生育，家里后来把谭嗣同的一个侄儿过继给他们做儿子，结果这个儿子在1927年又自杀了。整个家族真是承受了很大的悲剧。李闰后来在浏阳做了很多公益事业，还兴办学堂，她活到了六十岁。

我认为他的死其实就是生，
他是真正的向死而生

张维欣，寻找谭嗣同的年轻人
北京菜市口

> 许知远：你最初对谭嗣同产生兴趣是什么时候？
> 张维欣：十三岁吧。

> 许知远：为什么呢？
> 张维欣：我在历史书上看到了他的照片，还有他的一些生平事迹的介绍，就觉得他和历史书上别的人不太一样，所以对他产生了比较特殊的兴趣。上高中以后，就很浅显地从网上和书上了解了他的基本事情。等到考大学，就填报了湖南的志愿，觉得要去他的家乡上大学，那时候确实比较喜欢他了，他已经是我人生当中的灯塔、偶像了。

> 许知远：你特意去湖南上学，他对你最大的诱惑是什么呢？
> 张维欣：最开始是因为他的就义精神，我不否认这一点。但是能够维系我这么多年喜欢他、追随他、做有关他的事情，绝对已经超出了他就义的精神范畴。更多吸引我的，应该是他的人格、才情、魅力、思想，以及他跟别人不相同的高度。

> 许知远：最不相同的是什么呢？
> 张维欣：在我个人看来，应该是他的冰清玉洁，他的这种纯洁体现在他的外在和内在，还有就是他天生具有的这种浪漫主义情怀。

他是个非常浪漫的人，追求美，追求爱，结合爱与美于一身。他有一种大爱，不光是爱苍生，爱天下，爱普通民众，更多是爱世间万物，包括兄弟姊妹、夫人、父亲。哪怕这个世界对我不好，但是我还会报之以歌，他有这样一种别样的情怀在其中。

许知远：你对谭嗣同这种热情，你的同学们或者你的同代人会觉得很奇怪吗？

张维欣：我一般不太在同辈当中说这个事情。除非有朋友表示出兴趣，我会给他们讲一讲。因为喜欢谭嗣同的人都是爱好广泛、很爱读书的女孩子，她们肯定不会以我为异类，而会以我为同道。

许知远：这种情况有点像日本少年看坂本龙马的漫画，有很强的投射感。某种意义上，谭嗣同被二次元化了。

张维欣：非常二次元的人物，没有之一。在他的世界里，我们可能感觉到与现实生活的一些差距，现实生活是不完美的，但是我觉得他始终是我们心里的一方净土。

许知远：所有的人都有黑暗面、缺陷，他的黑暗面是什么呢？

张维欣：我觉得他的情商有点低。有一次，他和一帮朋友聚会，把他的朋友挨个夸了一遍，就落了一个人没夸，那个人回去写日记骂他，说他是神经病。我觉得他这个人，就是我不喜欢什么，我就不喜欢；我喜欢谁，我就好喜欢。他是一个感情特别充沛、丰满的人。

许知远：如果他活到现在，你们肯定会是很好的朋友。

张维欣：会一起做事吧。

许知远：会想跟他谈恋爱吗？

张维欣：那肯定啊，能不想吗？

许知远：现在你觉得理解他最困难的部分是什么？

张维欣：差不多都能理解。有困难的是佛学方面的东西，我就算看得再多，也理解不到位。因为谭嗣同写的诗会给你一种感觉，他已经活了一百多年了，他在翻回头来看这个世界。"死生流转不相值""直到化泥方是聚，衹今堕水尚成离"这样的句子，以我的年纪和阅历，还有对哲学经典的理解，是达不到他的层次的。

许知远：你觉得谭嗣同会喜欢你们这代年轻人吗？

张维欣：应该会喜欢吧。

许知远：为什么呢？

张维欣：因为他是一个特别有脑洞的人。他经常提出一些理论，会让别人觉得，这人有病啊。但是我们可以理解。别看我们差了一百二十年，我们这帮年轻人和他们那时候的那帮年轻人，脑洞是对得起来的。

许知远：那你觉得，你们这代年轻人跟十九世纪的九零后相比，差什么呢？

张维欣：我们差的东西太多了，根本就不是一个层次的人。他对于哲学的理解，他的文学造诣，还有科学知识，比我们这代人强太多了，根本没有任何可比性，只能说跟他对得上话，我们能理解他。比如说他赴死，很多人理解不了，但是我们能理解。

许知远：怎么理解呢？

张维欣：他做这个事情之前，没有考虑值不值，能不能达到我预期的效果，能不能达到我的两个目的，一个是"酬圣主"，一个是"招后起"。他想的是，我要去死，要用我的血唤醒国人，他的死不光是烈士对于革命的献身，更是一种哲学家对于理念的致敬，所以他不会去过多地考虑我的死值不值，而是去考虑我愿不愿意。

他的理念是什么？是"世间万物都是平等的"。什么叫平等？人与人之间是平等的，生与死是平等的，消亡与存在是平等的，他并不认为生就是存在，死就是消亡。他还认为我是一个小我，但是我的理念、我身后的这群人是一个大我，小我在大我中间，因为我死，他们的生才有价值，生与死是一对要相互成全的概念。所以我认为他的死其实就是生，他是真正的向死而生。

许知远：你觉得你们这一代，大家普遍还有对这种大我的追求吗？

张维欣：我觉得没有，大多数人都是在追求小我。我也不能说追求小我就是不对的，只是谭嗣同的选择是，大我重于小我，他的思想是这样子的。如果有一天，有一个事情或者理念，需要我去献身，我一定会去，只要这个大我是我所认可的。

许知远：会担心他这种想法被滥用吗？被二十世纪的各种革命滥用。

张维欣：已经被滥用过了，也没有什么好继续担忧的了。已经是最差的结果了，还能怎样呢？

许知远：理解他、研究他，对你们生活、思维方式的改变是什么？

张维欣：有很大的改变，比如说他造就了我很多爱好，我喜欢上科学、学工科也是因为他。还有我喜欢上诗词、文章、历史、天文也是因为他，尤其是天文，我走了很多地方。还有一点，他对我有非常大的影响，我觉得我有了独立的精神和自由的信仰。我认为我所做的一切事情，包括其他人做的一切事情都应该是自由的，人应该是自由而平等的关系。

许知远：你觉得未来，谭嗣同这个形象会越来越受到认可和欢迎吗？

张维欣：我做这些事情，就是希望扭转大家对他的刻板印象、脸谱印象。他在历史书上的形象好单一，就是为了革命流血的烈士形象，我不喜欢这个形象，我觉得它好没有人味和人情味。我更希望大家了解，谭嗣同是一个温柔、多愁、敏感、悲观、浪漫的人，追求真理，热情似火又纯洁若冰霜。下一代的人，最好能更关注他这个形象，而不只是关注他为革命献身。

曾经沧海，又来沙漠，四千里外关河。
骨相空谈，肠轮自转，回头十八年过。春梦醒来么？
对春帆细雨，独自吟哦。惟有瓶花，数枝相伴不须多。

寒江才脱渔蓑。剩风尘面貌，自看如何？
鉴不因人，形还问影，岂缘醉后颜酡？
拔剑欲高歌。
有几根侠骨，禁得揉搓？
忽说此人是我，睁眼细瞧科。

——《望海潮·自题小影》，谭嗣同